JN136712

市町村税戸数割正義

【昭和4年 再版】

田中廣太郎 著

地方自治法研究
復刊大系〔第二五七巻〕

市町村税戸数割正義

〔昭和四年 再版〕

日本立法資料全集 別巻
1067

信山社

田中廣太郎著

市町村税戸数割正義

良書普及會發兌

序

五拾有餘年の長き星霜の間府縣稅であつた戶數割は廢止せられて、市町村稅として創設せられた。蓋し地方稅體系整備の爲めに當然爲すべきことが爲されたのである。顧れば大正十年府縣稅戶數割規則が公布せられ、翌年其の附屬命令が發布せられた當時、余は地方稅戶數割なる一書を公にし、自ら序して「本書は財政學者の眼には法律書の如く、法律學者の瞳には財政學書の如くに映ずるであらうが、玆に斯くの如き兩性的の論述を敢て試みたるは、要するに渾沌冥晦たる地方財政の天地に現出したる戶數割の法規に關し世上疑義を懷く者が多いので之が財政學的考究を遂ぐると共に、其の立法の趣旨を索ね成條の解釋をも施すの必要なるを痛感したるが故である。」と爲し、而して又戶數割の將來を論じ其の市町村稅たることの正理なるを提唱した。今や其の宿論の實現するに及び關係法條にも變革があるので、前著の序に述べたやうな必要を復た認めざるを得なくなつた。 此に於て筆を呵し其の意義を闡明することとしたのであるが、唯前著の序に述べた「匆忙の間竟に深き思を推と敲とに就て廻らすの暇なかりし爲、孟浪杜撰の點多からむを察しては心密かに忸怩たるものがある」との句を繰返へさゞるを得ないのは寔に慚愧に堪へない處である。

昭和四年六月

田中廣太郎

市町村税戸數割正義

目次

市町村税戸數割正義

田中廣太郎著

第一章　戸數割の沿革

一　民費雜税と地方税

我國の地方税制上戸數割なる名稱の税種が廣く一般的に認められたるは明治十一年の太政官布告第十九號地方税規則に始まるのである。

之より先地方には民費及雜税なるものが存してゐた。民費は其性質頗る曖昧なものであるが要するに一の包括的名稱であつて、其中には國費を以て支辨すべき用途に充てられたる國税的のものもあれば、又地方費的費途に供する爲徴收せられたる地方税的のものもあり、或は又今猶町村に殘存せる協議費的のものもあつた。而して之を分つて管內割、大區割、小區割及町村割の四種となすものもあれば、又管內割、區割及町村割の三種となすものもあり、或は又町村費を以て民費に算入せざるものもあれば、之と反對に町村費に獨り民費の名を被らせるものもあつた。其課税客體標準等賦課方法も區々であつて、或は人口に課し、或は田畑に課し、或は產業に割賦し、或は石高に賦課し、或は又地券金高に賦課し、後には地價に賦課することゝせられる等各地異制紛として亂絲の如くであつたが其の重なるものは即ち地租割である。

雜税は其の源、中古調庸より出で德川時代には小物成と稱したものであるが、其性質純然たる國税であつて、工商其他の生業に課する運上冥加や今日の雜種税に相當するもの等其種類約千五百有餘に上つてゐた。明治八年二月政府は之を整理し雜税中其徵收後府縣限り處分する事を許したる僕婢、馬車、人力車、駕籠、乘馬及遊船の各税の步增(附加税)及劇場藝妓等の諸税竝地方收税の類にして其の地方の費用に供するものを合せて府縣税と稱する事とした。

備考　僕婢、馬車、人力車、駕籠、乘馬、遊船の各税の歩増及劇場藝妓等の諸税は當時賦金と唱へてゐた。

明治十一年の地方税規則は是等民費中の管内割、區割及府縣税なるものを改めて地方税となし、其中に戸數割なる一税種を創設したのである。從來或地方には竈割、鍵役、軒役、戸籍割、人口割等戸數割類似の税が存在してゐたのであるが、廣く一般的に戸數割なる名稱を以て法制上に認めた濫觴は地方税規則であるから此意味に於て戸數割は地方税規則に依り新に設定せられたるものと謂ふべきである。

二　明治十一年の地方税規則

今地方税規則公布に至る迄の歴程を索ねるに、當時各府縣隣々相接して税法均一ならず、獨り其の名目の異同あるのみならず厚薄輕重の間頗に相懸隔する所があつたので、政府は地方に於ける税種の統一及賦課支辨の整齊を圖るの必要を認め明治十一年四月地方税規則案を地方官會議の議に附し同年五月更に之を元老院に提出したのである。

備考　地方官會議々長伊藤博文公は地方官會議に附せられたる規則案を可決したるに付て說明的上申書を添えてゐるが、其には當時地方負擔紛雜の情況が簡明に記述せられてゐる。本章にも歷次其中の字句を引用した。

彼の希臘羅馬の文明が泰西文化を宛然に見する溫室の花であるやうに、元老院會議に於ける論議は役に戶數割の利弊として世に一般に攷竅論及せられし所を殆ど盡してゐるの觀がある。

始め元老院に提出せられたる戶數割に關する條項は左の地方稅規則第一條であつた。

第一條　從前府縣稅及民費ノ名ヲ以テ徵收セル府縣費區費ヲ改メ更ニ地方稅トシ府縣限リ徵收スヘキ者トス其目左ノ如シ但シ町村限リ及市街ノ區限リノ公費ハ其町村內人民ノ協議ヲ以テ支辨スヘキモノトシ地方稅ノ限リニ在ラス

第一　地租五分一以內

第二　營業稅及雜種稅

第三　戶數割

備考　地方税規則案には初めより戸數割に關して只其税名を掲げたに止め何等の明文もなかつた。其の何が故に然りしかの事由の一端は伊藤公の上申書の一節に仄めいてゐる。即ちそれに依れば「地方税ノ地ニ課スル者ハ正租五分ノ一ノ率ヲ踰ユルコトヲ得ス。客歳第二號公布ノ旨ニ依ルナリ。其地ニ課スルノ外猶ホ財産ニ賦シ人口ニ賦シ戸數ニ賦スルノ數法アリ。其財産ニ賦スルハ民産調査ノ法ナク從テ各戸財産ノ實ヲ知ルニ由ナシ。其人口ニ賦スルハ貧家ニシテ人口多ク富家ニシテ人口寡キノ均シカラサルナリ。要之戸數ニ賦スルノ乃ホ差ヤ便近ナルニ若カサルナリ。其戸數割ノ法亦各戸均賦スルアリ、各戸ノ貧富ニ應スルアリ、蓋シ貧富ニ應スルハ法ノ良ナル者、而シテ實地ノ難キ各府縣未タ遽ニ槩行スヘカラス。本案之ヲ論定スルヲ欲セサル所以ナリ」とある。

元老院に於ては或は戸數割否定説を唱へ、本税は從來一地方の慣習上適宜行はれてゐたに過ぎないもので一般の法律にもなき税目である、當時減租の優詔も下されてゐる際なるに斯くの如き新税を設定するは休養生息の聖意に背くものである。而かも此新税を設けて其制限を擧示せず且賦課方法も定めてないから、從て各府縣其賦課方法を異にするのみならず、貧富同課の患なき能はない、舊に慣れ新を喜ばざる民情に對し此新奇なる改革をなさば人民疑懼警佐すべく其脳裡の感覺如何であらうか、或は意外の騷擾を現出するに至るであらう等極力廢除を主張した者もあつたが、多數は地方費支辨の必要上新税設定は止むなき事と認めて之を肯定し地方税規則第一條は字句を修正しただけで之を可決した。

斯くして地方税規則は元老院に於て修正可決の上之を上奏したる所内閣は又之に修正を加へて再び元老院の議に付し其協賛を得たる後、明治十一年七月二十二日太政官布告第十九號として公布せらるゝに至つた。而して其中戸數割に關係ある條文は左の如くである。

第一條　地方税ハ左ノ目ニ從ヒ徴收ス

一地租五分一以内

一營業税並雜種税

一戸數割

又地方税規則と同時に各府縣に對し發せられたる達があるが其の中戸數割に關

するものは只一項あるのみであつた。卽ち

八、地方稅從前地所割戶數割相半シ或ハ地所幾步戶數幾步ニ課スル等各地ノ慣習一樣ナラサル者一切各地方ノ便宜ニ從ハシムヘシ

三、戶數割修補案

然るに此の地方稅規則は不備なるが爲公布後僅に半歳に至らずして早くも戶數割に關する修補案を元老院の議に上さねばならぬやうな事となつた。明治十一年十二月十九日政府は戶數割規則案を元老院に提出した。其案は名を戶數割に假り其實を家屋稅とせんとなしたるものである。卽ち

布告案

地方稅中戶數割ハ凡ソ現住者アル屋宅ニ賦課ス而シテ其納稅ハ家屋所持主ニ於テ負擔スヘシ

右布告候事

とあり。政府委員の其の提案理由說明には元來戶數割は戶主に課するの精神であ

つたが、退て之を考ふるに許多の支障がある。故に當初の戶主に課するの精神を變換し屋宅に賦課するの簡便法を設けんとするのであると謂つてゐる。

此案の議に供せられた時も亦元老院議官の中から戶數割廢止論が起つたが、多數の議官は地方稅の高下は固より地方事業の多少に依る。然るに地租、營業稅、雜種稅には何れも制限あり地方事業には制限なきが故に之を廢止するを得ない。又業に既に布告第十九號で發令し各地方に於て之を財源に事業に著手せるが故に中止すべきでないが、然しながら本案は頗る不備不明なるが故に委員を選びて修正すべしとの事に議が一致した。就中本案中に戶數割の制限に關する規定を欠缺せる事につきては是非の論が旺に戰はされたのである。

戶數割制限論者は曰く、凡そ財政の要諦は量入爲出に外ならない。或は地方の經費は其事業の多寡に由るを以て豫め之を定め難く、從て戶數割の如き無制限なる稅を必要とするが如く謂ふものもあるけれども、租稅は其制限を割定して動移すべからざるものである。國稅然り。豈獨り戶數割のみ無制限とし府縣會の決議に一任するの理があらうかと。

之に對し無制限論者は曰く、國税の如きは我國未だ國會の設あらざるを以て之が制限を立つるの必要あらうが、戸數割の課額は府縣會之を決議するが故に假令無制限なるも懸念するに足らない。且戸數割の制限を立てむとせば先づ地方事業の制限を劃立しなければならぬ。果して然らば地方既往の經費を調査し之を基據としなければならぬが、從來一定の規則なきを以て之を調査するも準據となすに足らず、今後數年を經過せば或は之を得られやう。故に其制限を漫に創定し之に拘束せられて其施行に苦しむよりは、暫く其實際を審驗し後除ろに之が制限を立つるを可なりと謂はざるを得ないと。

然しながら多數の議官は凡そ租税にして制限なきは不穩當であり、黎庶愛育の聖詔(減租に關する聖詔)を喚發せられたる際なれば浪費濫用を戒むる爲其課税に制限を附すべきであるのみならず、當時民費の概計一千二百萬圓、地租營業税及雜種税にて徵收し得べきもの九百萬圓なれば、戸數割を以て徵收すべきもの三百餘萬圓に過ぎない。此の僅小なる額を得れば足る税に制限を立つるは決して難い事ではないといふ意嚮であつた。

斯くして政府原案は三名の委員附託となり其委員にて作成したる布告案は左の如くである。

第一條　地方税中戸數割ノ儀ハ各戸現住者ニ賦課スルモノトス但シ之ヲ賦課スヘキ者ハ左ノ如シ

一本籍ノ戸主ニシテ一戸ヲ爲ス者

一本籍戸主ノ家屬ニシテ一戸ヲ爲ス者

一戸主家屬ノ別ナク他府縣ヨリ寄留シテ一戸ヲ爲ス者

一本籍戸主他府縣ヘ寄留スルモ其家屬在住シテ一戸ヲ爲ス者

第二條　戸數割ハ十錢以上三圓以内トス

第三條　戸數割ハ之ヲ年税トシ毎年二期若ハ四期ニ分チ其次期ノ割高ヲ出サシム但シ此期限間現住者ノ出入アルモ更ニ之ヲ賦課シ又ハ之ヲ返還スル事ナシ

第四條　府知事縣令ハ府縣會ノ決議ヲ以テ戸數割ノ等差ヲ定メ又免除スヘキ者ヲ定ムル事ヲ得

備考　此の修正案中家屬の文字を用ゐ家族と謂はなかつたのは、廣く僕婢等をも含ませる爲で、例へば戸主が家族を率ひて他貫に寄留するも其の故土に尚家屋を有し僕婢をして之を看護せしむる場合にはそれにも課する事とするの目的に出でたのである。

此修正案の趣旨は起草委員の說明する所に依ると戸數割を以て人税家税の混同したるものとなさむとするに在る。政府の原案は寧と之を家税とせんとするにあつたが、抑々家屋税は如何なる種類の建物に課すべきかといふ其課税客體の範圍や、其課税標準を時價と爲すべきか將た賃貸價格とすべきか等、容易に論究し難き問題あるのみならず、其課税手續も課税標準等に關する納税義務者の申告や收税吏の調査等繁雜にして實行し難い。現に殷鑑遠からず東京府にもある。故に之を採用するを得ない。又民費は大略一千二百萬圓であるが、地租は約八百萬圓、而して全國戸數は大約七百萬其十分の一を商估と見て每戸三圓の營業税を課さば二百萬圓を得られる。猶雜種税にて徵收し得るもの二百萬圓を下るまい。然らば戸數割にて課すべきもの僅に二百萬圓内外で全國一戸平均二十八錢餘に過ぎない。然し各府縣の狀況に依り事の繁簡、民の貧富大に相懸隔するからして各府縣會にて相當掛酌するの餘地を與へて制限を附することゝしたのであるといふ事である。

之が修正案の說明の大樣であるが、之に對し議官の中には家屋稅を主張するものあり、人は自ら遷徙を常とし定所なく、家屋は反之土地に固着して動かない、動くものに就き徵せんよりは動かざるものに就き徵するの簡便なるに若くはないとて、一個の具體案を提出した者もあつたが、別に贊成者なくして廢棄せられて仕舞つた。

尙討議は字句等に付續けられたる後、戸數割の制限を單に三圓以內と修正せんとする說を生じた。其論旨は十錢は少額の如しと雖此制限ある時は免除すべからざる程度の赤貧者にして三、五錢を以て適當の課額と認むるものにも最小限だけは課せざるべからざる事となるであらう。營業稅雜種稅も最多限を示すのみである故に之を削除すべしと謂ふにあつた。原案を支持する者は元來戸數割には貧富の差等を判明するに準據となすべきものがない。最小限を示したるは卽ち其比例を得るに便ならしめん爲である。若し最多限のみを示すに止めたならば地方經費に缺乏を生じた時貧富を問はず最多限迄賦課するも妨けなしと思ふものあるに至るやも測られない。又一日の勞作を以て十錢の傭値を得る者は一周年僅に一日の傭値に當るが故に課すべきであるが、其力に堪へざる者は斷乎として之を蠲除すべく零細の額を課すべきに非ずと論じた。然し戸數割は地方經費の不足を補助するものなるが故に一般の人戸に課すべきものである。而して三、五錢の零數と雖其の力に堪ふる者は之を課して可なり、其等級課額の如きは地方の適宜に任すべきであるとの論が勝を占めて、十錢以上といふ事を削除した。斯くして議を重ねたる末其可決したる修正案は左の如くであつた。

布告案

第一條　地方税中戸數割ノ儀は各戸現住者ニ賦課スル者トス但之ヲ賦課スヘキ者ハ左ノ如シ

一本籍ノ戸主ニシテ一戸ヲ爲ス者

一本籍戸主ノ家屬ニシテ一戸ヲ爲ス者

一戸主家屬ノ別ナク他府縣ヨリ寄留シテ一戸ヲ爲ス者

一本籍戶主他府縣へ寄留スルモ其家屬在住シテ一戶ヲ爲ス者

第二條　戶數割ハ三圓以內トス

第三條　戶數割ハ之ヲ年稅トシ每年二期若ハ四期ニ分チ其次期ノ割高ヲ出サシム但シ此期限間現住者ノ出入アルモ更ニ之ヲ賦課シ又ハ之ヲ返還スル事ナシ

第四條　府知事縣令ハ府縣會ノ決議ヲ以テ戶數割ノ等差ヲ定メ又免除スヘキ者ヲ定ムル事ヲ得

此の如くにして修正案は成りたるも此案は如何なる事由なるか其間何等徵すべき記錄なきが故に之を詳にすることが出來ないが遂に公布せられずに終つた。明治十二年八月十三日元老院に於て戶數割は其徵收に關し歸結する所府縣其法を異にし、郡區其數を同うしない爲、人民の苦情少からざるの聞えある故を以て、一議官より意見書を提出し可決せられたものがある。其文に曰く

戶數割賦課ノ規則ヲ定ムルノ意見

謹テ按スルニ明治十一年第十九號布告地方稅規則第一條中營業稅並ニ雜種稅

及戶數割ノ目ヲ揭ケ而シテ同年十二月地方稅中營業稅雜種稅ノ種類及制限ノ儀並ニ地方稅中戶數割ノ儀布告案ヲ以テ本院ノ議定ニ付セラル。本院已ニ議定シテ之ヲ上奏セリ。其營業稅雜種稅ノ種類及制限ノ儀ハ同月中ニ布告セラレ戶數割ノ儀ハ未タ布告セラレス。目今各府縣ノ戶數割ヲ賦課スルヲ見ルニ各府縣皆其ノ方法ヲ殊ニシ甚シキハ各區各郡其方法ヲ異ニシ隨テ其賦課ノ輕重均一ナラス。此ノ如キハ他ノ稅類ニ制限ヲ設クル所以ノ意ニ負キ恐クハ政府ノ本意ニ非ラサラン。此弊ノ由テ生スル所ヲ考フルニ蓋シ戶數割ニ付キ一定ノ規則及制限ナキニ出ルナリ。冀クハ速カニ戶數割賦課ノ規則及制限ヲ定メ以テ之ヲ布告セラレンコトヲ。謹テ裁可ヲ乞フ

然るに此意見書も其儘で政府の顧る所とならなかつたのである。

四　府縣税戸數割規則制定迄

其の後明治十三年十一月五日太政官布告第四十八號を以て改正地方税規則公布せられたのであるが、戸數割に關しては何等修補せらるゝ所がなかつた。同年十二月二十七日内務省申牒を以て「地方税竝營業税雜種税規則備考」を各府縣に達した。其の中に戸數割に關しては之が公權的解釋を下し其の取扱を一定せしめん爲指示する所があつた。固より現時の法律觀念と相容れざるものもあるが參考の爲掲記すれば左の如くである。

◎戸數割ハ本籍寄留ト戸主非戸主トヲ問ハス毎戸現住者ニ賦課スルモノトス。

◎凡ソ同居スルト否サルトヲ問ハス竈ヲ異ニシ居ヲ占ムルモノハ皆一戸ノ定額ヲ賦課スヘキモノト雖モ、區町村會ニ於テ其貧富ニ應シ定額ニ差等ヲ立テ又ハ免除スル等適宜徴收スルハ苦カラス。

貧困老幼又ハ獨身ニシテ病ニ罹リ親戚ナク、或ハ之レアルモ同シク窮民ニシテ其救援ヲナスノ力ナク、纔ニ隣保ノ扶助ヲ得テ飢渇ヲ免カルヽ者ノ類ハ府縣會ノ決議ヲ以テ本税ヲ免除スルヲ得。

◎地所ニ係ル地方税ハ官有地ニハ都テ賦課スヘカラスト雖モ、戸數割税ハ現住者ニ賦課スヘキモノニ付、明治七年第百二十號公布地所名稱區別中寺院大中小學校說敎場病院貧院等民有地ニアラサルモノヽ如キモ現住者ノ存否ヲ以テ賦課ノ如何ヲ定メ官有民有ヲ以テ區別セサルモノトス。

◎他管他郡ヨリ寄留スルモノ本税未納ニ付財產ヲ公賣スルハ、戸主ト家族ヲ論セス其寄留地ニ所持スル物品ニ止リ、若シ公賣ノ上不足ヲ生スルモ本籍ノ財產ニ及フヲ得ス。

◎官舍ニ係ル戸數割ハ其借用人ヨリ之ヲ徵收ス。

◎戸數割ハ財產ヲ指定セサルモノニ付、其未納者ノ處分ニ當リテハ土地家屋ヲ除クノ外他ノ財產(雨戸ヲ除キ疊障子板戸等都テ動移スヘキモノ)ヲ公賣スルヲ得。且其營業必用ノ器機衣服炊具等民事身代限リノ例ニ傚ヒ差除クヘシ。

◎營業税又ハ雜種税ノ賦課ヲ受クル物品ハ戸數割未納ノ際ニ於テハ公賣スルヲ得サルモノトス。

◎官有地第三種ノ地ヲ人民ノ願ニ依リ貸渡ス時ハ貸渡中借地人ヨリ町村ノ協議費ヲ出シ且家屋ヲ建築シ居住スル者ハ本税ヲ賦課スルヲ得。

其の後明治十五年一月政府は地方税規則第一條「戸數割」の下に「若クハ家屋税」といふ字句を追加せむとする案を元老院に提出したるも否決せられたので、更に元老院の協賛を經て區郡部會規則を改正し區部に於ては家屋税を以て戸數割に換へ得ることとした。後明治二十一年府縣制公布後は廣く府縣の全部又は一部に戸數割の代替税として家屋税を施行し得ることになつたけれども、戸數割そのものに關する法令は遂に發布せらるゝ事なくして幾星霜を經たのである。

此の間戸數割は如何なる方法に依り賦課されてゐたかと謂ふに何れの府縣に於ても之を直接賦課せず、一先づ市町村に配賦し、各戸に對する賦課手續は府縣制第百九條に依り賦課の細目に係る事項を市町村會に議決させ市町村單位にして之を行つて來た。只市町村會に於て府縣會の議決に依り定まりたる期限内に其議決を爲さゞる時若は不適當の議決を爲したる時府縣參事會が直接之を議決したに過ぎない。而して多くの府縣は單に戸數を標準とし各市町村に對して戸數の多寡に比例し稅額の配當をなして居つたが、此の如くしては富裕なる市町村と貧弱なる市町村との間に負擔の均衡を得ざる事勿論であり、戶數割の稅額が增大するに伴ひ其の弊竇愈〻著しいことゝなるので十數府縣に於ては各市町村間の資力に應じて配當するの方法を講じ、戶數比例配當法に加味するに資力適應配當方法を以てした。其特別配當方法の概樣は大正十年度に於ては左の如くであつた。

兵庫　戶數割總額の百分の六十は豫算の屬する年度の前々年度十二月末に於ける各市町村の現在戶數に、其の百分の四十は前々年度に於ける各市町村住民(法人を除く)の縣內に於て納むる直接國稅(第二種の所得稅を除く)縣稅の徵收額に依り配當す。

長崎　戶數割總額の十分の四は其の年四月一日現在の戶數に、十分の六は前々年度に於ける市町村住民(法人を除く)の縣內に於て納むる直接國縣稅(第二種所得稅附加稅及戶數割を除く)及賦金の賦課額に依る。

京都　戶數割總額の十分の六は豫算の屬する年度の前年度四月一日現在戶數に、十分の四は直接國稅府稅(戶數割家屋稅を除く)の徵收額に依る。

茨城　戸數割總額の十分の五は賦課期日現在の戸數割納税義務者の數に、十分の五は其年四月一日現在に於ける市町村の戸數割納税義務者の直接國税(地租、營業税、第三種所得税)の納額に依る。但地租は四月一日現在戸數割納税義務者の納付すへき額、營業税第三種所得税は前年度の納額に依る。

山梨　縣内を十四等に分ち各等毎に負擔率を定む其の市町村の等級は毎年縣會の議決を經て之を定む。

長野　縣内を十五等級に分ち各等地一戸當課率は毎年度豫算を以て定む。

青森　左の標準及歩合に依り市町村に配當す。

一　地租　宅地租　百分の四
　　　　　其の他の地租　百分の二十五
二　國税營業税　百分の八
三　所得税　百分の十四
四　縣税營業税雜種税(遊興税を除く)　百分の八
五　倉庫坪數　百分の八
六　營利法人に對する出資金株金の拂込濟金額　百分の三
七　戸數　百分の三十

石川　戸數割總額の十分の八は豫算の屬する年度の前々年度に於ける直接國稅縣稅（戸數割を除く）徵收額に、十分の八は當該年度四月一日現在戸數に依り配當す。

岡山　戸數割總額の十分の四は豫算の屬する年度の前々年度に於ける宅地租及第三種所得稅徵收額に、十分の六は賦課期日現在の戸數に依る。

廣島　戸數割總額の百分の六十は豫算の屬する年度の前年度四月一日現在戸數に、百分の四十は前々年度に於ける各市町村住民（三ヶ月以上の滯在者を含む）の納むる直接國稅及縣稅營業稅、雜種稅徵收額に依る。

山口　戸數割總額の百分の八十は豫算の屬する年度の前年四月一日現在戸數に、百分の二十は前々年度に於ける縣內住民（三ヶ月以上滯在者を含む）の納むる直接國稅及縣稅營業稅、雜種稅徵收額に依る。

德島　前年十二月三十一日現在戸數に依り豫算に定めたる課率を乘し以て總額を定め、其の十分の六を現在戸數に十分の四を前々年度に於ける國稅（宅地租、營業稅、所得稅、賣藥營業稅）縣稅（營業稅、雜種稅）徵收額に應し各町村に配當す。

香川　總額の十分の七を豫算の屬する前々年度に於ける市町村住民の納むる國税(地租、所得税(第三種)、營業税、鑛業税、賣藥營業税)竝縣税(戶數割、營業税、雜種税)の徵收額に、十分の三を宅地價平均額に依り左の等級及乘率を設けて配當し之を合算し各市町村の納税義務者の總負擔額を定む。但し其の納税額中には縣外に於て納むる税額を算入せず。

一等	宅地地價百坪	金百圓以上	乘率	一、〇
二等	同	金百圓未滿六十圓以上	同	〇、九
三等	同	金六十圓未滿四十圓以上	同	〇、八
四等	同	金四十圓未滿三十圓以上	同	〇、七
五等	同	金三十圓未滿	同	〇、六

愛媛　縣內を十一等に分ち各等地の一戶當は每年度豫算を以て之を定む。

高知　戶數割總額の百分の六十は賦課期日現在戶數に、百分の四十は前々年度に於ける直接國税(地租市町村內に住所を有する者の縣內に於て納むる額)第三種所得税、營業税法人の納むるものを除く縣税(營業税、雜種税)の徵收額により配當す。

沖繩　戸數割總額の百分の六十は賦課期日現在戸數に百分の四十は前々年度に於ける直接國税及縣税營業税、雜種税徵收額に依る。

此の如くにして市町村に配當したる後如何なる課税標準に依り賦課するかと謂ふに、府縣に於て賦課規則上所得額資産等課税標準を明記限定し其範圍内に於て市町村會に賦課の細目を議決せしむる所と、然らずして全然市町村會の議決に一任したるものとあつた。而して各市町村に於ける賦課は全然見立割に依ることゝせられてゐるもの最大多數であつて、其外課税標準の組合せは大樣四百四十二種あつた。今其中重なるものを採用せる市町村數を調べて見ると大正九年度に於ては次の如くであつた。

標準事項	市區數	町村數	計
一　見立割	一二	四、六九二	四、七〇四
一　所得、資産及生活ノ狀況	四	五三一	五三五
一　所得及納税額		四六〇	四六〇
一　納税額		四六〇	四六〇

一 所得	一	四二〇	四二一
一 資產及生活ノ狀況	二	三八三	三八五
一 納稅額及生活ノ狀況		三三三	三三三
一 所得、資產、納稅額及生活ノ狀況	一	二六三	二六四
一 所得及資產		二五九	二五九
一 所得及生活ノ狀況	二	二五五	二五七
一 所得、納稅額及生活ノ狀況	一	二〇五	二〇六
一 納稅額、住家又ハ住家以外ノ建物、給料、報酬、諸手當金、公債、社債券ノ利子、各種株券ノ利益配當金、辯護士、執達吏、代書人ノ取扱件數又ハ收得金、醫師產婆接骨師獸醫蹄鐵工ノ取扱件數又ハ收得金		一九〇	一九〇
一 資產、所得、住家若ハ屋室ノ坪數並其賃貸價格、生活ノ狀況	一	一五三	一五四
一 納稅額、住家又ハ住家以外ノ建物、給料、報酬、諸手當金		一四九	一四九
一 所得、地價、納稅額及生活ノ狀況		一四五	一四五
一 所得、納稅額及住家又ハ居室ノ坪數若ハ賃貸		一三九	一三九

價格			
一、所得、資産及納税額	一	一二三	一二四
一、資産		一一二	一一二
一、所得、土地建物ノ坪數又ハ賃貸價格、納税額及生活ノ狀況	一	一〇八	一〇九
一、所得、地價及納税額		一〇四	一〇四

而して市町村に於ける戸數割賦課細目の議決には三體樣あつた。卽ち各納税義務者の賦課額そのものを議決するもの、單に課税標準に對する乘率を議決し各自の賦課額算出は市町村長に一任するもの及課税標準に對する負擔步合を議決し且各一人毎に其賦課額を議決するもの是である。其各方法を採る市町村數を大正九年度現在に就き調査するに

	市	町村	計
各戸の賦課額を議決するもの	三一	八、四三一	八、四六二
單に課税標準に對する乘率を議決するもの	二一	二、九六八	二、九八九
兩者を併用するもの	三	四二二	四二五

大正十年に至り市制町村制に大なる變革が加へられた。卽ち市の等級選擧制は從來三級であつたのを二級と爲し、町村の等級選擧制は全く撤廢せられることとなつた。此に於て從來法令上何等課稅標準の定めのない戶數割は之を以て階級鬪爭の具に供せられる虞があり、將來町村自治の和平を壞亂するの因となるといふので、俄に戶數割規定制定實施の要を唱ふの聲旺になり、之が動機となつて大正十年十月十日勅令第四百二十二號を以て府縣稅戶數割規則が公布せられた。亞て大正十一年二月二十一日內務省令第二號を以て府縣稅戶數割規則施行細則が發布せられた。

斯くして戶數割の納稅主體、課稅客體、課稅標準等が明確にされ且賦課方法も統一せられて玆に地方稅規則の修補的規定は完成を告げたのである。然るに新規則實施の結果從來の單純なる見立割が一躍嚴格なる課稅標準に羈束せられ地方に依つては負擔に激變を生ずるの虞があるとして所在に異論が頻發したので、之を緩和するが爲め更に大正十一年五月二十七日勅令第二百八十二號が公布せられ、尙同時に施行規則も實施上不合理なる結果を生ずる惧があるといふので小改正が行はれた。其の後施行の實際に鑒み大正十三年四月に至つて規則及施行細則に部分的の改正を加へられたのである。今參考の爲め其の條文を錄すれば左の如くである。

府縣稅戸數割規則（大正十年十月十日勅令第四百二十二號）

（改正大正十三年四月十八日勅令第九十二號）

第一條　戸數割ハ一戸ヲ構フル者ニ之ヲ賦課ス
戸數割ハ一戸ヲ構ヘサルモ獨立ノ生計ヲ營ム者ニ之ヲ賦課スルコトヲ得

第二條　戸數割ハ納稅義務者ノ資力ニ對シ之ヲ賦課ス

第三條　資力ハ戸數割納稅義務者ノ所得額及住家坪數ニ依リ之ヲ算定ス但シ所得額及住家坪數ノミニ依ルヲ適當ナラスト認ムル場合ニ於テハ納稅義務者ノ資產ノ狀況ヲ斟酌シテ之ヲ算定スルコトヲ得

第四條　戸數割總額ハ豫算ノ屬スル年度ノ前前年度ニ於テ市町村住民(法人ヲ除ク)ノ賦課ヲ受ケタル直接國稅及直接府縣稅ノ稅額竝前年度始ニ於ケル戸數割納稅義務者ノ數ヲ標準トシ市町村ニ之ヲ配當ス但シ戸數割納稅義務者ノ數ヲ標準トスル配當額ハ戸數割總額ノ十分ノ五ヲ超ユルコトヲ得ス

特別ノ事情アルトキハ府縣知事ハ府縣會ノ議決ヲ經內務大臣及大藏大臣ノ許可ヲ得テ前項ノ規定ニ拘ラス別ニ標準ヲ設クルコトヲ得

配當額ハ配當後標準ニ異動ヲ生スルモ之ヲ更正セス但シ配當ノ標準ニ錯誤アリタルトキハ當該市町村ニ限リ當初ノ配當率ヲ以テ其ノ配當額ヲ更正スルコトヲ得(大正十三年四月十八日勅令第九十二號但書追加)

第五條　前條ノ規定ニ依リ市町村ニ配當セラレタル戸數割ノ總額中住家坪數ニ依リ資力ヲ算定シテ課スヘキモノハ其ノ總額ノ十分ノ一ヲ、納稅義務者ノ資產ノ狀況ヲ斟酌シテ資力ヲ算定シ課スヘキモノハ其ノ總額ノ十分ノ二ヲ超ユルコトヲ得ス

第六條　納稅義務者ト生計ヲ共ニスル同居者ノ所得ハ之ヲ其ノ納稅義務者ノ所

得ト看做ス但シ其ノ納稅義務者ヨリ受クル所得ハ此ノ限ニ在ラス

第七條　同一人ニ對シ數府縣ニ於テ戸數割ヲ賦課スル場合ニ於テハ各其ノ府縣ニ於ケル所得ヲ以テ其ノ者ノ資力算定ノ標準タル所得トス其ノ所得ニシテ分別シ難キモノアルトキハ關係府縣ニ平分ス

戸數割ヲ納ムル府縣以外ノ地ニ於ケル所得ハ納稅義務者ノ資力算定ニ付住所地府縣ニ於ケル所得ト看做ス

前二項ノ規定ハ府縣內ノ市町村間ニ於ケル所得ノ計算方法ニ付之ヲ準用ス

前三項ニ規定スル所得計算ニ付府縣內關係市町村異議アル場合ニ於テ其ノ郡內ニ止マルモノハ郡長、其ノ郡市又ハ數郡市ニ涉ルモノハ府縣知事之ヲ定メ關係府縣知事異議アルトキハ內務大臣之ヲ定ム

島司ヲ置ク地ニ於テハ前項中郡長ニ關スル規定ハ島司ニ、郡ニ關スル規定ハ島廳管轄區域ニ關シ之ヲ適用ス

第八條　二人以上ノ納稅義務者カ同一住家ヲ使用スル場合ニ於テハ各使用者ニ專屬スル部分ノ住家坪數ヲ以テ資力算定ノ標準タル住家坪數トス其ノ共同シ

テ住家又ハ其ノ一部分ヲ使用スル場合ニ於テハ其ノ住家坪數ハ之ヲ平分ス

第九條　住家ノ附屬建物ハ住家坪數ニ之ヲ算入ス
住家坪數ニ依ル資力算定ニ付テハ建物ノ構造、用途及敷地ノ地位ニ依リ等差ヲ設クルコトヲ得

第十條　前二條ニ定ムルモノヲ除クノ外住家坪數ノ計算方法ニ付テハ府縣ノ賦課規則ノ定ムル所ニ依ル

第十一條　戸數割ノ賦課期日後納税義務ノ發生シタル者ニ對シテハ發生ノ翌月ヨリ月割ヲ以テ賦課ス但シ一ノ府縣ニ於テ納税義務消滅シ他ノ府縣ニ於テ納税義務ノ發生シタル場合ニ於テハ納税義務ノ發生シタル府縣ハ他ノ府縣ノ賦課セサル部分ニ付テノミ賦課ス
賦課期日後新ニ納税義務ノ發生シタル者ニ對スル賦課額ハ第二條、第三條及第五條ノ規定ニ依リ定リタル他ノ納税者ノ賦課額ニ比準シテ之ヲ定ム
戸數割ノ賦課期日後納税義務ノ消滅シタル者ニ對シテハ其ノ消滅シタル月迄月割ヲ以テ賦課ス但シ既ニ徵税令書ヲ發シタル場合ニ於テハ其ノ賦課額ハ之

ヲ變更セス

第十二條　府縣ハ特別ノ事情アル者ニ對シ戸數割ヲ課セサルコトヲ得

第十三條　市町村長ハ其ノ市町村住民ニ非サル者(法人ヲ除ク)ノ當該市町村内ニ於テ生スル其ノ年度分所得及其ノ所得ノ基本タル事實並當該市町村ニ於テ賦課ヲ受ケタル前年度ノ直接國税及直接府縣税ノ税額ヲ毎年五月末日迄ニ其ノ住所地市町村長ニ通報スヘシ但シ所得及其ノ所得ノ基本タル事實ニ付テハ當該市町村ニ於テ其ノ者ニ戸數割ヲ賦課スルトキ又ハ其ノ住所地市町村ニ於テ戸數割ノ賦課ナキトキハ此ノ限ニ在ラス(大正十三年四月十八日勅令第九十二號改正)

第十四條　左ノ制限ヲ超エ戸數割又ハ戸數割附加税ヲ賦課セムトスルトキハ内務大臣及大藏大臣ノ許可ヲ受クヘシ

一　戸數割總額カ當該年度ニ於ケル府縣税豫算總額ノ百分ノ三十ヲ超ユルトキ

二　戸數割附加税總額カ市ニ在リテハ當該年度ニ於ケル市税豫算總額ノ百分

ノ五十、町村ニ在リテハ當該年度ニ於ケル町村税豫算總額ノ百分ノ八十ヲ超ユルトキ(大正十三年四月十八日勅令第九十二號改正)

第十五條　前條ノ規定ノ適用ニ付テハ府縣税家屋税又ハ家屋税附加税若ハ市町村税家屋税ハ之ヲ戸數割又ハ戸數割附加税ト看做ス

第十五條ノ二　市町村ニ對スル第十四條ニ規定スル許可ノ職權ハ内務大臣及大藏大臣ノ定ムル所ニ依リ之ヲ府縣知事ニ委任スルコトヲ得(大正十三年四月十八日勅令第九十二號追加)

第十五條ノ三　本令ノ適用ニ付テハ町村組合ニシテ町村ノ事務ノ全部ヲ共同處理スルモノハ之ヲ一町村ト看做ス(同上)

第十六條　所得ニ依ル資力算定方法、直接税ノ種類其ノ他本令施行上必要ナル事項ハ内務大臣及大藏大臣之ヲ定ム

附　則

本令ハ大正十一年度分ヨリ之ヲ施行ス

附　則　(大正十三年四月十八日勅令第九十二號)

本令ハ大正十三年度分ヨリ之ヲ適用ス

府縣稅戸數割ニ關スル件（大正十一年五月勅令第二百八十二號）

府縣稅戸數割規則第四條ノ規定ニ依リ市町村ニ配當セラレタル戸數割總額中納稅義務者ノ資産ノ狀況ヲ斟酌シテ資力ヲ算定シ課スヘキモノハ特別ノ事情アル府縣ニ於テハ當分ノ內之ヲ其ノ總額ノ十分ノ四以內ト爲スコトヲ得

附　則

本令ハ大正十一年度分ヨリ之ヲ適用ス

府縣稅戸數割規則施行細則（大正十一年二月內務省令第二號）改正（年番號各條下）

第一條　府縣稅戸數割規則ニ於テ直接國稅ト稱スルハ地租、第三種ノ所得ニ係ル所得稅、營業稅、鑛業稅、砂鑛區稅及賣藥營業稅ヲ謂ヒ直接府縣稅ト稱スルハ本條ノ直接國稅ニ對スル附加稅、營業稅及雜種稅（遊興稅及觀覽稅ヲ除ク）ヲ謂フ

第二條　戸數割ヲ賦課スヘキ年度ノ前前年度ニ於テ市町村ノ廢置分合又ハ境界

變更アリタルトキハ關係市町村ニ於ケル府縣稅戶數割規則第四條ニ規定スル戶數割配當標準中直接國稅及直接府縣稅ノ稅額ハ府縣知事之ヲ定ム

戶數割ヲ賦課スヘキ年度ノ前年度ニ於テ市町村ノ廢置分合又ハ境界變更アリタルトキハ關係市町村ニ於ケル府縣稅戶數割規則第四條ニ規定スル戶數割配當標準ハ府縣知事之ヲ定ム戶數割ノ配當前市町村ノ廢置分合又ハ境界變更アリタルトキ亦同シ

第三條　戶數割納稅義務者ノ資力算定ノ標準タル所得額ハ左ノ各號ノ規定ニ依リ計算ス

一　田又ハ畑ノ所得ハ前三年間每年ノ總收入金額ヨリ必要ノ經費ヲ控除シタルモノノ平均ニ依リ算出シタル收入豫算年額但シ前三年以來引續キ自作セス小作セス又ハ小作ニ付セサル田又ハ畑ニ在リテハ近傍類地ノ所得ニ依リ算出シタル收入豫算年額

二　山林ノ所得ハ前年ノ總收入金額ヨリ必要ノ經費ヲ控除シタル金額

三　俸給給料歲費年金恩給退隱料及此等ノ性質ヲ有スル給與、營業ニ非サル貸

金ノ利子並公債社債預金及貯金ノ利子ハ其ノ收入豫算年額

四　賞與又ハ賞與ノ性質ヲ有スル給與ハ前年四月一日ヨリ其ノ年三月末日ニ至ル期間ノ收入金額

五　法人ヨリ受クル利益若ハ利息ノ配當又ハ剩餘金ノ分配ハ前年四月一日ヨリ其ノ年三月末日ニ至ル期間ノ收入金額但シ無記名式ノ株式ヲ有スル者ノ受クル配當ハ同期間内ニ於テ支拂ヲ受ケタル金額

法人ノ社員其ノ退社ニ因リ持分ノ拂戻トシテ受クル金額カ其ノ退社當時ニ於ケル出資金額ヲ超過スルトキハ其ノ超過金額ハ之ヲ其ノ法人ヨリ受クル利益ノ配當ト看做ス株式ノ消却ニヨリ支拂ヲ受クル金額カ其ノ株式ノ拂込濟金額ヲ超過スルトキハ其ノ超過金額亦同シ

六　前各號以外ノ所得ハ總收入金額ヨリ必要ノ經費ヲ控除シタル收入豫算年額

年度開始ノ日ノ屬スル年ノ翌年ニ戸數割ヲ賦課スル場合ニ於テハ最近ノ戸數割賦課ノ時ニ算定シタル所得額ヲ以テ其ノ資力算定ノ標準トス但シ未タ其ノ

所得ノ算定ナカリシ者ニ關シテハ年度開始ノ日ノ屬スル年ヲ基準トシ前各號ノ規定ニ依リ之ヲ算定ス

第四條　前條ノ規定ニ依リ總收入金額ヨリ控除スヘキ經費ハ種苗蠶種肥料ノ購買費、家畜其ノ他ノモノノ飼養料、仕入品ノ原價、原料品ノ代價、場所物件ノ修繕料又ハ借入料、場所物件又ハ業務ニ係ル公課、雇人ノ給料其ノ他收入ヲ得ルニ必要ナルモノニ限ル但シ家事上ノ費用及之ニ關聯スルモノハ之ヲ控除セス

第五條　第三條第一號又ハ第六號ノ規定ニ依ル所得計算ニ付損失アルトキハ同條第一號、第三號及第六號ノ規定ニ依ル所得ノ合算額ヨリ之ヲ差引計算ス

第六條　前三條ノ規定ニ依リ算出シタル金額一萬二千圓以下ナルトキハ其ノ所得中俸給給料歲費年金恩給退隱料賞與及此等ノ性質ヲ有スル給與ニ付テハ其ノ十分ノ一、六千圓以下ナルトキハ同十分ノ二、三千圓以下ナルトキハ同十分ノ三、千五百圓以下ナルトキハ同十分ノ四、八百圓以下ナルトキハ同十分ノ五ニ相當スル金額ヲ控除ス（大正十三年四月十九日內務省令第十四號改正）

第七條　前四條ノ規定ニ依リ算出シタル金額三千圓以下ナル場合ニ於テ納稅義

務者及之ト生計ヲ共ニスル同居者中年度開始ノ日ニ於テ年齡十四歲未滿若ハ六十歲以上ノ者又ハ不具癈疾者アルトキハ納稅義務者ノ申請ニ依リ其ノ所得ヨリ左ノ各號ノ規定ニ依ル金額ヲ控除ス

一　所得千圓以下ナルトキ
　年齡十四歲未滿若ハ六十歲以上ノ者又ハ不具癈疾者　一人ニ付百圓以內（大正十一年五月內務省令第五十二號改正）
二　所得二千圓以下ナルトキ
　同　一人ニ付七十圓以內（同上）
三　所得三千圓以下ナルトキ
　同　一人ニ付五十圓以內（同上）

前項ノ不具癈疾トハ心神喪失ノ常況ニ在ル者、聾者、啞者、盲者其ノ他重大ナル傷痍ヲ受ケ又ハ不治ノ疾患ニ罹リ常ニ介護ヲ要スルモノヲ謂フ

第八條　左ノ各號ノ一ニ該當スルモノハ戶數割納稅義務者ノ資力算定ノ標準タル所得額ニ算入セス

一　軍人從軍中ノ俸給及手當

二　扶助料及傷痍疾病者ノ恩給又ハ退隱料

三　旅費、學資金、法定扶養料及救助金

四　營利ノ事業ニ屬セサル一時ノ所得

五　日本ノ國籍ヲ有セサル者ノ外國ニ於ケル資産、營業又ハ職業ヨリ生スル所得

六　乘馬ヲ有スル義務アル軍人カ政府ヨリ受クル馬糧藁畜料及馬匹保續料

七　(削除)(大正十一年五月二十七日内務省令第十二號)

第九條　市町村ニ於テ府縣税戸數割規則第十四條ノ制限ヲ超エ戸數割附加税ヲ賦課スルトキ其ノ戸數割附加税總額カ市ニ在リテハ當該年度ニ於ケル市税豫算總額ノ百分ノ六十以内、町村ニ在リテハ當該年度ニ於ケル町村税豫算總額ノ百分ノ九十以内ノモノニ付テハ其ノ許可ノ職權ヲ府縣知事ニ委任ス(大正十三年四月十九日内務省令第十四號追加)

附　則

本令ハ府縣税戸數割規則施行ノ日ヨリ之ヲ施行ス

府縣税戸數割規則第四條ノ標準中戸數割納税義務者ノ數ハ大正十一年度ニ限リ戸數ヲ以テ之ニ代フ

附　則（大正十三年四月十九日内務省令第十四號）

本令ハ大正十三年度分ヨリ之ヲ適用ス

尚府縣税戸數割規則及同施行細則の施行上數次通牒が發せられたが、其の中單に手續上に屬する部分を除き實體的のものを示せば左の如くであつた。

府縣税戸數割規則ニ關スル件依命通牒

（大正十年三月十日發乙第八號地方主税兩局長）

曩ニ府縣税戸數割規則並ニ同施行細則發布相成候處該規則施行上ニ付テハ左記事項御承知置相成度

記

一　規則第一條第二項、第三條、第四條、第五條、第九條第二項及第十二條ノ場合ニ於テハ府縣會ノ議決ヲ要スルコト勿論ナレトモ賦課ノ細目ニ係ル事項ハ市町村會ノ決議ニ付スル

様措置シ差支ナキコト

二　規則第四條第二項ニ特別ノ事情アルトキハ同條第一項ノ配當標準ニ依リ配當額ヲ定メ且同項但書ノ割合ニ從フトキハ各市町村ニ對スル配當ノ衡平ヲ缺キ又ハ從來ノ市町村配當額ニ對シテ激變ヲ生スル場合等ニ有之、之カ爲特別ナル標準ヲ設ケテ配當ヲナサントスル場合又ハ第四條第一項但書ノ割合ニ依ラスシテ配當ヲナサントスル場合ニハ其ノ事由ヲ詳具シ毎年許可稟請ヲナスコト

三　市町村ニ對スル戸數割ノ配當手續ハ賦課規則中ニ規定シ一定ノ期日ニ配當ヲ示達スルコト

四　規則第三條ニ於テ資力ヲ算定スルニ當リ納税義務者ノ資産ノ狀況ヲ斟酌スルヲ得ル規定ヲ設ケタルハ從來ノ所謂見立割カ其ノ運用宜シキヲ得レハ負擔ノ衡平ヲ保ツ所以ノ途ナルニ鑒ミ或範圍ニ於テ見立割ヲナスコトヲ得シメタルモノナレハ市町村カ資産ノ狀況ヲ斟酌シテ課税セントスル場合ニ於テハ能ク其趣旨ニ則リ苟モ之カ利用ヲ誤リテ負擔不均衡ノ結果ヲ惹起スルコトナキ樣監督セラレ度キコト

五　厩舍堆肥舍等農業專用ノ建物若ハ其ノ部分又ハ商品陳列所、商品貯藏庫、醸造場、工場製造場等營業專用ノ建物若ハ其ノ部分ニ屬スル坪數ハ勿論資力算定ノ標準タル住家及其ノ附屬建物ノ坪數ニ算入スヘキモノニ非サルコト

六　規則第十二條ニヨリ戸數割納付ノ資力ナキ特別ノ事情アル者ニ關シ賦課規則ニ規定ヲナス場合ニ於テハ一定ノ條件ヲ明記スルヲ要スル義ニ有之戸數割ヲ課税セサルモノ

ノ認定ヲ市町村會ノ議決ニ委任スルハ妥當ナラサルコト

七　規則第十三條ニ依リ市町村長カ通報義務ヲ有スル所得ノ範圍ハ其ノ市町村住民ニ非サルモノカ當該市町村ニ於テ土地家屋物件ヲ所有シ又ハ營業所ヲ定メテ營業ヲナシ依テ以テ生スル所得ニ有之此ノ通報ハ他市町村會ノ賦課決議ノ遲速ニ至大ノ關係ヲ有スルヲ以テ其期限ヲ嚴守スル樣督勵セラレ度キコト

八　規則第十三條ノ但書ノ適用上戸數割ヲ施行セサル市町村名ハ豫メ之ヲ周知シ置クノ必要アルニ依リ毎年相當ノ時期ニ於テ右ニ該當スル市町村名ヲ各府縣間相互ニ通報シ周知ヲ計ルコト(下略)

戸數割ノ課税標準タル資力算定ニ關スル件通牒

(大正十一年六月十日發乙第百十七號地方局長)

資力算定ノ標準タル所得額ノ計算上職工其ノ他勞役者ノ賃銀等ニ付市町村ニ於テハ往々其ノ解釋ヲ誤ル向アルヤニ聞及候處右ハ獨立ノ企業者トシテニ非スシテ專ラ雇傭關係ニ依リ收得スル賃銀ハ假令日給ノモノト雖其ノ名稱ノ如何ヲ問ハス所謂勤勞所得ニ屬シ戸數割規則施行細則第三條第三號ノ所得トシテ取扱フヘキモノニ有之候條御承知相成度爲念

戸數割附加税、家屋税附加税及市町村税家屋税制

限外課税ニ關スル件依命通牒（大正十一年十二月二十一日發地第七十四號地方、主稅兩局長）

府縣稅戶數割規則第十四條ニ依リ市町村ニ於テ制限外課稅ヲ爲サムトスル場合ノ取扱ニ關シテハ本年三月十日發地第八號中ニ通牒致置候處自今左記各號ニ依リ御取扱相成度

記

一　戶數割附加稅ノ制限外課稅ヲ爲サムトスル場合ニ於テハ各々國稅附加稅ハ所定ノ制限率迄之ヲ賦課シタルコトヲ要スルコト

二　戶數割附加稅豫算總額カ市稅豫算總額ノ六割又ハ町村稅豫算總額ノ九割ヲ超ユル場合若ハ戶數割附加稅ノ納稅義務者一人當ノ稅額カ前年度豫算（追加ヲ含ム）ニ依ル納稅義務者一人當稅額ノ十五割ヲ超ユル場合ニ於テ明治四十一年法律第三十七號地方稅制限ニ關スル件第五條第二項該當費用アルトキハ地租、營業稅、所得稅ノ附加稅ニ付相當制限外課稅ヲ爲シ以テ課稅ノ權衡ヲ圖ルコト但シ追加賦課ノ場合ニ限リ第五條ニ依リ制限外課稅ヲ爲スモ戶數割附加稅ニ於テ減シ得ヘキ額カ其ノ納稅義務者一人當五十錢未滿ニ過キサルトキハ國稅附加稅ノ制限外課稅ハ之ヲ爲ササルモ妨ケナキコト

三　前項ニ該當スル戶數割附加稅制限外課稅ノ場合ニ於テ基本財產（特別ノモノモ含ム）ノ蓄積又ハ積戾ハ其ノ財源ヲ指定寄附又ハ財產ヨリ生スル收入ニ求ムルモノヲ除クノ外之ヲ停止シ負擔輕減ノ資ニ充ツルコト但シ追加賦課ノ爲メ制限外課稅ヲナサム

トスル場合ニ於テハ從前議決ニ基キ既ニ蓄積ヲ執行シタルモノニアリテハ停止ヲ要セサルコト（中略）

六　戸數割附加税制限外課税ノ許可ハ賦課スヘキ豫算總額ヲ許可スルモノナルヲ以テ假令課率ヲ増加セス自然増收ノ爲メ豫算ノ追加又ハ更正ヲ爲ス場合ニ於テモ苟クモ最初許可ヲ受ケタル賦課スヘキ豫算總額ヲ超ユル場合ハ更ニ許可ヲ要スルコト但シ他ノ市町村税ニ於テ追加シ戸數割附加税額カ法定ノ制限割合ヲ超過セサルトキハ此ノ限ニ在ラス（下略）

府縣税戸數割規則ニ關スル件通牒（大正十二年六月二十三日發地第五十六號地方局長）

府縣税戸數割規則第四條第三項ノ規定ニ關シ左ノ通決定相成候條御了知相成度

記

府縣税戸數割規則第四條第三項ノ規定ハ配當額ハ標準ノ異動カ錯誤ニ基クト否トヲ問ハス配當額ニ基ク賦課ニ付配當標準ノ錯誤ヲ理由トスル納税義務者ノ異議ハ之ヲ認メサルノ法意ニ非ス

府縣税戸數割規則中改正ニ關スル件通牒（大正十三年五月十四日發地第二十九號地方、主税兩局長）

今般府縣税戸數割規則竝同施行細則中改正ノ件公布相成候ニ付テハ左記事項御了知ノ上

施行上御留意相成度

記

一　規則第四條第三項但書ハ配當ノ標準ニ錯誤アリタルトキハ其ノ錯誤アリタル市町村ニ限リ當初全般ノ配當ニ用キタル配當率ヲ正當ナル配當標準ニ乘シタル額ヲ以テ其ノ配當額ヲ更正スルコトヲ得シメ以テ標準ノ錯誤ニ依リ受クル不當ノ負擔ヲ救濟シ且市町村間負擔ノ公平ヲ期セシムルノ途ヲ開カムトスルノ趣旨ニ有之

一　規則第十三條ニ「其ノ所得ノ基本タル事實」ヲ加ヘタルハ通報ヲ受ケタル市町村ニ於テ戸數割賦課ニ際シ資產ノ狀況ヲ斟酌セムトスル場合ノ參考ニ資セシメムカ爲メ例ヘハ田、畑、山林ノ所得、家屋又ハ營業ノ所得等其ノ所得ノ基本タル事實ヲ併セテ通報セシムルノ趣旨ニ有之（下略）

五　現行法の制定

斯くて各府縣に於ける戸數割の賦課方法には劃一的の統制が行はれるやうになり、戸數割は一先づ市町村住民が賦課を受けたる直接國府縣稅額及戸數割納稅義務者數を標準として市町村に配當し、然る後納稅義務者の資力を課稅標準として賦課することゝなつた。

唯特別の事情ある府縣に對しては特別の配當標準を設くることを許したが、大正十五年度に於て特別配當標準を採用してゐた府縣は左の如くであつた。

三重縣

戶數割總額ハ豫算ノ屬スル年度ノ前々年度ニ於テ市町村住民(法人ヲ除ク)ノ賦課ヲ受ケタル直接國稅及直接府縣稅ノ稅額ニ十分ノ五、前年度始ニ於ケル戶數割納稅義務者ノ數ニ十分ノ五ノ割合ヲ以テ市町村ニ配當ス但シ直接國稅及直接府縣稅ノ稅額ヲ標準トスルモノハ地租及地租割ノ稅額ニ五分ノ二、其ノ他ノ稅額ニ五分ノ三ノ割合ヲ以テ算定ス

德島縣

府縣稅戶數割規則第四條ニ依リ町村ニ配當スル戶數割ノ總額ハ町村ノ直接國稅及直接府縣稅(吉野川改良工事費不均一增課地租割ヲ除ク)ノ稅額ニ十分ノ五、戶數割納稅義務者ノ數ニ十分ノ五ノ割合ヲ以テ算定シ其町村納稅義務者ノ總負擔額トス但シ直接國府縣稅ノ稅額ヲ標準トスルモノハ地租及地租割ノ稅額ニ對シテ二、其ノ他ノ直接國府縣稅ノ稅額ニ對シテ三ノ割合ヲ以テ算定ス

前項町村ノ總負擔額ハ之ヲ告示ス

青森縣

戸數割總額ハ左ノ標準ニ依リ市町村ニ之ヲ配當ス

前項ノ配當額ハ之ヲ告示ス

直接國稅

- 一、地租
  - 宅地　百分ノ四
  - 其他ノ土地々租　百分ノ二十四
- 二、所得稅　百分ノ十四
- 三、營業稅　百分ノ十一
- 四、鑛業稅、砂鑛區稅 賣藥營業稅　百分ノ〇・一

直接府縣稅

- 一、地租附加稅
  - 宅地　百分ノ〇・五
  - 其他ノ土地々租　百分ノ二・七
- 二、所得稅附加稅　百分ノ一・五
- 三、營業稅附加稅　百分ノ一・一九
- 四、鑛業稅附加稅、砂鑛區稅附加稅 賣藥營業稅附加稅　百分ノ〇・〇一
- 五、營業稅、雜種稅（遊興稅ヲ除ク）　百分ノ十

戸數割納稅義務者數　　百分ノ三十

此の如く戸數割に關する法制は一應完備したのであるが、然し果して戸數割は府縣稅として適當なりや否やといふ根本問題が横つてゐた。余は戸數割を以て府縣稅たるに適せず、市町村稅たるべきものとしてゐた(拙著府縣稅戸數割第十章戸數割の將來參照)。而して大正九年政府に於て設置したる臨時財政經濟調査會に於て審議したる稅制整理案に於ても戸數割は市町村稅たるべきものとせられてゐた。

元來戸數割の課稅標準たる資力なるものは外形標準では之を適確に測定し難く、又所得稅法の所得計算の如き機械的計算方法でも萬全を期し難く、そこにどうしても人的酌量の分子が十分に加はることを許さなければならないので、府縣の如き區域の廣大なる團體に於ては到底公正に且個々仔細に各人の資力の調査を行ひ之に適應したる負擔を定めることは不可能と謂はねばならぬ。此に於て戸數割の賦課に當り一先づ之を各市町村に配賦することとしてゐたのである。而して其の配賦標準は上敍の如く原則として市町村住民が賦課を受けたる直接國府縣稅額と戶數割納稅義務者の數とせられてゐたが、之は其の以外各市町村內の各人の資力の總和を表現したるものを求むること能はなかつた故であるけれど、然し此等兩標準の合一は決して市町村住民の資力の總和を表示してゐない。其の標準の一たる直接國府縣稅額を採つて見ても必ずしも資力を呈示してゐない。若し之を示現せるものとせば其の直接國府縣稅額そのものこそ直に採つて以て戶數割の課稅標準とせらるべきであらう。然るに之を單に配賦の標準とするに止め賦課標準とせざる所に眞の資力そのものの顯現と見ないで次善的に資力達觀の材料たらしめたといふ弱味を自白してゐる。況や他の配當標準たる納稅義務者の數に至つては戶數割を均等人頭稅視する感があり、資力を表現してゐないこと頗る明白である。此の如くにして市町村住民の資力の總和に適確に比例しない標準に依る戶數割の配賦稅額を市町村が受けた結果は假令其の各市町村に於て區域內の住民の資力に相應するやうに課稅額を決定しても、市町村を異にしたる人々の間に於ては同一資力のものでありながら戶數割の負擔額が同一でないことになるのは當然で、若し同等の負擔額となつたならばそれこそ寧ろ偶然の結果に外ならない。此の如くにして戸數割を府縣の如き廣大なる團體の租税として置けば、同じ府縣の構成分子たる各人が其の資力に應じて適當に負擔すべきものであるべきのが、市町村の異るに隨ひ同一資力でありながら不等の負擔をするといふが如き不公正なる結果を見るのである。所詮配賦する以上各人の負擔は不均衡となるものであり、配賦しなければならないといふことは戸數割が府縣税としては不適當のものなることを意味してゐるのである。

然しながら戸數割は地方税として全然不適當なるものと謂ふのではない。戸數割は所得税附加税の如き税種よりも一層人的斟酌を加へて各個人の眞の總負擔能力に順應したる負擔となるべき税であるが、區域の狹小なる地方團體では此の如き調定賦課は容易であり而かも適當切實に各人の懷合に相應したる負擔と爲し得るが故に、市町村の如き小團體就中人口稠密の大都市を除いた一般町村に於ては其の租税體系を組成する上に於て人税として所得税附加税よりも戸數割を選ぶを以て遙に優れりと謂はねばならぬ。

此に於て大正十四年、時の政府に於て税制整理を企畫するや其の地方税制整理案の一項として戸數割は府縣税としては之を廢止し市町村税として創設することを定められ、其の方針は翌十五年地方税ニ關スル法律案として議會に提出され協賛を經て現行法となつたのである。

尙是れと同時に戸數割の課税標準たる資力の算定標準の一に從來住家坪數があつたが、家屋税が一般地方税として創設せられたる爲め我國農村の如き多くは自己所有の家屋に居住する例であるのに、家屋が一方では家屋税の課税標準とせられ又他方戸數割の課税標準の算定標準として用ゐらるゝは稍重複課税の嫌もあるといふので資力算定標準中より住家坪數は除かれた。

而して資力算定に關し地方に於て種々紛議があり種々なる所論もあるが、兎に角地方税ニ關スル法律は其の後別に改正せられることなく今日に及むでゐるのである。

第二章　戸數割の性質

一　法規の明文上

戸數割は如何なる性質を有する租税であるか。之を法令に見るに地方税ニ關スル法律第二十三條は

戸數割ハ一戸ヲ構フル者ニ之ヲ賦課ス

戸數割ハ一戸ヲ構ヘサルモ獨立ノ生計ヲ營ム者ニ之ヲ賦課スルコトヲ得

と規定し、同第二十四條は

戸數割ハ納税義務者ノ資力ヲ標準トシテ之ヲ賦課ス

と規定してゐる。之に依つて其の税質を思ふに

一　戸數割は人税である

人を中心として其の全經濟狀態を綜觀し、各種の人的事情を斟酌して負擔額を定むるものであることは上示法條が意味する所であるから、典型的人税とも稱す

べきものである。

二　戸數割は人頭稅である

純然たる人頭稅は單に個々人の存在を其の課稅客體としてゐるに對し、戸數割は多少其の趣を異にしてゐる。卽ち構戸者を原則的の納稅義務者と爲し戸の存在を其の課稅客體としてゐる。是れ蓋し戸數割創設の當時我國に於ける家族制度に著目し、個々人を對象とせずして家を對象とし、地方團體の負擔を其の區域内の戸に分任せしめやうとする目的を以て戸數割なる稅を設けたが爲めであらう。それ故に戸數割は地方公共團體が其の負擔分任者として直接個人を選ばず個人の組成せる家を目標とすることにはなるが、其の區域内の戸の全般に涉つて負擔の分任を命ずるのであるから人頭稅的性質を有することは疑を容れぬ。

然し乍ら人頭稅と云ふても米國の諸州に行はれる原始的な人頭稅(Poll Tax)とは異り、均等的の人頭稅ではなく資力に應じたる人頭稅である。その點に於ては往時普魯西亞に行はれた階級稅(Klassen Steuer)に稍〻似てゐる。殊に府縣稅戸數割規則制定以前各地方に於て一般に採つてゐた賦課方法に依れば戸數割は一の階級税であつた。府縣税戸數割規則發布以來は法制上では階級税ではなくなつたが、均等的人頭税ではなくして矢張等差的人頭税である。資力を課税標準とするが故に人の資力の相違する數だけ戸數割賦課額に等差が存在してゐる譯である。

三　戸數割は資力税である

卽ち戸數割は人頭税であるが、人の資力を課税標準とする租税である。それ故に單純なる所得税ではない。所得は税源として汲めども永遠に盡くることを得ざるものであり、總ての租税は合理的には究極之に依り負擔せらるゝものであるから人税の客體として最も重要なるものである。隨つて戸數割が人の資力を課税標準とする以上所得が其の税源として主要部分を構成すべきことは勿論であるが、時として現實に所得なくとも資力の存在することがあり得るので、戸數割は所得税と異り所得なき者にも賦課する場合がある。又戸數割は固より收益税ではない。收益なき場合にも其の擔税の事實の存在するは勿論である。而して又戸數割は財産税でもない。財産は所得と同じく人の資力の重要なる部分を組成してゐるけれど、財産なくして資力ある場合があり、隨つて又戸數割の賦課があることがある。要するに戸數割は人税として最も典型的のものであり、人の把握してゐる部分的税源を捕捉しやうとせずして、其の所得なり資産なり苟くも擔税力の伏在せるものは之を綜合達觀して其の者の負擔全額を定めるものである。

二　沿革　上

今少しく沿革に遡り戸數割の性質を歴史的に究めると戸數割の創設は明治十三年太政官布告第十六號地方税規則にあるが、斯の規則には僅に其の第一條に於て

地方税ハ左ノ目ニ從ヒ徵收ス

一地租三分一以內

一營業税竝雜種税

一戸數割

とあるのみで明文上から戸數割の税質を知るに由ないが、立法當時其の付議せられた元老院會議に於ける政府委員及元老院議官の言説から見ると戸數割の税質

は大體既敍の所と一致してゐる。即ち戸數割は之を人頭稅とする見地から苟くも一戸を爲すものは皆是れ政府保護の下に在る者であるが故に細民と雖も多少の納稅義務を負ふべきであるといふて居り、又戸數割は之を資力稅とする立場から元來戸數割なる名稱それ自體は平等均一の課稅なるが如くに思惟せられるけれど、貧富同課は大に戒めなければならぬ貧富の差等を判別して之を課し、無力にして堪ふる能はざる者は之を蠲除するの趣旨であると謂ふてゐる。

明治十三年十二月の內務省申牒地方稅規則備考に於ても戸數割に關して公權的解釋を與へ『戸數割は本籍寄留と戸主非戸主とを問はず每戸現住者に賦課するものとす』と謂ひ、又『凡そ同居すると否とを問はず竈を異にし居を占むるものは皆一戸の定額を賦課すへきものと雖も區町村會に於て其の貧富に應じ定額に差等を立て又は免除する等適宜徵收するは苦しからず』と述べ、或は又『貧困老幼又は獨身にして病に罹り親戚なく或は之あるも同じく窮民にして其の救援をなす力なく纔に隣保の扶助を得て飢渇を免るゝ者の類は府縣會の決議を以て本稅を免除するを得』と言ふてゐるのに徵しても、戸數割は人稅にして人頭稅的性質と資力稅的性質とを帶有するものとして創設せられたものなること瞭かである。

今や戸數割は府縣税としては廢止せられ市町村税として設定せられたけれど、戸數割の性質に對しては立法上何等の變改を加へられたる跡なく、却つて明文を以て戸數割の沿革的性質を裏書したものと見ることが出來るのである。

三　地方税體系上

轉じて戸數割の地方税體系上に於ける地位如何を觀るに、余は戸數割が府縣税であつたとき之を以て一種の補完税と爲した。（拙著『地方税戸數割』三三頁以下參照）蓋し當時の地方税制に於ては府縣税として所得税附加税と戸數割とを併用せしめ、一面に地租附加税、段別割、國税營業税附加税、營業税等の物税を認めると相對して他面に所得税附加税と云ふ人税を設けてゐる以上、戸數割を以て地方税制上の總豫備隊的の意味に於ける補完税と斷ずるの外なかつた。然るに今市町村税としての戸數割を見るに這般の地方税制整理に依つて市町村税制としては戸數割は所得税附加税と併課せられることなく、所得税附加税は戸數割を賦課し難き市町村に於てのみ之れが賦課を認められるのであるから、市町村税制上の人税としては戸數割と所得税附加税は擇一的の人税となつたのである。即ち戸數割は一般市町村税制上地租附加税、特別地税附加税、段別割、家屋税附加税、營業收益税附加税及營業税附加税其の他の物税と相對立せる唯一の人税である。而して所得税附加税は特殊の市町村に於ける戸數割の代替税となつてゐるのである。寔や戸數割は單純に所得のみを標準とせず、人の全般的資力を課税標準とするものであるから人税として所得税附加税に優るものと謂はねばならぬが、これが一般市町村の税制上唯一の人税として寧ろ過重とも見らるゝ程の負擔となつて、他の諸物税と相對立し以て其の租税體系を形成してゐるのである。

惟ふに地方團體は國家の區域が廣大なる場合に、其の中に於て或一定地域に占據する個人が其の生存と共同の福利の増進上必要に迫られて自然に結合して共同事業を經營することに依り發生するものである。それ故に其の文化目的達成の爲め地方民は各自其の分に應ずる犧牲の提供を爲し、以て地方團體を協同經營して行くべきものであると同時に、斯くして成立する地方團體の施設は自ら其の區域内の土地家屋營業等に對し格段の利益を與へるものであるから、其等の關係者は又特別の負擔を分任し、其の施設經營の資に充てるのが正義であるといふことになるのである。此に於て地方税制に應能原則と利益原則とが行はれ、人税と物税とが併用せられるのである。而して此の地方税制に於ける應能原則を最も純眞に表現するものが戸數割であるといふことが出來るであらう。

第三章　戶數割の納稅主體及課稅客體

一　從來の主體

戶數割の課稅客體は原則としては構戶の事實、時として獨立生計經營の事實であり、其の納稅主體は原則として構戶者、時として獨立生計者なることは地方稅ニ關スル法律第二十三條の明示する所であるが、之を沿革に徵するに府縣稅戶數割規則施行以前は此の點に關して多數の行政訴訟が反覆されてゐた。是れ上述の如く地方稅規則が頗る簡疎で納稅主體に關しては毫も規定する所なかつたが故である。此に於て戶數割の納稅主體は如何なるものであるか、一戶を構ふる者が卽ちそれであると謂ふも其の一戶を構ふる者の意義は如何、構戶者と獨立生計を營む者とは同一であるか或は別異のものであるか明瞭でないのみならず、假令構戶者と獨立生計者とが觀念上別であるとしても、構戶者の外尙獨立生計者にも戶數割を賦課して差支ないか如何に關し疑義があり、隨つて此の點に關する爭議の絶ゆるときがなかつたのである。

或者は主張して曰ふやう、凡そ戸數割は明治初年の民費並府縣税の制度、溯つては舊幕時代の課役の制度を繼承したものであつて、戸數割又は家屋税は家別割、人別割又は小間割に相當し、彼の土地に課する持高割又は段別割と併立して居り、土地を所有しない者に對して公費を賦課する必要に出たもので、公費負擔の普及を旨としてゐる。而して其の戸數割又は家別割の行はれたのは主として我國に於ける有形構戸者と經濟單位とが相一致するを常例とする家族制度に胚胎してゐる。家族制度なるが故に納税義務者を戸主とするも、單に其の個人の財産又は所得に限らず家族の財産又は所得をも通算して負擔額を定めることゝなるので、結局は家別割即ち戸數割の負擔をなさない國民の財産又は所得はないことになるのである。然るに若しも獨立生計者に戸數割を賦課し得ないとするならば、今日の社會狀態に於ては公費を負擔しない國民の財産又は所得があり得るので、公費の負擔普及の本旨に副はない。加之是を現代の社會生活の情況から觀るときは、下宿屋等に寄寓する者の如きは有形構戸者と其の生活狀態殆ど差異のない場合が多いのに拘らず、地域內の萬人が共同經營する地方自治團體を保持するが爲めの人頭稅的資力稅に就き一方は擔稅し他方は無稅であると謂ふが如きは、彼此全く負擔の均衡を失して當を得ないこと言を須ゐずして明かであると。

此の如き公費普及の趣旨及負擔均衡の見地からの立論は一應尤もであるやうだが、然し戶數割は地方稅規則の創定に係るものであつて、何等舊來の民費又は府縣稅を踏襲したものでないことは制定當時元老院會議に於て政府委員の言明してゐる所であるから、上示の說は其の出發點たる沿革に關して錯誤に陷つてゐる。

而して地方稅規則立法の頃ほひの公權的解釋を見ても、明治十二年七月二十九日法制局の愛媛縣に對する同答に『地方稅中戶數割の義は戶主家族本籍寄留等に拘らす現住の家屋に賦課し其の現住者より徵收すへきものとす』とあり、同年九月二十五日法制局の高知縣に對する說明にも『戶數割は現住者ある戶每に賦課するものとす』とあつた。又旣敍の明治十三年十二月二十七日內務省申牒地方稅規則備考戶數割の項にも左の如き字句がある。

戶數割は本籍寄留と戶主非戶主とを問はす每戶現住者に賦課するものとす

凡そ同居すると否さるとを問はす竈を異にし居を占むるものは皆一戸の定額を賦課すへきもの云々

地所に係る地方税は官有地には都て賦課すへからすと雖も戸數割税は現住者に賦課すへきものに付(中略)民有地にあらさるものの如きも現住者の存否を以て賦課の如何を定め官有民有を以て區別せさるものとす

官舍に係る戸數割は其借用人より之を徵收す

官有地第三種の地を人民の願に依りて貸渡す時は貸渡中借用人より町村の協議費を出し且家屋を建築し居住する者は本税を賦課するを得

加之地方税規則發布後半歳ならずして戸數割改正の議が起つた際、元老院に地方税規則修補案が審議せられ、其の結果可決せられた戸數割に關する所謂『註脚と看做して可なる』補足的條項はそれが遂に法令として公布せられずに終つたけれど、其の第一條に於て

戸數割ハ各戸現住者ニ賦課スル者トス但之ヲ賦課スヘキモノ左ノ如シ

一本籍ノ戸主ニシテ一戸ヲ爲ス者

一本籍戸主ノ家屬ニシテ一戸ヲ爲ス者
一戸主家屬ノ別ナク他府縣ヨリ寄留シテ一戸ヲ爲ス者
一本籍戸主他府縣へ寄留スルモ其家屬在住シテ一戸ヲ爲ス者

と規定してあつたに徴しても亦當時庶な齊しく戸數割の納稅主體は『一戸ヲ爲ス者』であると認めてゐたことは疑を容れない。

由是觀之地方稅規則の上に於ける戸數割の納稅主體は明文は缺いでゐたけれど、所謂構戸者であつたのである。構戸者とは通俗に所謂一家の世帶主である。家事消費經濟の主體即ち炊爨の主體である。故に他人の家に同居してゐる者の如きは若し竈を異にして居り、即ち自炊をしてゐるならば戸數割の納稅主體であるが、其の家から三度の食事の供給を受けて居ればさうでないこととなるのである。『獨立ノ生計ヲ營ム』といふ語は明治四十四年市制町村制が改正せられたとき甫めて用ゐられたものである。舊法に『一戸ヲ構へ』とあつたのが意義頗る明瞭を缺いで見解區々に亙り事實の判定にも苦しむことが多いとの理由に依つて之を改めたもので、其の字義の別異なることは勿論であつて、此の事は市町村制制定當時の元老院會議の記錄に照しても明かなる所である。斯く戸數割の納稅主體は法の解釋上構戸者であつて獨立生計者でないとするならば、爾後社會の生活狀態が變遷したからとて、之が爲め納稅主體たるべきもの丶範圍に關して擴張解釋を爲すが如きことは左袒し難いことである。殊に各人の負擔に關する租稅法である以上は、其の解釋を嚴にすべきは論を俟たないことであるから、假令戸數割の納稅主體を構戸者に限ることが國民負擔の狀態として不均衡であるにせよ、法規に適當なる改訂を加へないで解釋を以て擴張するは許すべからざることである。

行政裁判所も之と同樣の見解の下に立つて戸數割の納稅主體は構戸者に限るとし、地方に於て獨立生計者に戸數割を賦課し得ると定めたり、又は賦課規則で獨立生計者を法の擬制に依り構戸者と看做すと定めてもそれは否認してゐた。

二　現行法上の主體

然しながら既敍の如く社會生活狀態の推移に伴ひ獨り構戸者のみを戸數割の納稅主體と爲し、獨立生計者を逸するのは國民負擔の均衡を保維する所以でなく正義の觀念に背馳するので、曩に府縣稅戶數割規則の公布せらるるや戶數割の納稅主體は之を原則として構戶者と爲すと同時に獨立生計者をも之に包含せしめ得るの途を啓き、斯くて從來夥多なる爭訟も之を避止し得たのである。戶數割が市町村稅となつても其の點に於て異るべきでないから、地方稅ニ關スル法律第二十三條も亦之を踏襲したのである。

同條の規定に依れば戶數割の納稅主體は構戶者又は獨立生計者であり、其の課稅客體は構戶又は獨立生計經營の事實であるが、構戶者が戶數割の納稅主體たることは飽く迄本則であるべきであるから、同條は市町村に對し獨立生計者にも戶數割を賦課し得るの授權規定を爲したるに止まつてゐる。それ故に市町村が其の條例を以て特に獨立生計者にも戶數割を賦課する旨を規定しなければ、獨立生計者に之を賦課することを得ない。此の點は構戶者と趣を異にしてゐる。

而して第二十三條第二項の規定がある以上、市町村は條例を以て廣く獨立生計者に戶數割を賦課することを規定するは差支ないこと勿論であるけれど、沿革上又立法の精神上獨立生計者を構戶者と對等の價値に於て認めることは餘り適當でないことは既に敍述し來つた所に依つて明かなことゝ思ふ。元來戶數割は一つ屋根の下に住む一家の資力を一體として觀察し、世帶主をして其の一戶の總資力を率ゐて負擔に任ぜしむる趣旨の稅であるが故に、一戶の中に包容せられてゐる獨立生計者を抽出して之に對し別に戶數割を賦課し、更に進むで獨立生計を營むに足る資產若は收入ある者は反證なき限り之を獨立生計者と看做して課稅するが如き取扱を爲すことあらば、是れ全く戶數割の稅質を謬つたものである。故に第二十三條第二項に基き條例を以て獨立生計者に戶數割を賦課するの規定を設けやうとする場合には克く戶數割の沿革と同條立法の精神に鑑み其の範圍を可成廣くせず、他人の家に下宿間借を爲せる獨立生計者にして構戶者に賦課するとしたのみでは其の範疇から逸脫する者に限り之を捕捉するやうに狹く規定すべきである。徒に納稅義務者たるべき獨立生計者の範圍を擴大し、戶數割をして獨立生計者稅に化せしめないやう其の運用を愼むの必要がある。

而して以上の如く戶數割の納稅主體を原則として構戶者とし市町村が條例を以て規定さへすれば獨立生計者をも納稅主體と爲し得るの結果は其の適用上左

の如きこととなる。（行政裁判所判決例參照）

（二）若干の賄料又は宿料を支辨して他人方に同居滯在し、或は又旅人宿若は下宿屋に寓居する者には構戶者として戶數割を賦課し得ないが、獨立生計者として之を課し得ることがある。

（三）他人の家屋を區劃して其の一部を借受け自己の業務を取扱ふ場所と定め同所に於て寢食を爲し現に竈をも備付けたる者は構戶者として戶數割の賦課を免れ得ない。

（三）公務の爲本籍地以外の町村に在勤し、他人の家屋に占居し、他人より寢食を與へられたるものと認むることを得ない者は別に反證なき以上該家屋に占居して一戶を構へたるものと認むるを相當とする。從て戶數割を課し得る。

（四）家族が戶主の賃貸に係る建物の一部に於て自己の名義を以て物品販賣等の營業を爲し、時々該店舗に宿泊することがあつても、これを以て直に戶主と生計を異にし一戶を構へたる者と認むるは不當である。故に戶數割を課し難い。

（五）賄料を支拂ひ會社の經營せる倶樂部に止宿する者又は合宿所に寓居する者には構戸者として戸數割を賦課することが出來ない。單身會社內に止宿し自ら炊爨をなさないものも亦同様である。然し獨立生計者として之を課し得ることがある。

（六）旅行者の一時留守居を爲したる者に對しては構戸者として戸數割を賦課することを得ないが、獨立生計者として之を課し得ることがある。

（七）寺院の住職として單身起臥するに過ぎないで、自ら炊爨を爲すものと認むべからざる場合は構戸者として戸數割を課し得ないが、獨立生計者として之を課し得ることがある。

（八）寺院の住職が其の庫裡に居住し寺務を執行し居る場合の如きは特別の立證なき限り自己の經濟を以て炊爨するものと認むべからざるが故に課税し得ない。

（九）反之寺院の住職が寺院の收入の自由處分を許され之を以て自己の生活の資に充てて居るときは、其の居住及炊爨の場所が寺院內たると否とに拘らず住職が一私人の資格に於て炊爨を爲すものと認むべきが故に、一戸を構ふる者である。住職として寺に常住し寺より一定額の金穀を給與せられ之に依りて生計を營み自ら炊爨を爲すものも亦寺内に一戸を構ふる者である。

（十）他人より生計費の支給を受けて炊爨を爲し生計を營むも、尙其の者の戸たるを妨ぐるものに非ざると同時に其の戸は生計費支給者の戸なりと謂ふことを得ない。家計が他人の補助又は給與に依るの事實は構戸者たることと相排除しない。

（十一）旅人宿營業用家屋以外約半町を隔つる獨立の家に居住するも、一定の賄料を支拂ひ食事一切の供給を受けて居る者は構戸者として戸數割を課することを得ないが獨立生計者として課することは出來る。

（十二）銀行頭取として勤務の必要上場所を專用しないで銀行内に止宿し他より食事の供給を受くる者は一戸を構ふる者と認むるを得ない。區裁判所出張所假廳舍内に宿直起臥し一定の賄料を支拂ひ他より食事一切の供給を受くるものも亦同樣である。故に此等の者に戸數割を課するには其の獨立生計者としての場合に限らるべきである。

（十三）戸數割は構戸又は獨立生計經營の事實を基礎として課すべきものであるから、住所又は公民權の有無に依り課否を決すべきものでない。

（十四）父の住宅と板壁にて隔離せられたる家屋に妻と共に起臥し別に竈を設けて炊爨を營み飲食を爲し且家屋の出入口に自己の門標を掲げ居る者は別に一戸を構ふる者である。

（十五）單身他人方に間借を爲し、仕出屋より食事の供給を受け其の居室は襖にて他の室と仕切りたるのみで釘附等を爲したるものでなく、又右居室の椽先と家主の居室の椽先と相接續し其の間別に締切の設なきが如き場合に於ては、戸を構へたる者と謂ふことは出來ないが、獨立生計者として戸數割を課し得ることがある。

（十六）說敎場より寢具及賄の供給を受け說敎場內に單身居住する者には構戸者として戸數割を課することを得ない。其の課し得るは獨立生計者たる場合に限る。

而して構戸の事實の認定に關しては從來と毫も異るべきでないから次の如き事が謂ひ得るであらう。

(一) 甲村の住民が全戸同一府縣內の乙市に轉籍したるに拘らず、其の家族の一部が依然甲村に於ける從來の家屋に常住して世帶を立つる時は、該住民は甲乙兩地に於て各一戸を構ふる者である。

(二) 從來の住所より他町村に轉籍移住するも仍ほ從來の住所地に戸を構ふる者と認むべき場合に於ては之に對し戸數割を課し得る。而かも各町村に於て各別に戸數割を課し得る、

(三) 構戸者が他に轉住したる場合に其の戸の撤廢に關する何等の措置を執らず從來の同居者を引續き居住せしむる等の事實ある時は、自ら居住せず又殘留居住者が其の家族でなくとも、尙ほ自ら其の戸を維持經營するもので構戸者たる事實には變更なきものと認定するを相當とする。

他村に本籍を變更する旨の屆出を爲すも引續き舊住宅に於て家事を經營する事實あるものゝ如きも同じく構戸者である。

然し玆に注意すべきは後に述ぶるが如く戸數割の賦課は市町村內に住所を有し又は三箇月以上滯在する者たる事を前提とするが故に、住所又は三箇月以上滯在の事實を認め難い程度の者に對しては如何なる場合と雖之を賦課するを得ないのである。

三　戸數割は特定行爲稅か

戸數割の課稅客體は構戸又は獨立生計經營の事實なること上樓述の如くであるが、此の事實は市制第百十九條、町村制第九十九條に所謂『特定ノ行爲ヲ爲ス』に該當するや否やに關し多少の疑がある。　同條の特定行爲には法律行爲のみならず事實行爲も包含せられることは勿論、從來の實例に依れば、例へば遊興の如き多數不特定の行爲の集合でも一の目的に依つて統一せられてゐる場合には之を同條に謂ふ特定行爲に該當するものとして課稅してゐる。　それと較考すれば構戸又は獨立生計經營と雖必ずしも特定行爲でないとは謂ひ難いやうに思はれるけれど、構戸又は獨立生計經營は多數の作爲不作爲の集合せる狀態で、而かも人の生存といふ事の外別に特殊の目的があるのではなく、之をしも特定行爲と稱するのは餘りに擴張解釋に失する。戸數割は特定行爲税に非ずして構戸又は獨立生計經營といふ事實狀態を客體としたる税と見るべきである。隨つて戸數割の納税主體たるには構戸者又は獨立生計者たるの外尙ほ住所を有し又は三箇月以上滯在する者たることを要件とする。蓋し行爲に對し納税義務を負ふ場合には住所又は三箇月の滯在を必要としないけれど、市町村税の一般的納税義務は住民又は三箇月以上の滯在者にして初めて之を負ふからである。《市制第八條、第百十八條、第百十九條。町村制第六條、第九十八條及第九十九條》

而して戸數割の税質から謂ふも、市町村の構成分子たるものに對し應分の負擔に任ぜしむる趣旨のものであるから、住所を有せず又は三箇月以上の滯在もないやうな市町村と密接の關係に立つてゐない者を納税主體の中に入れるのは無理なことで適當でないと思はれる。

備考 行政判決例にも同樣の趣旨のものが存してゐる《大正十四年四月十六日判決等》。

四　戶數割と法人

法人は戶數割の納稅主體たり得るや否やといふ問題は現行法の解釋としては之に對して明白に消極的の答を與へるの外はない。蓋し地方稅ニ關スル法律第二十三條は戶數割の納稅主體を以て『一戶ヲ構フル者』即ち世帶を張つてゐる者又は『獨立ノ生計ヲ營ム者』と爲し、自然人にして甫めてあり得べき狀態に在る者に對してのみ戶數割の納稅義務を負はしめてゐるからである。元來戶數割を地方稅として創設したる當時に於ては未だ法人といふが如き觀念は存在してゐなかつたのである。而して戶數割の趣旨とする處は我國特有の國柄たる家族制度に著目し、此の制度の下に於て一戶の主たるものが同じ家根の下に暮す一族の資力を率ゐ、之を以て其の一團の人々の代表者として地方事業の負擔に分任するといふに存してゐたから、法人を以て戶數割の納稅主體と爲すべきや否やといふが如き事は論議せられなかつたのである。故に地方稅規則時代に於ては納稅主體に關し何等明文はなかつたけれども、戶數割は自然人のみを以て其の納稅義務者と爲す立法の精神と解せられ、之が修補的規定を爲したる府縣税戶數割規則の下に於ても同樣の解釋が採られたのであつて、今次の地方税ニ關スル法律の文理解釋としても亦明かに戶數割は自然人のみが納税義務を負ふものとすべきこと疑を容るゝの餘地がない。然し立法論としては法人を戶數割の納税義務者と爲すの可否は大に考究の價値がある。若しも戶數割の負擔を以て單純に地方團體と其の構成分子との間の經濟關係のみに依據するものと見ないで、自治心の發露の要求といふが如き倫理的觀念に基くものと解するならば、之が納税主體を自然人のみに限るのも理あることであるけれど、現時の社會經濟に於ては法人と自然人との間に經濟的生存狀態に差異がなく、法人と雖個人と同樣其の單獨の力を以て成し難き施設經營を國家及地方團體の協同力に委し、而して其の協同力に依り經營する施設に依り利益を享受するものである以上、正しく地方團體の構成分子であり、個人と同等の立場に於て其の給付能力に應じ負擔を分任すべきことと論を須ゐずして瞭かである。而して這般の税制整理後に於ける市町村税制を通觀するに地租、特別地税、家屋税、營業收益税及營業税の附加税竝段別割の如き物税に於ては法人個人の別なく之を負擔するに拘らず、一般市町村に於ける唯一の人税たる戸數割に於ては法人は毫も其の負擔を分任しないといふのは法人個人の間負擔の均衡を保維するものと謂ひ難い。今日の社會經濟に於ける經濟單位たるものは、市町村の構成分子たる以上平等に其の給付能力に應じ人税を負擔すべきである。

上敍の如く法人を以て個人と等しく戸數割の納税主體とすることは理論上は正義であると認められるが、然し顧みて之を實行問題として稽へるときは多大の難關を伴ふてゐることを見出すのである。それは何かと謂ふに、戸數割の課税標準は納税義務者の資力であつて、其の資力は所得と資產狀況とに依つて算定することゝなつてゐる。而して個人の所得を計算する場合に、後述の如く個人が受くる配當所得は所得税法と異り其の全額を以て之を計算するのである（地方税ニ關スル法律施行規則第二十條）。又個人の資產狀況は個人が株式を所有する場合には勿論其の株式の價格全部が其の資產として計算される。それ故に若し法人に戸數割を賦課することゝして其の課税標準たる資力を算定するに其の所得と資產狀況とに依ることゝすれば、同一の所得と資產とが集つては法人の資力算定標準として用ゐられ、分れては個人の資力算定標準として用ゐられることゝなるから、實質的に重複課税となるのである。然しながら此の如く法人關係の所得及資産のみ個人の場合よりも二重の負擔に任じなければならない理由がない。卽ち法人に戸數割を賦課しやうとするならば、此の重複課税の結果を回避するが爲め、究極現在家屋税附加税を戸數割の代替税として賦課することを認めてゐることに因つて生ずる結果を暫く措き、戸數割が全國民の總資力を悉く個人に歸屬さして之を捕捉してゐる地方税制の立前をほどいて、之を法人と個人とに配屬させなければならないことになる。然し法人の資産として之を表現してゐる個人の所有株式とは、其の各〻の資力の算定標準たる資産として之を用ゐる場合に如何に取扱ふべきか、其の分別の割合に就て合理的基準を案出することは到底出來ない。又個人の受くる配當金は其の資力算定標準として之を用ゐる場合に如何程の分量を採るべきか、結局專擅的に定めるの外はなくなるのである。而して此の兩事項が專擅的に定め得たとしても、之に依つて生ずる個人負擔額の異動卽ち課税權變動の影響は亦大に考慮を要する處である。農村等の法人所在地以外に居住する富豪に對し、其の居住地市町村に於ては從來其の資力を算定するに其の所得となつてゐた株式配當金は其の全部を計算し、又其の資產を構成せる株式等は之を其のまゝ資產として計算し、以て重き戸數割の課稅を爲してゐたのであるが、それが出來ないことになり、從來の戸數割負擔狀況に變化を生ぜしめる。此の方面から之を觀れば全國民の總資力を個人に分屬さして戸數割を賦課してゐる現行稅制の方が却つて實際に適應し、人情に合致したる負擔狀態となつてゐると謂ひ得るやうである。

個人法人との負擔均衡に關する純理論と、法人に戸數割を賦課する場合の實行難及課稅權所在地の變動等の實際論とは玆に於て相撞著するのである。之を解決するが爲めには法人に對し他の特別稅を賦課するの制を設くることゝするのも一策であるが如く見えるけれど、扨其の課稅標準として容易に適當なるものを見出し難い。將來或は立法論として戸數割を賦課する市町村に於て、法人のみに對し所得稅附加稅を賦課し得るの途を啓くのも一方法かと思はれる。

第四章　戸數割の課稅標準

第一節　總說

既敍の如く戸數割は典型的の人稅であつて、人の全般的給付能力を捕捉することを目的とするものであるから、其の課稅標準も亦之に適應したるものでなければならぬ。地方稅ニ關スル法律第二十四條は規定して曰く『戸數割ハ納稅義務者ノ資力ヲ標準トシテ之ヲ賦課ス』と資力とは如何なる意義であらうか。資力は卽ち資力であつて別に他の意義を有しない。人の經濟力といふのと同じである。

而して人の經濟力が課稅標準なりと謂ふても其の意味は茫漠としてゐて確固たるものではなく、何を以て之を測定するかが直に亟いで起る問題である。その測定の標準の定め方に依つて資力なるものの觀念が如何樣にも具體化される譯であるが、凡そ租稅の支拂はるる源泉として盡くることなきものは所得である。故に所得の多寡は人の給付能力を算定する標準として最も重要なるものと謂はねばならぬ。然らば所得のみにて人の全般的給付能力を測量すれば足るかといふに、所得總額の計算のみでは所得の確固性や持續性に依り擔税力に差違のあるのを逸することとなるし、又課税時期に於て現實に所得を收めないでも資産を有し、又は所得を發生せしめ得べき力を具ふるものは相當の擔税力ありと謂ひ得ること勿論であるから、資産の狀況も亦所得と相俟つて人の總給付能力を測定するに適當なる標準であると謂ふべきである。或は所得發生の可能性ある潛在的給付能力の如きは之を見ずして、單に現實に所得の發生したる場合のみを捕捉して人の資力を見れば足るではないかといふ議論もあるけれど、若しも戸數割の課税標準としての資力を所得のみに依ることとすれば、戸數割は所得に對する定率税でないから、間歇的に巨大なる所得ある者に對しても、其の所得を收めたときに重き負擔をさせたからとて自ら限度があつて左迄課徵し得ないで、而かも所得なき他の年にはその者に戸數割を全然賦課し得ないこととなるから、結局年々反覆して一定の所得ある者の方が負擔總計が多いこととなり、彼此負擔の權衡を得ないといふことにもなるので適當ではない。それ故に正理に立戻つて現實の所得と

所得發生の可能力とを以て人の資力を測定するのが最も適切なことと謂ふべきである。是卽ち地方稅ニ關スル法律第二十五條が

戸數割ノ課稅標準タル資力ハ納稅義務者ノ所得額及資產ノ狀況ニ依リ之ヲ算定ス

と規定したる所以である。府縣稅戸數割規則に於ては戸數割の課稅標準たる資力は所得と住家坪數に依り算定することを原則とし、之に資產狀況の斟酌を加へることを認めることにしてゐた。所得と資產狀況とは人の資力の積極的方面を示し、住家坪數は人の消費經濟の方面から間接に人の資力を表現するものとして算定標準に採られてゐた。然るに地方稅制整理の結果家屋稅が一般的地方稅となつたが爲め、若し住家坪數を依然戸數割の資力算定標準の一として置くときは、農村の如き自己所有の家屋に居住するものの多い處では、一般の人は住家に對し家屋稅の賦課を受けると同時に、住家を標準として更に其の資力を算定せられ戸數割の負擔をすることになるから、住家を直接又は間接の標準としたる負擔が重複することとなつて面白くないので、此度の市町村稅としての戸數割の課稅標準

たる資力は所得と資産状況に依て算定することとしたのである。而して府縣税戸數割規則に於ては資産状況は必ずしも資力算定標準に加へなくとも可いことになつてゐた。然し上述の如く資力算定標準から住家坪數を除く結果、斯くては所得のみが資力算定標準となるのみならず、資産状況も亦人の全般的給付能力を測定するに適する標準であるから、新地方税制は資産状況を以て資力算定上の必須條件としたのである。然らば所得と資産状況とは同等の重さに於て人の總給付能力算定上に之を用ふべきかと謂ふに、永久に繼續せしむべき租税の税源としては價値の增加を捕捉するやうにしなければならないし、資産が人の給付能力を測定するは所得の補完的標準としてに止まるべきであつて、それを超えては究極租税をして其の元本侵蝕の弊に陷らしむる虞があるから、現實の所得に重きを措き、それが副標準として資産の状況を以て資力を算定するやうに仕組むべきである。それ故に地方税ニ關スル法律施行勅令第二十一條は左の如く規定してゐる。

戸數割總額中納税義務者ノ資産ノ状況ニ依リ資力ヲ算定シテ賦課スベキ額ハ戸數割總額ノ十分ノ二ヲ超ユルコトヲ得ズ

資産の狀況に依り賦課すべき額が何故戶數割總額の十分の二といふ率以下でなければならないかといふことに就ては別に理據がある譯ではない。要は資産の狀況が所得よりも資力の算定標準として輕かるべき原則の適用に過ぎない。隨つて此の割合を以て兩標準を須ゐる資力を算定しては、完全に人の總資力を比例的に表現し以て之に戶數割を割當てることの出來難い處に於ては、所得よりも資産狀況を重くしない限度に於て尙資産狀況に依り資力を算定し得べき部分を增加するやうになし得べきである。即ち地方稅ニ關スル法律施行勅令は附則第六項に於て左の如き規定を爲してゐる。

戶數割總額中納稅義務者ノ資産狀況ニ依リテ資力ヲ算定シ賦課スベキ額ハ特別ノ事情アル市町村ニ於テハ當分ノ間戶數割總額ノ十分ノ四迄ト爲スコトヲ得

特別の事情ある市町村とは大山林の所有者等或時期に於てのみ巨大の所得があつて常時は殆ど所得なきものが居住してゐる等、資産狀況に依る資力を算定し賦課すべき金額を戶數割總額の十分の二以下としては能く各人の總給付能力に適應したるやうに戸數割を割當てること不可能なる市町村といふ義であつて、別に他の意味を有してゐない。而して資産狀況に依る資力の算定を戸數割總額の十分の四以下の範圍に限つたのは、それを超えては所得よりも資産狀況の方が資力算定上重いこととなり、人の總給付能力を測量するに不適當となるからである。

元來地方税の負擔關係全般を通觀するに、土地に對し地租附加税、段別割、特別地税及其の附加税あり、家屋に對しては家屋税及其の附加税あり、營業に對しては營業收益税附加税、營業税及其の附加税あり、其の他の物件に對して雜種税及其の附加税が存在してゐる等、所謂資産重課の目的を有する特別の負擔がある。それ故に此等の物税と對立して純然たる人税を設けやうとするならば、資産的分子よりも所得の方に重きを措く内容のものと爲すべきである。是れ府縣税制上の人税としては所得税附加税の存在するやうに、市町村税制の人税として所得に重心を置く戸數割がある譯である。

以上戸數割の課税標準たる資力に關する概説を終へた。之から更に資力算定標準たる所得額及資産の狀況に就て分説することとしたい。

第二節　貲力算定標準たる所得額

第一目　所得の實質

貲力算定標準の主要部分たるものは所得なること上敍の如くであるが、其の所得に就ては之を構成する各種の所得は如何にして算出せられ、且其れが如何に綜合按排せられて納税義務者の貲力を表現することゝなるかといふ所得の實質に關する問題と、斯くして算定綜合せられたる所得の如何なる部分を各課税主體が其の課税上の目的に用ゐ得ることゝ爲すべきかといふ所得額の幅員に關する問題とがある。

先づ所得の實質は如何にして算定せられるかを見るに、地方税ニ關スル法律施行勅令第二十四條に

所得ニ依ル貲力算定方法ニ關シテハ第二十一條乃至前條ニ定ムルモノノ外內務大臣及大藏大臣之ヲ定ム

とあり、此の規定に基き地方税ニ關スル法律施行規則第二十條以下に規定が存在

してゐる。今其の概要を述べると

甲　各種所得の算出方法

地方稅ニ關スル法律施行規則第二十條は左の如く規定してゐる。

戸數割納稅義務者ノ資力算定ノ標準タル所得額ハ左ノ各號ノ規定ニ依リ計算ス

一　營業ニ非ザル貸金ノ利子竝公債、社債、預金及貯金ノ利子ハ前年中ノ收入金額

二　山林ノ所得ハ前年中ノ總收入金額ヨリ必要ノ經費ヲ控除シタル金額

三　賞與又ハ賞與ノ性質ヲ有スル給與ハ前年三月一日ヨリ其ノ年二月末日迄ノ收入金額

四　法人ヨリ受クル利益若ハ利息ノ配當又ハ剩餘金ノ分配ハ前年三月一日ヨリ其ノ年二月末日迄ノ收入金額但シ無記名株式ノ配當ニ付テハ同期間內ニ於テ支拂ヲ受ケタル金額

株式ノ消却ニ因リ支拂ヲ受クル金額又ハ退社ニ因リ持分ノ拂戻トシテ受ク

ル金額ガ其ノ株式ノ拂込濟金額又ハ出資金額ヲ超過スルトキハ其ノ超過金額ハ之ヲ法人ヨリ受クル利益ノ配當ト看做ス

五　俸給、給料、歳費、年金、恩給、退隱料及此等ノ性質ヲ有スル給與ハ前年中ノ收入金額但シ前年一月一日ヨリ引續キ支給ヲ受ケタルニ非ザルモノニ就テハ其ノ年ノ豫算年額

六　前各號以外ノ所得ハ前年中ノ總收入金額ヨリ必要ノ經費ヲ控除シタル金額但シ前年一月一日ヨリ引續キ有シタルニ非ザル資產、營業又ハ職業ノ所得ニ付テハ其ノ年ノ豫算年額

信託財產ニ付生ズル所得ニ關シテハ其ノ所得ヲ信託ノ利益トシテ享受スベキ受益者ガ信託財產ヲ有スルモノト看做シテ所得額ヲ計算ス

第一項第一號、第二號及第四號ノ所得ニ付テハ被相續人ノ所得ハ之ヲ相續人ノ所得ト看做シ第六號ノ所得ニ付テハ相續シタル資產又ハ營業ハ相續人ガ引續キ之ヲ有シタルモノト看做シテ其ノ所得額ヲ計算ス但シ被相續人ノ資力算定ノ標準タル所得額ニ算入シタルモノハ此ノ限ニ在ラズ

年度開始ノ日ノ屬スル年ノ翌年ニ戸數割ヲ賦課スル場合ニ於テハ最近ノ戸數割賦課ノ時ニ算定シタル所得額ヲ以テ其ノ資力算定ノ標準トス但シ未ダ其ノ所得ノ算定ナカリシ者ニ關シテハ年度開始ノ日ノ屬スル年ヲ基準トシ第一項各號ノ規定ニ依リ之ヲ算定ス

而して次の第二十一條は左の如き補充的規定を爲してゐる。

前條第一項第二號及第六號ノ規定ニ依リ總收入金額ヨリ控除スベキ經費ハ種苗蠶種肥料ノ購買費、家畜其ノ他ノモノノ飼養料、仕入品ノ原價、原料品ノ代價、場所物件ノ修繕料又ハ借入料、場所物件又ハ業務ニ係ル公課、雇人ノ給料其ノ他收入ヲ得ルニ必要ナルモノニ限ル但シ家事上ノ費用及之ニ關聯スルモノハ之ヲ控除セズ

上示の如く各種所得の實體の計算は大體所得稅法の規定する所と似てゐるから細き說明は玆に省くこととし、留意すべき點のみを略述することとしたい。

一　非營業の貸金利子竝公債、社債、預金及貯金の利子

所得稅法に於ては第二種所得として綜合課稅をしない公債社債若は銀行預金

の利子、並所得税法に於ては課税部外に置いてゐる國債、郵便貯金、産業組合貯金及銀行貯蓄預金の利子も戸數割納税義務者の資力算定標準たる所得額には之を綜合することになつてゐる。然し此種の所得は實際問題として之を正確に知ることと容易なる業でない。それ故に此等の支拂を爲す銀行等に其の支拂を受けたる者の居住地市町村に對する通報義務を負はすべしといふ主張がある。然し乍ら利子の支拂者に一々其の支拂を受けたる者の居住地市町村に對し之を通報せしむることとするが如きは受領者も頗る多數に上るべく、中には零細なる支拂もあり、無記名債劵の利拂を受ける者の住所の如きは或は之を過誤なく知り得ないこともあらうから、此の煩雜なる義務の履行を銀行等に强制することは全く難きを强ゆるものである。さればとて銀行等から其の所在地市町村に一括報告せしめ、所在地市町村をして更に支拂を受けたる者の居住地市町村に夫々通報せしめることも亦其の市町村に複雜なる義務を負はすものであつて、東京の如き所在銀行數の多く而も自らは戸數割を賦課しない市町村では、徒に片務的なる巨大の負擔を命ぜられて何等其の制度の利益を享けないことになるから此の如き制は之を不適當と謂はねばならぬ。

二　山林の所得

所得税法に於ては山林の所得は他の所得と區別して取扱つてゐるけれど（同法第十六條及第二十三條參照）、戸數割の課税標準たる資力を測定する所得としては之を別にして扱ふべき理由もないので、他の所得と混同して納税義務者の資力を算定することゝなつてゐる。

三　賞與又は賞與の性質を有する給與

賞與の性質を有する給與とは手當の類、舍宅料、交際費の如きもので其の支給額の豫め定めてないものや、通信現業員、鐵道及專賣局職員等の受ける慰勞手當、勤勉手當の如きものである。　舊所得税法及府縣税戸數割規則施行細則に於ては此種所得は前年四月一日から其の年三月末日に至る期間の收入金額となつてゐたが、此度所得税法の改正に倣つて一箇月繰上げられたのである。

四　法人より受くる利益若は利息（所謂建設利息）の配當又は剩餘金（相互保險會社の益金）の分配

舊所得税法及府縣税戸數割規則施行細則と異つて收入期間の一月繰上となつたことは前同樣である。而して所得税法に於ては此種の所得は其の十分の六だけを之が取得者の所得として計算することになつてゐるけれど、個人の資力を測定する所得として之を觀るときには、此の如き割引を爲すべき理由は全然存在しないので、其の全額を以て資力算定の標準としてゐる。

五　俸給、給料、歲費、年金、恩給、退隱料及此等の性質を有する給與

舊所得税法及府縣税戸數割規則施行細則に於ては此等の所得は總て其の收入豫算年額を以て算定せられることゝなつてゐたけれど、所得税法の改正に伴ひ實績主義となつた。然し前年一月一日には未だ此等の給與を受ける地位に居らずして前年の中途から其の支給を受くるやうになつた場合、又は戸數割の賦課額を決定しやうとする際には既に退官退職等の爲め俸給給料等を受けてゐない場合は、卽ち前年一月一日から戸數割賦課の際迄引續き此等の給與を受けてゐるのではないから、其の場合には戸數割を賦課する年の豫算年額を以て計算するのである。

六　前列擧以外の所得

此の中には田畑の所得、宅地の地代收入、營業所得、醫師、辯護士、公證人の所得等種々のものが包含されてゐる。

舊所得稅及府縣稅戶數割規則施行細則に於ては田畑の所得は前三年の平均に依り算出したる收入豫算年額、其の他の所得は收入豫算主義であつたが、所得稅法の改正に伴ひ之亦實績主義に改められたのである。但し前年一月一日には該所得を生ずる資產を有してゐなかつた者、又は營業若は職業に從事してゐなかつた者及戶數割の賦課額を決定する際には既に其の資產を持つてゐず、又は其の營業若は職業に關係のなくなつてゐる者の如きは前年一月一日から引續き當該所得を生ずる資產、營業又は職業を有してゐるのではないから戶數割賦課の年の豫算年額に依ることゝなつてゐるのである。

信託財產につき生ずる所得に關しては其の所得を信託の利益として享受すべき受益者が信託財產を有するものと看做して所得額を計算する。

又前示**一**、**二**及**三**の所得に就ては被相續人の所得は之を相續人の所得と看做し、六の所得に就ては相續した資産又は營業は相續人が引續き之を所有してゐたものと看做して其の所得額を計算する。資産又は營業を引續き有したものと看做すや否やは資産に就ては個々の資産毎に之を定め、營業に就ては一營業毎(營業の種類又は營業場毎)に之を定め、土地は一筆毎に定める。若し所得の基因たる資産を被相續人が留保した場合には、其の所得は被相續人の所得として計算すべきものであるから相續人の所得中に算入すべきでない。此の如くにして所得の計算を行ひ、而して若し被相續人が既に戸數割の賦課を受け其の際資力算定の標準となつた所得があつたとしたならば、それを更に相續人の所得に算入するのは同一の課税標準たる資力算定標準を二重に用うることゝなり不適當であるから、被相續人の資力算定の標準たる所得額に算入したものは相續人の所得に算入しないことゝしてある。

年度開始の日の屬する年の翌年に至り其の一月一日以後の日を賦課期日として戸數割の追加賦課を爲す場合に、其の戸數割を賦課せむとする期日の屬する年を基準として上述の如き所得の計算を爲すが如きは實行殆ど不可能に近いこととがあり、而も追加賦課は小額の負擔たることを例とし特に煩雜なる手段を重ねる程の實益も少ないから、最近の戸數割賦課のときに算定した所得額を以て其の資力算定の標準とすることゝされたのである。故に一月以後に追加賦課をする場合には、前年中に於て戸數割賦課の爲め所得を算定したこと一回なるときは其の所得額、二回以上算定したことがあるときには其の最後の所得額を以て資力算定の標準とするのである。然し前年中に戸數割を賦課せられたことなく一月以後の一般的追加賦課の場合初めて戸數割の納稅義務の生じた者、又は一月一日以後戸數割の納稅義務を生じて隨時賦課を爲すべき者は以前に未だ其の所得を算定されたことなく依るべき資力算定標準がないのであるから、一般納稅義務者と均衡を保つ爲め年度開始の日の屬する年を基準として茲に述べるやうな計算方法に依り所得を算定することにしてある。

乙　所得の綜合計算

以上の如くにして算定したる各種の所得は之を綜合するのであるが、先づ其の場合各種所得中六の資產土地營業又は職業等の一般所得の計算に於て損失のあつた場合に關し如何樣にするか、其の處理方法が地方税ニ關スル法律施行規則第二十二條に規定されてある。

第二十條第一項第六號ノ規定ニ依ル所得計算ニ付損失アルトキハ同條第一項第五號ノ規定ニ依ル所得ヨリ之ヲ差引キテ計算ス

卽ち資産土地營業職業等の一般所得に缺損があつたときは俸給、給料、歳費、年金、恩給、退隱料及此等の性質を有する給與の所得額から之を差引き計算する。蓋し他の所得には損失といふものがないけれど、六の一般所得には損失があり得るから、その場合には人の積極消極の所得狀態を交互差引計算し、其の所得額をして總資力算定上適切ならしめむが爲めである。

此の法條の適用上注意すべきことは、例へば或人が土地を有し、營業を爲し且年金の支給を受けてゐるが如き場合に、營業の所得を計算して見て損失があつたときには、其の損失を先づ土地の所得等施行規則第二十條第一項第六號に規定してある他の所得から差引計算し、尙損失額がある場合に甫めて俸給、給料、年金等同第五號に規定してある所得から差引きて計算すべきである。

而して此の如き所得の算定及其の綜合計算は獨り納税義務者自身の所得に就てのみ之を行ふのではなく、納税義務者と生計を共にする同居者の所得に就ても之を行ふのである。

地方税ニ關スル法律施行勅令第二十二條に依れば

戸數割納税義務者ト生計ヲ共ニスル同居者ノ所得ハ之ヲ其ノ納税義務者ノ所得ト看做ス但シ其ノ納税義務者ヨリ受クル所得ハ此ノ限ニ在ラズ

とある。蓋し戸數割は一戸の世帶主が同じ屋根の下に棲居してゐる者の資力の總てを率ゐて其の協同運營せる地方自治體の所要經費に對し負擔を分任すると いふ觀念に出てゐる租税であるから、納税義務者の資力算定に際し之と共に戸を形成せる者の資力算定標準たるべきものをも綜合計算するの適切なる措置たることは言を俟たないと思ふ。

茲に納税義務者と生計を共にするとは戸數割納税義務者と生活上の經濟が單一で別異ならざる場合を謂ふのであるから、納税義務者の生活上の經濟に對し積極的に出捐を爲して暮してゐる場合は勿論のこと、何等の財貨も提供しないで唯納税義務者の計算に於て衣食してゐるものをも包含するのである。而して茲に同居者とは必ずしも常時不斷に同居してゐる者のみではなく、病氣療養等の爲め一時他出してゐる者をも意味すること勿論である。唯如何なる程度に在る者を以て同居者と認むべきやに就ては事實問題として頗る明瞭を缺く場合も多い。

此の同居者の所得は初めから納税義務者の所得と看做して之を混淆合算するのであるから、例へば同居者の所得中施行規則第二十條第一項第六號の規定に依る所得の計算に就き損失のあるときは、同第五號の規定に依る所得及納税義務者の固有の所得中同第五號の規定に依る所得から差引計算すべきであり、又納税義務者の固有の所得中同第六號の規定に依る所得の計算に就き損失のあつたときは同第五號の規定に依る所得及同居者の所得中同第五號の規定に依る所得から差引計算すべきものである。

此の如く兩者の所得は統合計算をするが、然し同居者が納税義務者から受けてゐる所得を更に納税義務者の所得として計算するならば、同一所得を資力算定上二重に用うることとなるから之は除外するの規定が設けられてある。

備考　府縣税戸數割規則公布以前の行政判決例に於ても『各戸の貧富に應して縣税戸數割を賦課する場合に於て構戸者及同居家族の特有財産又は收入を合せて之を縣税戸數割賦課の標準と爲すも違法に非す』とあり、戸數割賦課上同居者の所得を觀ることは不可ならずとせられてゐた。

更に所得の計算に關し勤勞所得と資産所得とは人の總資力を表現する價値に於て同等と見る譯には行かないから、前者を以て後者よりも其の表現力弱きものと爲す趣旨の規定が地方税ニ關スル法律施行規則第二十三條に示されてある。

卽ち同條に依れば

第二十條乃至前條ノ規定ニ依リ算出シタル金額一萬二千圓以下ナルトキハ其ノ所得中俸給、給料、歲費、年金、恩給、退隱料、賞與及此等ノ性質ヲ有スル給與ニ付テハ其ノ十分ノ一、六千圓以下ナルトキハ同十分ノ二、三千圓以下ナルトキハ同十分ノ三、千五百圓以下ナルトキハ同十分ノ四、八百圓以下ナルトキハ同十分ノ五ニ相當スル金額ヲ控除ス

とあつて、所得税法と多少計算の方法を異にして階級を多くし且控除額を大にしてゐるのは、戸數割納税義務者には所得税納税義務者よりも小額所得者が加つて

ゐるが爲めである。

而して又被扶養者の多少は納稅義務者の資力に重大の關係があるので、地方稅ニ關スル法律施行規則第二十四條に之に關する規定がある。

第二十條乃至前條ノ規定ニ依リ算出シタル金額三千圓以下ナル場合ニ於テ納稅義務者及之ト生計ヲ共ニスル同居者中年度開始ノ日ニ於テ年齡十四歲未滿若ハ六十歲以上ノ者又ハ不具癈疾者アルトキハ納稅義務者ノ申請ニ依リ其ノ所得ヨリ左ノ各號ノ規定ニ依ル金額ヲ控除ス

一　所得千圓以下ナルトキ

年齡十四歲未滿若ハ六十歲以上ノ者又ハ不具癈疾者一人ニ付　百圓以內

二　所得二千圓以下ナルトキ

同　一人ニ付　七十圓以內

三　所得三千圓以下ナルトキ

同　一人ニ付　五十圓以內

前項ノ不具癈疾者トハ心神喪失ノ常況ニ在ル者、聾者、啞者、盲者其ノ他重大ナル

傷痍ヲ受ケ又ハ不治ノ疾患ニ罹リ常ニ介護ヲ要スル者ヲ謂フ

本條の規定に依れば老幼又は不具癈疾者として取扱ふべき者には納税義務者それ自身をも含むでゐるから、隨つて納税義務者一人のみであつて他に同居者のゐない場合でも本條の規定の適用がある。

年齡及不具癈疾の狀態に在りや否やは總て四月一日現在に依つて之を見なければならぬから、戶數割賦課の際年齡六十歲以上であり、又は不具癈疾であつても、其の年度の四月一日に然らざりしときには本條の適用がない。而して四月一日偶〻旅行や病氣療養等の爲め一時的に不在者たるものであつても、本條の同居者と認むべきものである。

本條の控除には納税義務者の申請を前提要件としてゐる。故に市町村は條例中に此の申請を爲すべき期日を一般的に規定すると共に、賦課期日後納税義務の發生したる者の本條に關する申請期日其の他申請手續の規定をなすを要する。

又地方税ニ關スル法律施行規則第二十六條の規定に依り減損更訂を受くべき者が初めから所得三千圓以下であつた場合には、後日所得の減損の確定した時更に之に對し本條の控除申請を爲すべき機會を與へる必要はないけれど、初めは所得額が三千圓を超えてゐたが減損確定し三千圓以下となつた者に對しては別に本條の控除申請を爲し得る機會を與へなければならぬ。其の場合に關しては市町村條例中に本條控除の申請に關する期日手續等に付き規定しなければならぬ。

本條第一項各號の控除金額は所得稅法と異り單に最大限度を規定するに止め之を全國統一的にしなかつたのは、所得計算上之を各地の實情に適應せしめやうとする趣旨に外ならない。而して此の控除金額の定め方に就ては本條を嚴格に解釋しやうとするものもあるけれども、本條立法當時の事情より本條の精神を稽へるときは左迄窮屈に解すべきではない。此の控除金額は必ずしも三階級に且十對七對五の比率を以て定めなければならないといふものではなく、二階級にしても又各階級の控除金額の比率は何程でも宜しい。又其の控除金額の多寡は措いて問ふべきではなく、假令極めて少許の控除金額に定めても宜しく、何れの階級でも其の金額に最低限がないと解すべきであつて、例へば所得千圓以下の控除金額は七十圓乃至百圓の範圍內に爲すべきものと解するが如きは謬である。

唯法が三階級を設けてゐる以上兎に角所得金額の大小に應じ階級を作り、控除金額に等差を附けるのが最も穩當なる方法であると謂はねばならぬ。而して之を逆にし一千圓以下の所得者に對する控除金額を二千圓以下の所得者に對する控除金額より小額に定めたり、又は各個人別に控除金額を異らすやうに定めたり、又は全く控除しないことに規定するが如きは何れも不可である。

丙　不算入所得

人の所得の中には資力算定の標準として之を用ゐることを不適當とするものがある。地方税ニ關スル法律施行規則第二十五條は其の規定を爲してゐる。即ち

左ノ各號ノ一ニ該當スルモノハ戸數割納税義務者ノ資力算定ノ標準タル所得額ニ之ヲ算入セズ

一　軍人從軍中ノ俸給及手當

二　扶助料及傷痍疾病者ノ恩給又ハ退隱料

三　旅費、學資金、法定扶養料及救助金

四　營利ノ事業ニ屬セザル一時ノ所得

五　日本ノ國籍ヲ有セザル者ノ外國ニ於ケル資産、營業又ハ職業ヨリ生ズル所得

此の規定は所得税法の規定と殆ど同様であるが、唯第三號に救助金といふのがある。之は公費に依る救助金である。戸數割納税義務者は所得税納税義務者と異り資力の小なるものも其の中に存在してゐるので、特に此の如き所得を課税部外とするの規定を置くの必要を認めたのである。

第四號の營利の事業に屬せざる一時の所得には、營業に非ずして田畑、山林、船舶、鑛山、有價證券等を賣渡したるが爲め得たる利得や、産業組合から組合員として配當を受けたる剩餘金等種々なるものが包含されてゐる。

備考　軍事救護法に依り給與を受くる救護金品に就ては別に本條に規定してないけれど、同法第十七條に依れば之を標準として租税其の他の公課を課し得ないことになつてゐる。同條は蓋し直接と間接とを問はず、苟くも救護金品を標準として課税することを禁止してゐるものと解すべきであるから、戸數割賦課のときも其の課税標準たる資力を構成する所得中に算入すべからざるものと謂ふべきである。

丁　所得税法の所得算定方法との差異

以上を通觀し戸數割の課税標準たる資力を算定すべき所得額と所得税法の所得との算定方法上の差異を求めて之を概說すれば、其の主要なるものは大體左の諸點に歸する。

《一》資力算定標準たる所得額は個人の總資力を表現するに適せしむるが爲め、所得税法より以上に所得の綜合主義に依つてゐること。

例へば公債、社債、預金、貯金の利子も之を收受する各個人の他の收入と混合計算することにし、又外國に在る資產營業より生ずる所得、其の他外國に於て發生する所得をも之を除外せずして個人の所得に算入する等個人の總資力を捕捉するに適當なる措置を採つてゐる。

《二》所得税法に於ては戸主及同居家族の所得のみを合算するが、戸數割は凡そ一つ屋根の下に棲居するものは之を一體と觀て課税すべき性質のものであるから、納税義務者と生計を共にする同居者は戸主の家族たると否とを問はず、總て其の所得を合算して納税義務者の資力の一部を構成せるものと看做すこと。

《三》　國家の政策上所得税法等に於ては課税部外に置いた所得、例へば重要物産製造業者や製鐵業者の業務より生ずる或期間內の所得、國債の利子、勸業銀行の貯蓄債券利子の如きも人の總資力を達觀する上に於ては他の所得と異る所がないから、戶數割の課税標準を算定する所得としては何等の斟酌を加ふることなく之を用ゐたること。

《四》　法人より受くる配當金の類に關し所得税法に認むるが如き控除は個人の總資力を見るといふ點からは之を爲さないのが適當である爲め、此の如き計算方法を採らなかつたこと。

《五》　山林の所得に就ては所得税法は所得者の利益の爲め税率適用上特別の取扱をしてゐるけれど、之れ亦前敍同樣の理由で他の所得と混同綜合して資力算定の具に須ゐたること。

《六》　戶數割は所得税納税義務者よりも小なる資力の者にまで其の負擔が及ぶから、勤勞所得に對する控除金の制度は所得税法よりも段階を多く刻み且其の額を大にし、以て人の總資力を見るに一層適切ならしめたること。

《七》 戸數割の主たる施行地なる農村現時の實情に於ては、義務教育を終了した者は既に自ら働いて其の扶養者の係累となつてゐないのに鑑み、所得税法と異り滿十四歳未滿の者のみに就て納税義務者の所得額中より扶養費額の控除を爲すに止め、且其の控除額の程度を各地方に於て事情に應じて裁量斟酌するに委せたこと。

《八》 老幼不具癈疾者あるが爲め一定金額を控除するのは所得税法に於ては此等の者が同居の戸主又は家族たる場合に限つてゐるけれど、戸數割の場合には其の税質に照し之を納税義務者及之と生計を共にする同居者としたること。

《九》 戸數割の追加賦課にして一月以後に行はれる場合の所得額は、同一年度の前年を基準として算定したるものに依據するの方法を採つたこと。

《十》 戸數割の納税義務者中には小資力者もあるので、資力算定標準たる所得中より救助金を除外することを明定したること。

以上列擧したる諸項の外、猶各課税權者が具體的に資力算定標準と爲し得る所得額の範圍を分別しなければならない點が所得税法の所得と課税上の取扱に於て異るが、之れは便宜目を分ちて論述する。

第二目　所得額の幅員

所得額の幅員なる言葉には多少の語弊があるが、茲に謂ふ所の所得額の幅員とは各種所得額の實質そのもの丶幅員に非ずして、既述の如くにして內容の確定せられたる所得額全部につき戶數割の課税主體が其の賦課の爲め利用し得る範圍の義である。

地方稅ニ關スル法律施行勅令第二十三條は規定して曰く

同一人ニ對シ數市町村ニ於テ戶數割ヲ賦課スル場合ニ於テハ各其ノ市町村ニ於ケル所得ヲ以テ其ノ者ノ資力算定ノ標準タル所得トス其ノ所得ニシテ分別シ難キモノアルトキハ關係市町村ニ平分ス

戶數割ヲ納ムル市町村以外ノ地ニ於ケル所得ハ納税義務者ノ資力算定ニ付住所地市町村ニ於ケル所得ト看做ス

前二項ニ規定スル所得ノ計算ニ付關係市町村異議アル場合ニ於テ其ノ府縣內

ニ止マルモノハ府縣知事、數府縣ニ渉ルモノハ内務大臣之ヲ定ム

と。之を解說すれば左の如くになる。

（一）構戶又は獨立生計經營の事實一箇所にのみ存在してゐると否とを問はず、苟くも戶數割の納稅義務を有するの事實一箇所に於てのみ存する場合に於ては其の者の全所得は假令それが何れの場所にて發生するものにもせよ、總て之を其の資力算定の標準と爲すことが出來る。例へば戶數割施行地と戶數割に代へ家屋稅附加稅を重課する地又は外國とに構戶するの事實あるときは、假令戶數割施行地が其の者の住所でなくとも、家屋稅附加稅重課地及外國に於て生ずる所得を其の資力算定標準として用うることが出來る。或は本條第二項の規定あるが爲め、二箇以上の構戶又は獨立生計經營の事實ある場合に、戶數割施行地で納稅義務者の全所得を其の者の資力算定標準と爲し得るのは其の地に住所のある場合に限るが如く解するものもあるけれど、本條第二項の規定は第一項及第三項の規定と照應し、數市町村に於て戶數割を賦課する場合であつて、一市町村のみが一人に對し戶數割を賦課する場合の規定ではない。

元來本條の如き規定の存する所以は同一所得が重複して資力算定の具に用ゐられ、同一人に對する戸數割が數箇所に於て重課せらるるのを防止するが爲めであるから、其の惧なき場合に於て特に住所地に非ざれば其の全所得を資力算定標準に用ゐ得ないとする理由がない。それ故に前示設例の場合の如く同一人が數箇所に構戸又は獨立生計を經營する事實があつても、一箇所に於てのみ戸數割の賦課を受くるに過ぎないときは戸數割施行地に住所がなくとも、該市町村は其の者の全所得を資力算定の標準として戸數割の賦課額を定めることが出來る。

《二》一人にして戸數割施行地たる數市町村に構戸又は獨立生計經營の事實あるときには、各市町村が其の者の全所得を以て資力を算定し戸數割を賦課するのは實質的重複課税で納税義務者に對し酷な負擔を强ゆることゝなるから、之を避くるが爲め先づ當該市町村に於ける所得を以て其の者の資力算定の標準たる所得とする。卽ち其の市町村內に存在する土地家屋物件より生ずる所得又は其の市町村內に設けてある營業所より生ずる所得が玆に所謂『其ノ市町村ニ於ケル所得』であつて、先づ以て之を其の者の資力算定標準とするのである。而して其の所得と該市町村に於ける構戸の事實との間には何等關聯を有することを必要としてゐないのは課税の便宜上市制第百十九條、第百二十條及町村制第九十九條、第百條と同一趣旨に基いて擅斷的に斯く定めたに過ぎないからである。

次に所得の中には例へば數市町村に營業所を有して共通計算で營業を爲してゐる場合の營業所得や數市町村に構戸してゐる者の俸給所得の如き前敍の原則を以ては律し難い所得がある。若し此の所得に就て市制町村制施行令の例に倣ふことゝすれば、或場合には關係市町村が協議して各資力算定標準と爲し得べき所得の部分を定めなければならないけれど、此の如くしては定率税たらざる戸數割の賦課に當り忽ち支障を招くは睹易きことなので、課税の便宜上一切關係府縣の協議等の手續を省き、一刀兩斷的に關係府縣で所得を平分し、其の部分的所得を以て各資力算定の標準に用うることとしてある。

《三》　戸數割の納税義務ある市町村以外の地(外國、臺灣、朝鮮、樺太等地方税ニ關スル法律施行區域外の地も含む)に於て生ずる所得は、何れの市町村に於て戸數割納税義務者の資力算定の標準に用うることと爲すを可とすべきやは事實問題であつて、其の者の經濟活動の中心地の所得と爲すを最も適當とするけれど、此の如きは實際施行上不明なることもあつて不便であるから、其の者の生活の本據地たる住所地市町村の所得と看做すことゝしてあるのである。

此の如き規定のある結果、例へば甲町に營業所、事務所等を有する者の乙村に於て生ずる所得は、假令これが甲町の營業所、事務所等と關係があつても、丙村に住所があれば丙村の所得として取扱はれ、頗る不適當なる配分となるやうなこともあるけれど之は已むを得ない事である。

而して此の規定の適用上、例へば戸數割に代へ家屋稅附加稅を增課する甲町に構戸してゐる者が乙村に住所を有し且丙村にも構戸してゐる場合に、其の所得にして分別し難きものあるときには如何樣にするかと謂ふに、先づ甲町の所得の假定的部分を乙村の所得と看做し、然る後乙丙兩村間に於て所得分別し難しとして平分すべきである。之を結果から觀れば恰も其の者の全所得が乙丙にて平分されて各半分宛資力算定の標準となる譯である。然し若し此の場合其の者の住所地が家屋稅附加稅增課地たる甲町に在れば、乙丙兩村は各其の者の不可分的所得の三分の一宛を資力算定標準として用ゐ得るに過ぎないと思ふ。

《四》而して如上の計算につき關係市町村異議ある場合に於て其の關係が府縣内に止まるものは府縣知事、數府縣に渉るものは内務大臣が之を決定することゝなつてゐる。

曩にも述べたるが如く納税義務者の所得が分別し難き場合に之れが分割に關し法は關係課税權者に協議を爲すべきことを命じてゐない。蓋し從來國税附加税の例に徴するに此の如き分割の協議は容易に纒らないが、戸數割の賦課に當つて一人の所得の未定は究極全體の賦課を不能ならしめることゝ國税附加税の場合と大に趣を異にするから、法は所得分割の協議を命じ、以て戸數割全部の賦課を遲滯せしめ又は不能に了らしむるが如き結果を惹起するを避けたのである。此の如くにして分割協議を前提としない以上之に關して異議なるものゝ起るべき場合は通例あり得ないから、上示の規定は殆ど實際上適用のないものと謂ふべきであらう。強いて其の適用のある場合を想像すれば、例へば某人が自己の所得が二箇所に於て資力算定上用ゐられやうとしてゐることを知り市町村に具申し、關係市町村之に聽き他市町村に交渉するが如き場合、又は關係數市町村が其の市町村内の一納稅義務者の所得につき見解を異にして自發的に其の分割決定を府縣知事に行つてもらはうと協議したるが如き場合であつて極めて稀有の例であらう。而して地方稅ニ關スル勅令第二十三條第三項は關係市町村異議ある場合云々と規定し、關係市町村長とは規定してなく且此の事項は市町村の賦課徴收に關する事項であるから、異議のあることは之を市町村會の議に付して決定しなければならぬ。

備考　府縣稅戶數割規則制定以前行政判決例に於ては『戶數割は各人の資産の多寡に應じて賦課するものなれは一府縣内に於ける一個の資産は甲乙兩村に於て同時に同一府縣稅の目的たるを得さるものとす』と爲し、又『同一府縣内の二以上の市町村に於て同一の財産又は收入を同一府縣稅の課稅標準とするは其の當を得さること勿論にして秋田市か原告の戶數割額を定むるに當りて市外に於ける財産及收入を其の標準に加へたるは違法たるを免れす』と爲してゐたが、然し各市町村間に如何樣に同一人の所得を分屬せしむべきやに關し何等法令の規定もなく、又府縣の賦課規則等に於ても定むる所がなかつた。而して一府縣内に於ける二以上の市町村の課稅標準が別異なる場合には、實際同一資力を二重に算定して用ゐても行政判例は『同一府縣內の甲乙兩町村に各一戸を構ふる者に對し縣稅戸數割を賦課するにつき甲町村は其の町村內に於ける地租を課稅標準とし、乙町村は其の課稅標準たる所得金額中に甲町村內に於ける所得金額を算入するは課稅標準重複せる違法の賦課と謂ふを得す』と斷じ、又『甲乙兩村に於て戸を構へ甲村に於て主として家政を主宰する者に對し甲村に於て自村に於ける地租全額と甲乙兩村以外の町村に於ける地租の半額とを縣稅戸數割の課稅標準としたる場合に於ては縱令乙村に於て甲乙兩村及其の他の町村の地租を標準とするも甲村に於ける右課稅標準には重複の違法あるものに非す』と謂ひ、重複課稅問題を形式的のものとして解釋してゐたが、府縣稅戸數割規則は其の第七條に於て此の關係を明確に決定し、而して地方稅ニ關スル勅令は其の規定を踏襲したのである。

第三目　所得に關する通報義務

地方稅ニ關スル勅令第二十六條に左の如き規定がある。

市町村長ハ其ノ市町村住民ニ非ザル者(法人ヲ除ク)ノ當該市町村內ニ於テ生ズル其ノ年度分所得及其ノ所得ノ基本タル事實ヲ每年四月末日迄ニ其ノ住所地市町村長ニ通報スベシ但シ當該市町村ニ於テ其ノ者ニ戸數割ヲ賦課スルトキ

又ハ其ノ住所地市町村ニ於テ戸數割ノ賦課ナキトキハ此ノ限ニ在ラズ

是は住所地市町村に於て納税義務者の資力算定上必要なる所得を綜合調査するに便ならしむるが爲めである。通報の內容は通報すべき時期に於て現に其の市町村に住所を有せざる者の其の年度分所得及其の所得の基本たる事實である。其の年度分所得とは其の年度に於て戸數割の課税標準たる資力算定の標準として用うべき所得の義である。故に總收入ではなく、地方税ニ關スル法律施行規則第二十條及第二十一條の規定に依つて算出したる所得である。場合に依つては此の所得計算の結果は積極的の所得額としては表はれて來ずに、消極的の損失額となつて出ることもあり得るが、その場合計算の結果に依る損失額も亦之を通報すべき義務がある。

而して通報を爲すべき市町村に於て地方税ニ關スル法律施行規則第二十三條及第二十四條の控除は之を自ら爲すべきものでないこと勿論である。市町村長が通報義務を有する所得の種類の範圍は、通報の時期に於て現に其の市町村住民に非ざる者が當該市町村に於て土地家屋物件を所有し、使用し若は占有し又は營業所を定めて營業を爲し依つて生ずる所得である。其の市町村內に存在する會社から受ける配當金や銀行より受ける預金利子の如きものは通報義務ある所得の中に包含せられてゐない。

而して所得と共に其の所得發生の基本たる事實、例へば田畑山林何町何段何步の所得とか、營業所得とかいふが如き事實をも併せて通報すべきことゝなつてゐるが、之は通報を受けた市町村に於て戶數割賦課の際資産狀況測定の資料を要するから之が參考に資する爲めであること殊更云ふ迄もない。

上敍の通報は住所地市町村に於て戶數割の賦課なきときは不必要である。それ故に徒勞となるべき通報の生ぜざるやうに戶數割を施行しない市町村名は豫め之を周知して置く必要があるので、其の市町村を內務省に於て取纏め每年官報に登載することゝなつてゐる。又住民に非ざるも構戶してゐるが爲め戶數割を賦課せらるべき者の所得は其の市町村が自ら資力算定上用うべきものであつて、之を更に其の者の住所地市町村長に通報するが如き必要は殆どないと謂ふてよいから、其の場合にも通報義務は解除されてゐる。

第四目　所得計算に關する注意事項

所得の計算に關しては種々の問題がある。今參考の爲少しく玆に事例を示して解說を與へて見よう。

甲　一般的事項

《一》　資力算定の標準たる所得は其の發生の地の何處たるを問はない。我國領土內は勿論、外國に於ける所得と雖之を包含する。唯其の調査に關しては內地以外は市町村長の通報義務の制もないので、本人の申告に依り等して戶數割を賦課せむとする住所地市町村長自ら之を行ふの外ない。

《二》　地方稅ニ關スル法律施行規則第二十二條の規定に依つて損失を差引計算する場合には、同規則第二十條第六號の所得中の損失を先づ他の六號の所得から差引き、仍損失ある場合に限り第五號の所得より差引すべきものである。

《三》　山林原野から收得する建築材料、燃料、落葉或は肥料に供する下草の類、宅地內から收得する蔬菜の類、又は養蠶、製織、家禽の類の所得であつて、其の金額多くなく且つ全く自家用に供するものや、又納税義務者と生計を共にする同居者の極めて小額なる所得の如きものは強ひて之を所得に算入すべきものでない。

《四》所得金額は餘り零細の點迄計算せず、端數は切捨てるがよい。

《五》所得の基因たる資産の取得に要した負債の利子、例へば家屋買入資金に對する利子は資産增加の爲めにする借用金使用の對價で家賃の如き收入を得るに必要なる經費として控除すべきものでない。

《六》總收入金額から控除すべき必要經費は仕入品の原價、其の他收入を得るに必要なる經費にのみ限るものであるから、未だ賣却しない商品の相場の下落に依る評價損の如きは之に含まない。

《七》營業場若は所得の基因たる家屋の火災保險料の如きは、其の危險防禦の爲め支拂ふに過ぎないから必要經費として控除すべきものではない。

《八》家事上に關聯する經費は所得計算上控除すべきでないが、其の營業の爲め特に高價なる家賃の家屋を必要とするもの例へば料理店、旅人宿、湯屋等の如きは營業專用の部分に相當する家賃を必要經費と看做すべきである。

《九》固定資本の減價償却は其の減價著しく、其の償却の確實と認むべきものに限りて原則としては其の所得を得るに必要なる經費と見ても可いであらう。

《十》所得税及其の附加税は所得を得るに必要なる經費ではない。家屋の原價償却金も亦同様必要經費でない。

《十一》借地料竝家屋税及其の附加税は家賃收入を得るに必要なる經費であり、又田畑の地租は田畑の所得を得るに必要なる經費であるから之を控除すべきである。

《十二》健康保險法第七十二條乃至第七十五條の規定に依り事業主の負擔する保險料は事業主が公法上の義務として當然支出すべきものであるから營業上の必要經費である。

《十三》信託會社に支拂ふ信託報酬は必要經費である。

《十四》道路法又は都市計畫法に依る受益者負擔金は之を負擔する權利者の當該土地、家屋又は其の家屋に於ける營業の所得計算上、場所物件に係る公課と認め納付の年に於て控除すべきものである。但し家事上の費用に關聯するものは此の限でない。

乙　田畑山林の所得計算に關する事項

《一》小作期間數年分の小作料全部を一時に收得する者の所得は其の小作料を永小作權の存續年數に等分して計算すべきである。

《二》田畑の所得調査に適用すべき穀價は其の收穫時期、例へば米價は十、十一、十二月の平均價格に依り算定するのが適當である。

《三》小作爭議地に於ける田畑の所得は左の方法に依つて算出するが適切であると思はれる。

（イ）爭議解決濟のものは變更したる契約小作料に依つて所得を計算する。

（ロ）爭議解決未濟のものは解決した附近部落に於ける爭議解決の歸著點等から推して所得を計算する。

《四》北海道土功組合費及水利組合費は田畑の所得計算上之を公課として控除すべきものである。

《五》耕地整理費は之を必要經費として控除すべきである。但し法令に依つて强制的徴收せられるものでなくして、個人自ら支出する改良費用の如きは此の限でない。

《六》田畑の所得計算上貯水池水門等の築造又は修繕費開墾費用は收入を得るに必要なる經費と認むべきものではない。

《七》小作米其の他の收穫物を貯藏するが爲めの倉庫其の他の設備又は其の修繕に要する費用は收入を得るに必要なる經費ではない。

《八》公簿上畑であつて桐樹を植栽した畑地から生ずる桐樹の所得は畑の所得として取扱ふべきである。

《九》山林の所得は伐採又は讓渡するまでに要した全部の經費を控除して計算すべきものである。

《十》山林の所得計算上其の立竹木が他人から買入れたものであるときは、其の買入代金は所得を得るに必要なる經費である。

《十一》山林賣却の代金を數年に跨り收得する契約あるものに對しては、其の年毎に收得する金額に依り所得を計算し、前年分を資力算定標準たる所得額とすべきである。而して若し山林に關する經費が收入總額に共通なるときは、該經費總額を各年の收入に按分して各年の收入に對する必要經費を算定すべきものである。

《十二》抵當權の目的たる山林を競賣したる場合に於ては、其の競落代金は山林所有者の所得と認むべきものである。

《十三》山林賣却代金の取立に要した訴訟費用は其の性質上山林收入を生ぜしむる爲めに必要なる經費ではない。

《十四》立木を他人の山林と交換したものは立木を處分したものである以上、其の方法が賣買でなくとも山林所得があつたものと見るべきである。

丙　俸給歲費賞與等の所得計算に關する事項

《一》俸給給料等にして年額の定めのあるものにつき之を分割支拂の際其の端數を切捨てる爲めに、年額に對し徵細の差違を生ずるものがあつたとしても、其の計算に拘泥せずに年額を其の儘所得として計算すべきである。

《二》養蠶技術員等季節的職業の所得は事實所得を生ずる期間に中斷があつても、其の職業を廢さない限り引續き支給を受くるものとして取扱ふべきである。

《三》日給支辨に係る職工其の他の勞役者に對する收入年額を豫算する場合には、大體左の基準に依つて計算するが宜しからう。

（イ）日給額三百日以下適當の日數を見積り、其の日數分を以て年額とすること。但し日曜祝祭日等に於て日給を支給しない者に就ては日給額二百七十日分以下位とすること。

（ロ）割增金は其の年一月から調査當時迄の實績を年額に換算し、其の八割以下適當の割合を以て算出し一年分の豫算とすること。

《四》日給の者と雖獨立の企業者（獨立の大工、左官、車夫等）に非ずして他人の使用人として雇傭契約の下に働くものに就ては施行規則第二十三條の適用を爲し、其の者の日給を年額に換算して一定の控除を爲すべきである。

《五》恩給を受くべき資格ありと認むる事實あるものに就ては、恩給證書下付以前と雖其の事實に基き所得を計算すべきである。

《六》雇人にして食料の現品支給を受け又は賄を受ける者に對しては强ひて其の現品又は賄を金錢に見積り所得を計算せざるを可とする。

《七》府縣制市制町村制に基き議員、名譽職參事會員其の他の名譽職員の受ける費用辨償額は其の職務の執行に要する車馬賃其の他の實費を償還する爲めの給與に外ならないで、勤勞に對する報酬でないから、俸給歲費手當等といふ中には包含せられないが、所謂實費辨償として支給せられる金額中之を支給することを法令に規定しないものであつて年額又は月額を以て支給せられるものは俸給、給料の性質を有するものとして所得に算入すべきである。

《八》手當其の他の名稱を以てする給與であつて、豫め支給額の定めあるものは之を俸給、給料の性質を有する給與とし、然らざるものは賞與の性質を有する給與と認むべきものである。

《九》軍人又は官吏等の宅料又は交際費として受ける金額は俸給、給料の性質を有する給與として取扱ふべきである。但し交際費であつて豫め其の支給額の一定してゐないものは賞與の性質を有するものとして取扱ふべきである。

《十》賞與又は賞與の性質を有する給與であつて、退職慰勞金の如き純然たる一時的の給與たること明かなものは所得の中に算入すべきでないが、官廳に於て支給する年度末賞與の如きは勿論其の給與が慣例其の他既往の實績に依つて常に支給せられるものなりと認むべき性質のものは、假令之が給與に關し確定的權利義務なしと雖所得の中に算入すべきである。

《十一》通信現業員、鐵道及專賣局職員等の受ける慰勞手當、勤勞手當又は勤勉手當も亦之を賞與として所得に算入すべきである。

《十二》法人より受ける賞與金、記名株式に對する配當金等は法人の事業年度如何に拘らず、又現實之を受領したと否とに拘らず、支拂を受くべき權利の確定したるときに於ける收入金額として計算すべきである。

《十三》勞務又は信用を出資した社員が退社に因り持分の拂戾として受けた金額のあるときは、其の金額の全部を施行規則第二十條第四號後段に該當するものと認むべきである。

《十四》法人の解散に依り分配を受ける殘餘財產は所謂一時の所得であつて、之を個人の所得として計算すべからざるものである。

《十五》法人の增資を爲す場合に於て積立金を增資の拂込に充當した場合は、一旦積立金を配當し更に株主より拂込を爲すものと認むべきであるから、之を利益の配當として所得に算入すべきものである。

《十六》商法第百二十二條第三號の株式會社の發起人が受ける特別の利益は賞與として所得に算入すべきものである。

丁　前掲以外の種類の所得計算に關する事項

《一》資産又は營業を引續き有したものなりや否やは個々の資産、又は個々の營業毎に之を定むるのである。

茲に個々の資産とは土地に在つては一筆毎の土地を指し其の地目又は收益方法の如何を問はない。又營業に就ては營業の種類又は營業場の異る毎に一營業と見るがよいけれど、銀行業、無盡業、金錢貸付業及運送業に就ては各營業場を通じて一營業と見るべきである。(營業の種類とは物品販賣業、製造業等の業體に依らず大體に於て營業の種目を指す。)

《二》休業に因る營業期間の中斷(例へば酒造業者の休造又は勞働爭議其の他に因り長期に亙る工場閉鎖の如き場合)は引繼ぎ營業を有するものとして取扱ふべ

きである。

《三》借入金を轉貸して利鞘を取得する者の其の所得は口數の多少に拘らず、施行規則第二十條第一項第六號の所得として計算すべきである。

《四》營業貸金の所得を豫算する場合に於ては其の年內に返濟期限ある貸金と雖、其の返濟期限に拘らず實況に依り返濟期限後の利子をも相當見積計算すべきである。

《五》三等郵便局長の收得する渡切經費の收支殘額、並に收入印紙郵便切手の賣下及簡易保險の取扱手數料等は施行規則第二十條第一項第六號の所得として計算すべきである。

《六》取引所仲買人が證據金を回收し得ざる爲め缺損に歸した金額は所得計算上之を控除すべきである。

《七》取引所の會員又は仲買人に非ずして定期賣買を常業とし、依つて以て生ずる所得は施行規則第二十條第一項第六號の所得であるけれども、其の常業なりや否やの認定は困難であるから、本人の申告なき限り之を所得に計算しない方がよいのであらう。

《八》施行規則第二十條第一項第一號の公債の中には外國の公債も包含して居り、又其の利子の支拂地が外國に在つた場合でも之を所得に算入すべきである。然し國債を爲替相場に依り賣却して得たる益金の如きは所謂一時の所得であつて、所得中に算入すべきものではない。

戊　所得の控除計算に關する事項

《一》施行規則第二十三條の規定を適用する場合に於ては、其の控除すべき金額を算出せずして俸給、給料等の各項每に金額に對し十分の九、十分の八、十分の七又は十分の六等を乘じて其の所得額を算定するがよい。

《二》施行規則第二十四條に依り年齡十四歲未滿若は六十歲以上の者又は不具癈疾者として取扱ふべき者は納稅義務者なると否とを問はない。從つて納稅義務者一人のみであつて同居者のない場合にも同條の適用がある。尙又年齡は明治三十五年法律第五十號の規定に依り計算すべきこと勿論である。

《三》施行規則第二十四條に依る年齡又は不具癈疾の事實は年度開始の日の現

在に依り定むるものである。随つて四月一日現在に於て施行規則第二十四條に依り控除を受くべき要件を具備しないときは、其の後に同居關係年齢等に變更あるも尚同條を適用すべきものである。

《四》施行規則第二十四條を適用するは年度開始の日に於て同居の事實ある者のみに限らるべきであるが、同居者中學業又は病氣療養等の爲め一時其の居所を異にし偶〻年度開始の日に同居してゐないやうなものがあるが如き場合には、特に之を同居者として取扱ふべきである。

《五》艦船乘組員の住所と認めたる場所に居住し同一生計を營む者は其の艦船乘組員の同居者と爲すべきである。

《六》子守、傭人等にして普通の給金を受けてゐる者は納税義務者と生計を共にしてゐるとは謂ひ得ないが、年期奉公等と稱し恰も主人の家族同樣な生活を爲し、別に一定給金の支給を受けず、單に時々若干の小遣等を與へらるる子守、傭人の類は納税義務者と生計を共にする同居者と謂ふべく、随つて其等の者で施行規則第二十四條に依り控除を受くべき要件を具備してゐる者があるならば同條を適用すべきである。

《七》所得が初めから三千圓以下にして市町村所定の時期迄に控除の申請をしなかつた者は、假令所得の減損更訂の結果所得額が寡くなつた場合と雖施行規則第二十四條に依る控除の申請をすることを得ない。

《八》戸數割賦課期日後新に納税義務の發生した者に對し施行規則第二十四條の控除を爲す場合に於ても、其の同居關係年齡等同條所定の要件は總て年度開始の日の現在の事實に依り之を定むべきものである。

己　不算入所得に關する事項

《一》施行規則第二十五條第一號の軍人中には理事、錄事其他の軍屬を含まない。

《二》文官にして陸海軍に召集せられ文官俸給より補給を受ける者の補給額は施行規則第二十五條第一號の俸給中に包含せられない。

《三》施行規則第二十五條第二號の所謂傷痍疾病者の恩給又は退隱料とは恩給法第四十六條乃至第四十八條（舊官吏恩給法第三條第一號第二號及軍人恩給法第四條第二號、第三號）の如く職務に依り傷痍を受け若は疾病に罹り退官又は退職した爲めに受くる恩給及退隱料のみを指すのであるが、地方公共團體又は法人から支給するものでも、條例其の他の規定に依つて明かに國の支給するものと同性質と認め得るものは此の中に包含する。

《四》定期取引の結果引取りたる現物を處分したる爲めに偶〻所得を收めた事實があつても、其の所得者が當該物品の販賣を營業としない者なるときは、其の所得は營利の事業に屬せざる一時の所得と認むべきである。

《五》金鵄勳章年金令第三條に依つて遺族の受ける年金は營利の事業に屬せざる一時の所得と看做すべきである。

《六》大藏省證券又は臨時國庫證券の割引料にして有價證券の賣買割引等を營業としない個人の收得するものは、營利の事業に屬せざる一時の所得と認むべきである。

《七》產業組合の組合員が組合より剩餘金の配當として受けたるものは營利の事業に屬せざる一時の所得である。

《八》日本の國籍を有しない者の外國より受ける營業に非ざる債權の利子、配當金、恩給年金等の如きは其の者の資力算定の標準たる所得に算入すべきである。

《九》營業の賣却は營業者が之を繼續するよりも賣却するを利益なりとして爲したるものと認むべきであるから、之に因つて得たる利益は營利の事業に屬せざる一時の所得と謂ふべきではなくして、正に營利の事業に屬する所得である。

第三節　資力算定標準たる資產狀況

戶數割の課稅標準たる資力の算定標準の他のものは納稅義務者の資產狀況であること前敍の如くである。

資產狀況は所得よりも資力の算定上低き地位に在るものであるけれど、最高のときは戶數割の總額中百分の四十までも之を以て納稅義務者の資力を算定して賦課し得る程、相當重要なるものなるに拘らず、其の意義及內容の如何なるものなるかに就ては法條に何等明定する所がないから、專ら條理に依つて解さなければならぬ。

惟ふに資產の狀況とは其の意義廣汎概括的のものであつて、人の積極的に給付能力を有する狀態のみならず、消極的に給付能力なき狀態をも包容してゐる。敢て有形的固定的の財產有無の狀況を謂ふのではない。故に例へば或人が其の年所得少なきも大山林を有してゐる事實、相當の所得はあるが多大の負債に苦しんでゐる事實、家族が强壯なる働盛りの者のみ揃つてゐるといふ事實及之と反對に病弱者のみである事實等、總て有形無形の資產狀況に關係ある事項は之を資力算定上の材料として用ゐて可いのである。蓋し戶數割は個人が其の文化目的達成の爲め連帶して組成せる自治體を保維する必要上各〻其の分に應じて犧牲を提供する趣旨の租稅であること先に述べたるが如くであるから、所得額の如き多少機械的計算を爲す標準に依つて其の負擔額を決定せずして、人の總給付能力を表裏縱橫から觀察し眞に各人の內情懷合を調べ、それに依つて適切なる負擔額を定むべきである。此の目的からして資產狀況なるものが課稅標準の算定標準に加へられたのである。故に資產狀況を以て單に有形的資產高の義とするならば之は立法の精神を餘りに狹く解したる謬見である。法文が『資產』と謂はずして『資產ノ狀況』と稱してゐるのは、其の間に深長なる意義を藏してゐることを認めなければならぬ。

從來の永き歷史と廣き慣行とを見るに、動もすれば戸數割の賦課を無標準なる見立割に依り、而かも之を政爭の具に供したり或は又一部階級者の利益を計り又は之に過當の負擔を爲さしめる等の弊がないでもなかつた。資產の狀況なる課稅標準の算定標準が設けられたのは此の如き弊竇を避けると同時に、所得額の如きものに依る負擔額の機械的算定の不備不足を補完するの作用を爲さしめむとするが爲めである。故に市町村に於て戸數割の賦課に際し資產狀況に依り資力を算定しやうとするには、能く法の精神に鑒み根據ある具體的標準を設定して其の事實を調出し、これに基いて課稅標準を算定すべきである。徒に舊套に泥みて之を捨てず、新法令の裝ひの中に從來の慣習的賦課方法を內容として盛り漫然たる見立割を行ふが如きは固より違法の措置として之を斥けなければならぬ。

然らば資產狀況の算定標準として適切なる具體的標準には如何なるものを制定すれば可いのであるか、之が實際問題として人を惱ます事柄である。

今全國各市町村に於て設けてゐる現行の資產狀況算定方法を達觀するに、資產高を標準とするもの、納税額を標準とするもの、所得額を標準とするもの及其の何れか二以上を併用するもの〻四に大別し得る。

一　資産高を標準とするもの

茲に資産とは主として物的資産である。納税義務者の物的資産には種々あり得るが、其の重なるものに就て之を如何に見てゐるかと謂へば

《イ》先づ土地は之を地價の何倍といふやうにして計算してゐるもの、時價に依るもの、單に段別に依るもの又は該土地の普通賃貸價格の何倍といふやうに計算するもの等がある。

《ロ》建物は時價に依るもの、單に其の坪數に依るもの又は普通賃貸價格の何倍といふやうに計算するもの等がある。建物は家屋税の客體たる以上之れが附加税を課徴する市町村に於て戸數割の課税標準たる資力の算定標準中に復た建物を加ふることは重複課税となるが如く思ふ者もあるけれど、戸數割と家屋税とは其の打捕せむとする目的が全く別異であつて、家屋税は家屋を積極的又は消極的收益の源泉と見、其の收益を捕捉しやうとするのであり、戸數割は人の全資力に應

じて其の負擔を分任させやうとするものである。

それ故に人の全資力の一部を構成するものに偶〻所有家屋があつたからとて、それを以て資力の一部を構成するものと見ることが適當であるならば、之に對する家屋税あるの故を以て之を避くるの必要は毫もない。家屋を所有するものと之を全く有せざるものとを同一資力と見ることが資力測定上却つて不適切であると謂はねばならぬ。恰も所得税附加税の賦課を受けてゐる所得を更に戶數割の課税標準の算定標準に用ゐ又は雜種税の賦課を受けてゐる所有物件を資產として算入したからとて毫も不都合なきのみか、却つてそれが正當であると同じことである。

（ハ）次に營業資本に就ては資本金に依るもの又は收益の何倍といふ計算をするものとがある。これも營業收益税又は營業税が賦課されてゐたからとて戶數割の資力算定標準に加へること少しも妨げないことゝ思ふ。

（ニ）有價證劵に就ては配當所得の何倍といふ計算をするもの、時價に依るもの、又は額面價格に依るもの等があり、預金、貯金、貸付金の類に就ては利子所得の何倍といふやうな計算をするもの、元本の高に依るもの等がある。

（ホ）所有家畜に就ては評價格、商品に就ても評價格に依つてゐる。家財家具に就ては之を資産中に加へないことを明記してゐる市町村もある。

以上の如き方法で各種資産高を算出し、之を個數に表現して以て各納税義務者の資産狀況を算定するが例である。而して所謂人的資産に就ては之を見る市町村は甚だ寡いやうであるが、中には有形の資産高に依るの外、一部分は人の地位信用に依り資産狀況を斟酌することにしてゐるもの、或は生活程度又は生活狀態に依り資産狀況の幾分を斟酌するとか、或は年中不幸續きの場合又は病人ありたる爲多額の費用を要したる場合には幾分の斟酌をすると規定してゐる市町村もある。

二　納税額を標準とするもの

資産狀況の斟酌標準として納税義務者の納税額を採るものがある。例へば地租額は何圓を一個と見、所得税は何圓を一個とし、營業收益税、營業税、雜種税其の他は夫々各何圓につき之を一個と爲し、以て納税義務者の資産の個數を算出し資力算定標準とするのである。惟ふに戸數割は他の一般諸税の附加税でない以上諸税額を標準とするは奇異の感を免れないのみならず、各租税は何れも其の客體を通じて見たる税源に對し適度の負擔たる限度以下といふことを一の目標とすると同時に、其の課税主體の財政上の需要を滿すに必要なる程度といふものを他の目標に置いて其の賦課率又は賦課額を定むるものであるから、課税主體の異るに從ひ同一種の租税でも其の賦課率又は賦課額を異にすること極めて普通の例であるのに、其の税額を同一に見て其の金額の大小を以て納税義務者の資産を測定するは稍當らない結果に陷るべきである。けれども市町村に於て資産狀況の標準として國税及府縣税のみを採るならば、前敍の非難の大部分は之を免れることが出來る。殊に國税と府縣税との間及各税の間に夫々税額の價値に差等を附し、例へば地租は三圓を以て一個とし、雜種税は五圓を以て一個と見るといふやうに計算すれば一層適切となるであらう。固より雜種税中行爲税に屬するが如きものは之を除外し、專ら物件に對するものに限らなければならないことは云ふ迄もない。

斯くして土地、家屋、物件、營業其の他の財產に對する國稅府縣稅額を標準として資產狀況を算定することは、人の物的及人的資產そのものを直接評價して算定標準とするよりも劣れる方法なることは疑ないけれど、最も簡易に人の資產狀況を算定し得る點に於て優れるものと謂ふことが出來るから、之に據ることも確に資產狀況算定方法の一として之を推すに躊躇しない。

唯其の國稅府縣稅中所得稅を標準とすることは後述の所得額を標準として資產狀況を測定すると同樣の理由に於て不可である。

三　所得額を標準とするもの

資產の狀況を納稅義務者の所得額に依つて算定する方法を採る市町村の中には、所得金額の多寡に依り等級を分ち各等級に個數を配當するもの、所得金額の大小に依り一定額以上の金額につき夫々段階的に個數を異らしむるもの、又は田畑の所得、營業の所得、公債社債株式預金貸金の所得等所得の種類に應じて個數を異らしむるもの等がある。

惟ふに法が戶數割の課稅標準たる資力を算定するに所得額と資產狀況を以て

することを明定せる以上、資產狀況なるものは所得額とは其の內容を異にすべき資力算定標準たること自ら瞭なことであつて毫も疑を挾むの餘地がない。然るに資產狀況の具體的算定標準に所得額を用うるならば、法が特に所得額の外に資產狀況なる文字を揭げ之を以て資力を算定すべきものとしたる趣旨を沒却するものと謂はねばならぬ。況や廣く所得額と云へば勤勞所得も包含せられるが、勤勞所得の多少は決して資產狀況を表現してゐない。勤勞所得比較的多くとも無資產のものがあるし、勤勞所得全然皆無なるも大資產家のものあるは稀なる例でない。

唯然し所得額を標準として資產狀況を測定するものゝ中に勤勞所得を除き、田畑、營業、有價證券、預貯金等資產より生ずる所得額のみを採り、之を標準として資產狀況を算定することゝしてゐるものがある。是れは所得から其の源泉たる資產に溯るのであるから、同じく一種の資產評價方法であつて決して不可ではないと思ふ。

斯くの如き場合を除き一般的に所得額を標準として資產狀況の斟酌を行ふの

は不適當であつて、違法の賦課たるを免れない。

以上三樣の資產狀況算定方法につき略說したが、尙其の外に此等三種を混用したるものがある。

然し其の可否に就ては上敍の所に依つて自ら明かであるから、別に之を述べるの必要を認めない。何れにせよ各市町村は資產狀況算定の具體的標準として適切なるものを必ず設定するの必要がある。而して資產狀況の算定方法は各人の賦課額の大小に至重の關係があるから戶數割に關する市町村條例中に規定するのが本筋である。

第五章　戸數割の賦課方法

第一節　準備行爲

戸數割の賦課額決定の前提行爲として多數の市町村に於て行はれるのは納稅義務者の申告を徵することである。地方稅ニ關スル法律及其の施行命令中に於て納稅義務者に申告義務を負はしてゐるのは施行規則第二十四條の一箇條に過ぎず、其の外には何等申告義務に就て規定してゐる所はないが、多數の市町村は課稅標準調査の便宜上所得額等に就て納稅義務者から申告を徵する例となつてゐる。中には此の如き申告を命じたからとて納稅義務者は之を履行しないし又假令申告しても眞實なる內容を表示しないで、申告あるが爲め却つてそれを尊重しなければならない結果實際の資力を調定し得ないことになると謂ふものもあるけれども、然し申告が全然信頼するに足らないと斷ずるは極言であつて、假令多少の缺點あるにせよ申告制度である方が調査上便宜なることが明かであるから、多くは之れが制度を採つてゐる。而して市町村に依つては條例を以て申告を强制し之を爲さゞるものには科料を科するの規定を爲すものもあるけれど、國税の場合に於てすら法律を以て規定してあるに拘らず此の如き行政罰を以て之に臨まないで、僅に輕微なる利益の喪失を以てしてゐるのに、市町村税に就て條例を以て此の如き重き制裁を課するが如きは餘り適當のことでないやうに思はれる。

納税義務者の申告と共に常に問題となるのは俸給、給料、賞與若は此等の性質を有する給與、又は預貯金利子の支拂を爲す者又は利益若くは利息の配當を爲す法人等をして住所地市町村長に支拂調書を提出せしむべしといふ提唱である。此等の所得は實際市町村に於て調査頗る困難であり、支拂者に對し此の如き義務を負はすことは調査上大に便宜であること云ふ迄もないが、此等支拂者に多數の受取人の住所地市町村に對し一々之れが通報の義務を命ずるが如きは太しき過酷のことである。それ故に法は之を强制するが如き規定を設けてゐない。若し市町村が條例を以て此の如き義務に關する規定を爲しても强制力を有たないのである。殊に無記名債券の利子支拂の如きは其の受領者の住所氏名等を確知し難いこともあるので手續頗る煩雜である。さりとて之を支拂者の所在地市町村に一括通報し、其の市町村をして更に各住所地市町村に傳知せしむることゝするのも、多數の銀行會社の存在する都會地市町村にとつては到底其の煩に堪へない。殊に況や其の如き市町村は自らは戶數割を賦課しないから、他の市町村よりの通報の利益を受けないで、獨り斯かる重き義務を負はせられる結果となり酷に失する感を禁じ難い。それ故に此等所得の支拂者をして直接又は間接に受領者の住所地市町村に所得を通報せしむることは趣旨に於て可なるを認めるが、施行困難にして到底其の實現を期することが出來ない。

次に賦課の準備行爲として施さるゝことは、市町村の執行機關の戶數割課稅標準に關する調査である。上敍の如く納稅義務者に申告を爲さしめると否とは全く市町村の自由であるのみならず、其の申告は又之を採用すると否と全く市町村の任意である。市町村長其の他の吏員は戶數割賦課の中心機關であるから、其の適正なる賦課の實現の爲十分なる調査を行ふべき職務上の義務を負ふてゐる。素より其の調査方法は條例又は市町村會の決議で定められてゐる所得額及資産狀況に關する基準に依據しなければならぬこと勿論である。元來戸數割が特別稅である以上、其の賦課額に關係ある事項、其の大小を左右すべき事柄は擧げて之を條例中に規定すべきが相當である。現に他の一般市町村特別稅を觀るに其の賦課額が容易に算定し得るやうな課稅標準及課率又は課額が條例中に定められて居り、市町村理事者は其の條例に準據して課稅客體の調查を行ひ其の賦課額を計算調定し、以て納稅義務者に對し徵稅令書を發してゐる。戸數割も特別稅たる以上亦之と同樣たるべきであるが、戸數割は其の課稅標準の算定標準頗る複雜微細を極め且戸數割の府縣稅であつた當時の慣行もあるので、之を踏襲して賦課額そのものを市町村會で決議する市町村も多數あるから、此の如き變則的方法を全然違法のものとして排し去ることは現狀を餘りに破壞する虞もあるので、市町村會の決議は條例の規定を補完するものなること、條例と其の施行細則との關係同樣に見るの外はないのである。斯かる見解を肯定して而して市町村長の戸數割課稅標準に關する準備調査は條例又は市町村會の準則的決議に準據しなければならないと謂ふのである。

市町村は戸數割の課税標準に關する調査委員を設け得るかと云ふに、其の之を設け得ること勿論である（市制第八十三條、町村制第六十九條）。調査委員は市町村長の指揮監督を承け其の委託せられたる調査事務に從ふべきものである（市制第百一條、町村制第八十二條）。此の如き調査委員の設置は之を必要とするや否やは全く其の市町村の事情に依るものであつて、多くは之を置く程の要はないではなからうかと思はれる。

第二節　賦課額の決定

上敍の如く戸數割賦課額の決定に就ては毎年又は毎賦課期に之を市町村會の議に付するものと、資力算定に關する詳密なる規定を條例中に設けて置いて毎年又は毎期の賦課額は市町村長限りで之に基いて算出調定するものとがある。何れの場合に於ても納税義務者の資力算定上卽ち賦課額決定上依據すべき準則が地方税ニ關スル法律及施行命令中に規定されてゐる。今便宜上賦課額の決定順序を定期課税と隨時課税との場合に分つて細説しやう。

甲　定期課税の場合

地方税ニ關スル法律第二十七條は戸數割納税義務者の資産の狀況に依り資力を算定して賦課すべき額は勅令を以て之を定める旨を規定し、地方税ニ關スル法律施行勅令第二十一條は『戸數割總額中納税義務者ノ資産ノ狀況ニ依リ資力ヲ算定シテ賦課スベキ額ハ戸數割總額ノ十分ノ二ヲ超ユルコトヲ得ズ』と規定し、同附則第六項は『戸數割總額中納税義務者ノ資産ノ狀況ニ依リテ資力ヲ算定シ賦課スベキ額ハ特別ノ事情アル市町村ニ於テハ當分ノ間戸數割總額ノ十分ノ四迄ト爲スコトヲ得』と規定してゐる。

此の施行勅令第二十一條及同附則第六項の規定は定期課税の場合にのみ適用がある。蓋し此の規定は戸數割總額と云ふ語を以て戸數割を一時に多數人に賦課する場合なることを表示してゐるのみならず、隨時課税の場合に就ては特に地方税ニ關スル施行勅令第二十五條の規定があつて、戸數割の賦課期日後納税義務の發生したる者に對する賦課額は大正十五年法律第二十四號第二十四條乃至第二十七條及本令第二十一條(又は附則第六項)乃至前條の規定に依つて定まつたる他の納稅義務者の賦課額に比準して之を定めるべきことにしてゐるに徵すれば、隨時課稅の場合には施行勅令第二十一條及同附則第六項の規定の適用はないのである。即ち隨時課稅の場合に施行勅令第二十五條の規定に依據して賦課額を定めるに當り、施行勅令第二十一條及同附則第六項の規定にも服さなければならないとすれば、それは原則としては實行不可能のことゝ謂ふて可いのである。一般戶數割納稅義務者全體に賦課すべき戶數割は總額としては施行勅令第二十一條及同附則第六項の規定に依つてゐるが、各個の納稅義務者に就て之を見れば必ずしも同條の定むる割合とはなつてゐないこと勿論である。然るに施行勅令第二十五條の規定に依れば、隨時課稅の場合に於ては其の各納稅義務者中より資力の比準すべきものを求めて隨時被課稅者の賦課額を定めしめるのであるから、如何にしても施行勅令第二十一條及同附則第六項の規定の適用をしやうがないのである。それ故に施行勅令第二十一條及同附則第六項の規定は定期課稅の場合にのみ適用されるのであると斷じて謬がない。

而して施行勅令附則第六項に所謂特別の事情ある市町村とは資產の狀況に依

り資力を算定し賦課すべき額を戸數割總額の十分の二以下としては克く各納稅義務者の總給付能力に適應したる賦課を爲し得ないやうな狀況に在る市町村の義であつて、之が認定は全く市町村の見る所に一任されてゐるのである。市町村が自ら然か認めれば卽ち特別の事情ある市町村となるので、之に他の意思は加はらないのである。

戸數割總額中資產の狀況に依り資力を算定して賦課すべき額と所得額に依り資力を算定して賦課すべき額との割合、特別の事情ある市町村なるや否やの認定は市町村長限りで爲すべきものではなく、之を市町村條例中に定めるのが本則であるが、其の定めなきときは每年市町村會で之を定めるべきである。

此の割合が定まつたならば、之れに隨つて戸數割總額を二分し、一部分は所得額に依り、他の部分は資產の狀況に依り納稅義務者に割當てるのである。

此の所得額に依り割當てる額は所得ある納稅義務者であるならば假令其の所得額が僅少であつても之を配當しなければならないこと勿論であるが、所得額全く皆無の納稅義務者には之れが配當はないのであつて、其の者には資產の狀況に依る賦課額のみが存在し得る譯である。此の所得に依る賦課額は所得額に比例するを要するや將た又之に累進し得るやが問題である。惟ふに此の點に關しては別に明文がないけれども、地方稅ニ關スル法律第二十五條は『資力ハ納稅義務者ノ所得額及資產ノ狀況ニ依リ之ヲ算定ス』といふ規定を爲し、施行命令中に於ても積極的に所得額に等差を設けることを許容する規定なき以上所得額に比例する法意であると解さなければならぬ。若しも明文なき故を以て所得額に累進し得るやうに解するならば、累減も亦之を可なりと云はざるを得ない。果して然らば其の定め方は全く擅斷的のものとなり所得額なるものを揭げて其の數字の下に隱れて任意に資力の算定を爲したることゝなり、究極所得額そのものに依つて直接人の資力を算定したものでないことゝならう。それ故に所得額に依りとは所得額に正比例する義と解することが實際の結果から見ても適當である。或は此の如く解するが爲め有產者に對する戶數割の負擔が比較的輕きに失することを難ずる者があるけれど、それは資產の狀況なる他の資力算定標準を用うることに依つて調節し得るのである。

備考　所得額に比例して賦課額を各納税義務者に割當てることゝすれば、其の金額に端數を生ずることがあり得る。此の場合に其の額に就て國庫出納金端數計算法の適用ありや否やの疑を有つものがあるけれど（同法第六條參照）、戸數割は所得額に對する税と資產狀況に對する税との二種の獨立せる税を併合したものではなく、資力を課税標準としたる單一の租税であり、所得額に依り賦課すべきもの及資產の狀況に依り賦課すべきものは戸數割なる一税の內容を組成せる分子であつて外部に對し各個獨立して存在してゐるものではないから、此の如き內部關係の計算上には國庫出納金端數計算法の適用なきは明白である。所得額及資產狀況に依り各算出して調定された戸數割の賦課額そのものゝ徵收に當りては、若し端數あらば初めて其の端數計算法が適用されるのである。然し玆に留意すべきことは所得額に比例すると謂ふても、一錢一厘の微に至る迄之に比例すべしといふ譯ではないから、適當に整理し或は四捨五入を行ひ、所得額に依り賦課すべき額に餘り微細な端數の附かぬやうにするが可いと思ふ。

次に資產の狀況に依り賦課すべき額に就ては先に述べたるが如く具體的の算定標準を設定して之に依り各納稅義務者に割當つべきである。先に述べたるが如く所得額に依りとは所得額に正比例する意であるとすれば、同樣に資產の狀況に依りとは資產の狀況に比例するの義であると解さなければならぬ。但し資產そのものゝ實質的評價額そのまゝを算定標準に用うるに非ずして、例へば納稅額を以て資產狀況の算定標準とした場合の如きは其の納稅額の多少に段階を附し、其の十圓を一個と爲し二十圓を三個とするやうに定めて、結局累進的となすことも可能のことゝ謂はなければならぬ。無形的資產としての老幼家族の多少の如きものに就ても亦同樣である。

而して資產狀況の算定に就ては有形無形、積極的消極的の資產狀況を考察し得べくして、決して有形的資產の狀況に限るべきものに非ざることは既に述べたるが如く、立法當時の沿革に徵しても將た又其の字句の上に見るも明かなることゝ信ずる。然しながら其の標準は總て事實を基礎としたものたることを要し、單に想像、推定又は認定に基くもの又は漠然たる單純の達觀なるものを許さないのである。若し單純なる達觀も見立割の一種として之れを是認するならばそれは資產狀況斟酌といふことの埒外に逸してゐるを忘れたものであつて、苟くも資產狀況斟酌といふ以上一般人が資產狀況を測定するに足ると認むる資料を以て斟酌を行ふのでなくてはならぬ。又某人が他町の銀行に預金せるものゝ如きも明に之れを立證し能はざる場合其の者の預金大凡何萬圓位なるべしと推定又は認定し、それを資產狀況斟酌に須うるが如き例は往々聞く所であつて、市町村當局者の止むを得ざる措置なりと主張する所であるけれど、單純なる想像等を許容すること、なれば、善意の場合は兎に角、惡意を以て殊更想像に託し或階級又は或黨派の者に過重不當なる負擔を爲さしめ得ること、なるから、假令善意を以てする場合と雖單純に預金又は負債の有無其の額等を想像認定し、その架空的標準に基き資產狀況を算定するが如きは眞に適正なる負擔を爲さしむる所以の途でなく失當のこと、斷ぜねばならぬ。

次に資產狀況の算定は納稅義務者の總てに就て之れを行ふべきか將た又其の中の一部のものにのみ之れを行ふことを得るかと云ふに、苟くも法が資產狀況を所得の外資力算定の標準に用うべきことと爲してゐる以上は必ず之れを總ての納稅義務者に就て調査し、以て其の資力を算定すべきは當然である。若しも一部のものにのみ資產狀況の算定を行ふならば、それはその市町村の戶數割賦課そのものに關し資產狀況を資力算定標準の一としたと謂ふことが出來ぬ。斯くの如く資產狀況の算定は納稅義務者全般に就て行ふことを要するけれども、資產狀況斟酌に依り納稅義務者全般の賦課額を積極的に定めなければならぬかどうかは別問題である。行政判例要旨に於ても『納稅義務者一般ニ付其ノ狀況ヲ考量シテ各納稅義務者ニ對シ之ニ由ル負擔ノ有無及金額ヲ決定スヘキモノトス』と云ひ、負擔の有無なる字句を使用して『負擔ノ無』なる場合を豫想してゐる。資產狀況の算定は各納稅義務者に就て行ふべきであるが、その算定の結果資產狀況上資力無きか又は資力消極的のものと認められたるものには賦課額を加へないでもよいのである。例へば甲乙二人の資產狀況を考量したのに、甲は五十萬圓の不動產を有し乙は二十萬圓の負債を荷つて居り、而して他の生活條件等略〻同一なりとせば、甲は資產狀況に依り資力を算定し賦課すべき額を加へられるけれど、乙は其の賦課せらるべき額零と決定してよいこと殊更言を俟たぬ。

之れを要するに資產狀況斟酌は全部の納稅義務者に對し行ふべきではあるが、之れを行ふたる結果賦課すべき額なしと判定し得たるものに對しては之れに依り資力を算定し賦課すべき額を加へず、その賦課すべき者たる條件に該當したる一部の納税義務者に對してのみ賦課すべき額を加へればよいのである。人或は苟くも資産狀況を以て資力を算定することゝしたる以上其の市町村内の納税義務者全部に對し必ず之れに依り賦課すべき額を附加しなければならない。縱令資産皆無又は消極の場合と雖幾何かの資産狀況に依る賦課額を其の者に附加へることを要するやうに考へるけれども、此の如きは全く根據なき理論と謂はねばならぬ。現に所得に依り資力を算定して賦課すべき額を定める場合に所得皆無又は消極の納税義務者ありたる時、其の者に對しては所得に依り賦課すべき額が全然無いことを認むるならば、同じ資力算定の標準たる資産狀況に依り賦課すべき額を定める場合にも、其の賦課額零と決定せらるゝものがあり得べきであり又其の者の存在を許容し得ることは理義極めて明白である。資産の狀況に依り賦課すべき額は必ずや納税義務者の全般に附加へられねばならぬといふ所以の理據は之れを全く發見し難い。

然しながら資産狀況に一定の事實を基礎とし例へば所有土地の價額を標準としたる場合に於て、甲乙が同等價格の土地所有者たることを調出され而かも資産狀況の他の標準條件が全然無きか又は之あるも兩人同等とせられたる場合に、其の中の甲のみを擇びて資產の狀況に依る賦課額を加へ、乙には之れを加へず又は甲よりも低き課額を加へるといふことは失當である。若し例へば甲の家族が何れも强健働盛りであるのに、乙の家族は病弱者のみである等の事情に依り眞に甲乙の間資產の狀況に依る賦課額に等差を設くるを公正と認むる場合には其の資產狀況の一標準に家族の狀態なるものを用うることにすればよい。勿論家族の狀態なる標準を用うることゝする場合には其の條件を他の一般納稅義務者にも適用して見なければならない。又其の條件を用うることが單に市町村當局又は市町村會議員二三人の心裡に存在してゐたといふだけでは不可であつて、其の市町村に於ける資產狀況の標準として公的に採用されなくてはならない。

次に資產の狀況に關する標準として所有不動產價格を調出したる場合所有不動產一段步にても之れに依り賦課すべき額を附加へることゝすることを得ると同時に、所有不動產一町步以下の者には資產の狀況に依り賦課すべき額を附加へないことも正當として是認しなければならぬ。論者或は所有不動產を以て資產狀況の標準としたる場合には一段步の所有者にも必ず資産ありとして之に依り賦課すべき額を附加へなければならないと主張してゐるけれども、此の如きは資産狀況の算定に關して用ゐる基礎的標準として漫然所有不動産といふことを以てするか將た又或段別以上の所有不動産といふことを以てするかの定め方如何の問題であつて、當該公共團體に於て資産狀況の算定に用ゐべき事實に關し何等法令に制限なき以上、如何なる條件を以てするかは全く自由であり、而して其の條件を初めより或段別以上の不動産所有者として置けば、一段步の所有者に對しても資産ありとして資産の狀況に依る賦課額を附加へなければならないといふ理由の無きことは毫も疑を容るゝ餘地を存しない。

要之、資産狀況の算定に用ゐべき基礎的事實の選擇は其の目的に合致するものなる以上各市町村の任意であるが、一旦其の算定に利用すべき條件として採用したるものは之を各納税義務者全般に適用して見なければならない。而して其の標準に依り資産積極的狀態に在りと認められたる者には之に依り賦課すべき額を附加へなければならないけれども、資産消極的狀況に在りと認められたる者には之を附加すべきでない。又資産の狀況を計數的に算出した場合に於て同一計數のもの丶一にのみ賦課額を附加し他のものに之を附加しないことは、他の資産狀況算定の標準に依りさうなるやうな場合を除くの外失當である。然し一定計數以下の者には之に依り賦課すべき額を附加しないことを一般的に定めることは、資産狀況算定の一方法として出來得ることである。而して資産狀況に依り賦課すべき額が有産者に頗る多額に割當てられ、爲に所得額に依り賦課すべき額が無く又は僅少なる場合に資産狀況に依り賦課すべき額が巨大となり、其の者の戸數割額が大となることがあつても亦計算の結果ならば已むを得ないことである。

資産狀況の算定に關し豫め具體的標準を定めて置かず、市町村會で賦課額そのものを議決するやうな市町村に於ては上述の所と少しく趣が異り、上敍の所が必ずしも當嵌まらないやうになるが、本來單純なる賦課額の議決なるものはあり得べからざることである。之は一律に定むべき資産狀況の算定標準たる事實が各納稅義務者に就き種類的に又は分量的に相異するが爲め、其の算定標準たる事實總體の認定が卽ち賦課額の議決となるのであると解する外はない。固より各納税義務者の賦課額の議決は具體的算定標準に依據してなされなければならないものである。然らざるときは其の違法なること勿論であつて許すべからざることであるが、具體的標準に依る賦課額の議決は卽ち所得額及資産狀況の標準的事實の總體に對する市町村會の認定であり、所得額及資産狀況の算定標準に關する計算方法の極致として之を肯定して宜しいことゝ思ふ。

次に資産狀況に依り資力を算定したる場合に、其の資力消極的なりと認められたる者に對しては其の所得額に依り賦課すべきものとされたる額の中より或金額を控除し得るかは問題である。惟ふに所得額と資産狀況とは何れも對等にして人の資力を算定するに適する標準と認められてゐるものである。所得額に依り課すべき額の定められたる場合には、それだけは其の者に之を負擔する資力ありと法は見てゐるのである。若しも戸數割總額を所得額に依り一旦各納税義務者に割付け、然る後其の中より戸數割總額の十分の二乃至十分の四に相當する額を引拔き資産の狀況に依りて夫々相當資産者の賦課額に附け加へるといふやうにして各人の所得に依る賦課額を加除したならば、其の引拔かれたる殘額は各納税義務者の所得額に對し凹凸ある比率を有するものとなり之に正比例したものとならない。卽ち所得額に依り課すべき額とならないのである。一面地方税ニ關スル法律及施行命令は『資産ノ狀況ニ依リ資力ヲ算定シテ賦課スベキ額』云々と謂ひて積極的に規定し之を所得額に依り賦課すべき額と對立せしめてゐるに徵しても、戸數割總額を初めから二分し、一部分は所得額に依り賦課すべき額、他の部分は資産の狀況に依り賦課すべき額と爲すべき法意であると解すべきである。或は戸數割總額を所得額に依り一旦各納税義務者に割當てゝ後、資産の狀況に依り之を加減して賦課額を算定する方が適切なる賦課を爲し得る如く謂ふものがあるけれど、是は所得額なるものが資力算定標準として初めから不適切なることを前提とするものであつて、法が所得額なるものを資力算定標準として獨立の價値を有することを認めてゐる以上は之に左袒し難い。

次に所得額及資産の狀況は何時現在を基準とすべきかと謂ふに、所得額に就ては地方税ニ關スル法律施行規則中に其の計算上の基準たるべき時期が明定されてゐるから、賦課額決定の時に於て施行規則所定の期間中の所得額として觀察計算し得る所に依るべきである。資産の狀況に就ては何時現在とも法に規定する所がないから、賦課額決定當時に於ける納稅義務者の狀態に依ると謂ふ外はない。而して所得額及資産狀況算定標準の計算方法等に關する一般的準則を定めることは何時之を市町村會に於て議決するも可いけれど、所得額及資産狀況の具體的標準の認定と解すべき各人の賦課額の議決は之を五月一日以後に行ふべきである。蓋し地方稅ニ關スル法律施行勅令第二十六條に依る住所地以外の地に於ける所得額に關する通報は四月末日迄を其の期限としてゐるから、其の到達すべき時期以前に假令之を調査し得たにせよ、其の通報を待たないで所得額等の認定をするは不穩當のことゝ謂はねばならないからである。市町村會で各人の賦課額を議決しない市町村に於て、市町村長が市町村會の豫め議決したる準則に基き納稅義務者の所得額及資産狀況を算定し、以て其の賦課額を調定することも之と同樣五月一日以後に於て之を行ふべきである。

備考　府縣稅戸數割規則に於ては所得に關する通報期限を五月末日迄としてあつた爲め、之に伴ひ市町村の戸數割附加稅の賦課も自然遲れてゐたのであるが、戸數割が市町村稅となつた後其の通報期限を一箇月繰上げたのは市町村財政の運用上利する處があつた譯である。

乙　隨時課税の場合

茲に隨時課税の場合とは、賦課期日後新に納税義務の發生した者に對し戸數割を賦課する場合である。市町村内に於て構戸又は獨立生計經營の事實が偶、賦課期日後に發生したからとて、其の年分又は期分の負擔の全部を免れしめるのは他の一般納税義務者との間負擔の均衡を保維する所以でないこと勿論であるから、地方税ニ關スル法律施行勅令第二十五條第二項は戸數割の賦課期日後納税義務の發生した者に對しては其の發生の翌月から月割を以て賦課する旨を規定してゐる。而して此の場合に於ける賦課額の決定方法に就ては地方税ニ關スル法律施行勅令第二十五條第一項に其の準繩が示されてゐる。卽ち同項は『戸數割ノ賦課期日後納税義務ノ發生シタル者ニ對スル賦課額ハ大正十五年法律第二十四號第二十四條乃至第二十七條及本令第二十一條(又ハ附則第六項)乃至前條ノ規定ニ依リテ定マリタル他ノ納税義務者ノ賦課額ニ比準シテ之ヲ定ム』と規定してゐる。之に依り曩に定期課税の場合に一般の納税義務者に對し適用したる所得額一圓當の乘率及資產狀況の具體的標準又は其に對する乘率を其の者に就て調出し得た所得額及資產狀況に引當て、以て其の賦課額を計算するのである。　此の如くして計算するのであるから、此の場合の賦課額の決定に就ては假令同時に數人又は十數人の賦課額を決定するときでも、地方稅ニ關スル法律施行勅令第二十一條及附則第六項の規定の適用をしやうがなく、隨つて隨時課稅の如何なる場合にも其の適用を見ざることは先に敍述した如くである。

賦課期日後新に納稅義務の發生した者に對する賦課額は市町村長限り決定して可いか、又此の如きことを規定した條例は有效なりやといふ問題がある。　念ふに若し其の市町村に於て所得額計算方法の基準的規則及資產狀況の算定に關する具體的標準が條例又は市町村會の議決で決定されてゐるならば、之に基く各納稅義務者に對する賦課額算出の如き機械的事務は市町村長以下の執行機關が當然行ふて可いことであつて、其の定期課稅の場合たると將た隨時課稅の場合たるとを問はない。　又若し其のやうな定めが永久的效力を有するやうにされてゐる場合には、每賦課期に市町村會の議に付せず、戶數割賦課額の決定を市町村長限り爲し得ること他の特別税の場合と同様である。

反之豫め所得額の計算方法及資産狀況の具體的標準に就て定めたものなく、賦課の度毎に之を定める意味に於て各人の賦課額を市町村會の議決に付してゐる市町村があるならば、此の如き市町村に於て隨時賦課の場合にのみ市町村長に其の賦課額の決定を委任しやうとするは不適當である。市制第九十二條ノ二町村制第七十六條ノ二に依れば市町村會の議決權限に屬する事項の一部は之を市町村長の專決處分に委任し得るやうになつてゐるから、隨時課税の場合の賦課額の決定を市町村會に於て市町村長に委任することは出來得るけれども、然し之を實質的に見れば此の如き地方民の負擔に關する包括的權限を執行機關に委することは不適當のことであつて、單に煩累なるが故を以て當然の手續を省略しやうとするのは不親切にして不適當なる措置と謂はなければならないと思ふ。若し人の來往頻繁にして一々市町村會を招集し難いとか、又は他の案件のないのに戸數割賦課の爲めにのみ之を開くが如きは徒に勞費が多いといふならば、豫め所得額の計算方法及資産狀況の具體的標準を定めて置けば可いのである。若しそれが出來ないと謂ふならば新規納稅義務者に對する賦課額の議決は之を一定の時期迄留保し、機を以て之れを市町村會に付議すれば可いのであらう。

第三節　賦課期日

戶數割の定期課稅の賦課期日を一年度に一回とすれば戶數割は年稅となり、二回以上とすればそれが期稅となるは別に說くまでもないことであるが、戶數割は本來年稅たるべきものか將た又期稅たるべきものかは理論上の問題ではない。明治十一年十二月元老院が議した戶數割に關する修補案に於ては、戶數割が年稅であることを明定してあつたけれども、府縣稅戶數割規則に於ては其の制定の當時各府縣賦課の實際は之を年稅としてゐるものと期稅としてゐるものと相半ばしてゐたので、强ひて之を統一するの必要ないものと認め各府縣の任意に委した。這回戶數割が市町村稅となるに當りても、其の賦課手續上から考へて一層之れを統一するの必要を認めないので、地方稅ニ關スル法律及施行命令は之を各市町村の實情に應じて任意に定めさすことゝした。

戸數割を年税とすると期税にするとの可否は孰れも長短があつて、絶對的に其の軒輕を斷定し難い。若し年税とすれば年一回其の唯一の賦課期日を基準として所得額及資産狀況の調査を行へば定期課税に就ては事足り、二回以上も調査を行ふが如き煩累を免れる。殊に地方税ニ關スル法律施行勅令第二十六條に規定する市町村長間の通報は年一回としてあるので、期税とすれば第二回以後の賦課の際資力算定資料を得る上に不便があるが、年税とすれば斯かる困難に遭ふ虞がない。加之年税ならば年度の始め頃に賦課額年分が確定するので、戸口移動の多い市町村では往住者には其の年分を課徴し得、而かも他面來住者には月割課徴を爲し得るから、自然增收が期税の場合よりも多くなる譯であり、又戸數減少の傾向に在る市町村では年税の方が殘住者の負擔額の其の年度内に於て增大するのを免れることが出來る譯である。

若し戸數割を期税とすれば煩雜なる調査の回數は增すこととなるけれども、納税義務者の資力に異動のあつた場合には其の年税のときに所得の減損更訂の場合を除くの外一年度間賦課額を据置くことを原則とするに反し、賦課期毎に其の都度資力の調査を行ふのであるから資力に對し適切なる負擔と爲すことが出來る。固より年稅の場合でも所得の著しき減損のあつたときは減損更訂の途もあるけれど、其の程度に至らざる所得の減損は之を救濟するに適當なる方法がないが、期稅ならば此の如き結果を惹起する虞が殆どない。又年稅の場合には他市町村へ轉住した者に對しても苟くも一度賦課した後は其の年分を賦課するが爲め來住された市町村の正當なる課稅權をも奪ふこと〻なり稍〻妥當を缺くの嫌があるが、期稅ならば能く其の分に應じただけの賦課を爲すやうな結果になるし且又戶口の增加するやうな市町村に於ては年稅ならば後の增加戶口の負擔は自然增收となり、最初決定された各人の負擔は固定してゐるが爲め此等の者は餘分の賦課を受ける勘定になつてゐるが、期稅ならば其の期の賦課期日每に現在する總納稅義務者が該市町村の豫算稅額を分任する結果それだけ寡く分任し得ることになるのである。

此の如く年稅の優點は卽ち期稅の缺點であり、期稅の長所は軈て是れ年稅の短所となつてゐるから何れを以て優つてゐるとも論定し難いので、現行制度に於ては其の何れを採るも市町村の任意としたのである。

而して定期課税の賦課期日は之を何時と爲すべきであるか。若し年度開始の日たる四月一日を以て其の一とするときは賦課は早くも五月以後でなければ行ひ難いから其の間異動もあり得て賦課上錯雜を免れないやうにも思はれるけれど、資力算定上の基準たる事實の中には四月一日現在に依ることに法令を以て定められてゐるものもあり、又納稅義務の發生消滅の場合に月割賦課を爲す點から考へれば、其の計算上も四月一日を賦課期日(期稅ならば第一期の賦課期日)とするのが穩當と思はれる。

第四節　徵稅令書の發付

戶數割の徵收期を一年度內に何回と爲すべきやは戶數割を年稅とすることゝ直接の關聯はなく、市町村が適宜に定めて然るべきである。期稅の場合には徵收期は必然的に一年度內二回以上あることとなるが、年稅の場合は之を一回に徵收すると二回以上に分納せしめるとは市町村の任意である。徵收期の單複に因つて市町村長の令書を發すべき度數に相違のあるは勿論である。

徴稅令書の發付前市町村會に於て各人の賦課額に關する議決を要するや否やは當該市町村條例の定め方如何に依つてゐること既敍の如くである。

徴稅令書の發付は戸數割納稅義務者の納稅義務を潛在的のものより實在的のものとするの效果を發生し、之が發付後の納稅義務に關しては市制町村制施行令第四十七條の適用があつて、相續人に於ても之が義務を承繼するのである。加之、徴稅令書の交付を受けたる後其の者が構戸を廢し又は他市町村に轉住したり等して戸數割の納稅義務が消滅しても、其の賦課額は變更されないといふ效果が發生するのである（地方稅ニ關スル法律施行勅令第二十五條但書）。此の地方稅ニ關スル法律施行勅令第二十五條第二項但書の適用に就ては疑義がある。期稅の場合には一期分の賦課徴收を二回以上に分けてするといふことがなく一回に課徴して仕舞ふが、年稅の場合には之を分徴するの例である。そこで第一期分の徴稅令書を交付したるとき、本條項但書の規定は如何樣に之を見るべきか。その期分の賦課額は之を變更せずと謂ふ義であるか、其の年分は之を更改せざるの義と解すべきか多少解釋上に餘地が存してゐる。然し既に年稅と定められてある以上其の年分の賦課額は單一のものとして定められてゐるのであるから、第一期の徵稅令書を交付すれば其の年分の賦課は全體に就て開始されたのである。それ故に其の場合は賦課後と解し、其の年分の賦課額は變更しないものと解すべきである。若し年稅の賦課額を可分のものと解し、第一期分だけは賦課後であるが他の部分は然らずといふならば年稅期稅の別は失はれ且市町村は其の收入の保全上結局年稅を一回に徵收し盡くすといふ傾向を生じ面白からぬことになる虞がある。それ故に年稅に就ては其の賦課額を一體と見て、其の賦課が開始すれば卽ち賦課後と解すべきであると思ふ。

第六章　納税義務の發生消滅減免不課税及減損更訂

第一節　納税義務の發生消滅

戸數割の納税義務を有するは市町村住民又は市町村内に三月以上滯在する者にして一戸を構へ又は獨立生活を營む者なること既述の如くであるから、戸數割納税義務の發生は此等の要件の具備に依ること云ふ迄もない。即ち住民又は三月以上の滯在者が構戸又は獨立生計經營を爲すことゝなつたとき及構戸者又は獨立生計經營者が該市町村内の現在地又は居所を住所と爲し又は其の滯在三月以上となつたときである。

納税義務の發生には絶對的發生と相對的發生とがある。前者は他の戸數割を施行しない市町村から該市町村内に來住して來た場合及市町村内で全然新に納税義務の發生した場合で、後者は他の戸數割を施行してゐる市町村から該市町村内に來住して來た場合である。是を分つて說明すれば左の如くである。

一　納稅義務の絕對的發生

此の場合に於て其の納稅義務の發生に至る迄の歷程の態樣には種々ある。或は外國、植民地、家屋稅附加稅增課市町村から來住した場合、既に構戶してゐる者が別に又戶を構へた場合、或は一戶の內に在つたものが別に戶を構へ又は他に於て獨立生計を營むことゝなつた場合等がある。構戶者が死亡したとき之に代つて構戶の主體となつた相續人は新に納稅義務を生じた者と解すべきや否やに就ては疑がある。我國に於ては戶は素と法人であるかの如き觀念が存在してゐたのみならず、此の場合に於ては既に被相續人が其の年分若くは期分の戶數割を納付してゐることもあるのに、それに拘らず更に復た同一の資料を用ゐて資力を算定され課稅されるが如きは如何にも重複課稅の觀がある。殊に其の戶の經濟狀態に殆ど變化のない場合では此の感を深くするのである。然しながら又飜つて考へれば從來一戶の內に在つた者が別に戶を構へたる場合には前に一戶の內に在つた際其の戶の主體の資力算定標準中に加へられた所得額が更に新構戶に對する戸數割の課税標準の算定標準となるのであつて、主體が異るときは同一標準が再び用ゐられること敢て相續の場合にのみ限らない。故に相續開始の場合之を新しき納税義務の發生と解するのを以て重複課税として難ずるのは當らないのみならず、地方税ニ關スル法律及施行命令が明文を以て戸そのものを納税主體とは觀念してゐない以上、苟くも課税事實の發生した場合に之に對し戸數割を賦課すべきものとするは當然の事である。同様に一戸の内に於ても戸主の隱居等に依り戸の主體に更迭のあつたときは新なる戸の主體に納税義務の發生したものと解するが純理上は正しい譯であるが、然し事實問題としては戸の主體の更迭はわからない場合が多いであらう。

備者　相續開始して構戸主體の更替があつた場合には市制第百十九條ノ二、町村制第九十九條ノ二及市制町村制施行令第四十六條ノ二の適用がある。而して被相續人及相續人に對する賦課は地方税ニ關スル法律施行勅令第二十五條第二項の規定に依り何れも月割課徵となるのである。

次に獨立生計を營むものが一戸を構へた場合及構戸者が其の戸を廢して單に獨立生計を營むこととなつた場合は其の者の納税義務發生の原因に變更があつ

た譯であるけれど、該市町村の條例に於て獨立生計經營者を納稅義務者と定めてゐる以上納稅義務者たることと自體には依然として變化がない。恰も納稅義務者が一市町村內に於て其の住居を移轉した場合と同樣に、納稅義務の新なる發生と見るべきではない。

納稅義務者が其の構へてゐる戶を廢して再び戶を構へたときは一度納稅義務が消滅して新に納稅義務が發生したものと見るべきであるが、納稅義務者が其の年度分の戶數割の賦課後に於て戶を廢し、更に其の年度內に於て構戶したる場合に於ては、其の年度分の戶數割納稅義務ある狀態に對する負擔義務は完濟してゐるのであるから、後の追加賦課等は別とし、其の年度分戶數割の月割課徵は爲し難いものとするが至當である。

それ以外のものにして賦課期日後新に納稅義務の發生したる者に對する賦課に關しては、地方稅ニ關スル法律施行勅令第二十五條に規定がある。即ち

戶數割ノ賦課期日後納稅義務ノ發生シタル者ニ對スル賦課額ハ大正十五年法律第二十四號第二十四條乃至第二十七條及本令第二十一條(又ハ附則第六項)乃

至前條ノ規定ニ依リテ定マリタル他ノ納稅義務者ノ賦課額ニ比準シテ之ヲ定ム

第十五條第一項、第二項及第五項ノ規定ハ戶數割ノ賦課ニ之ヲ準用ス但シ戶數割ノ賦課後納稅義務消滅スルモ其ノ賦課額ハ之ヲ變更セズ

とある。それ故に賦課期日後新に納稅義務の發生した者に對しては一應既に定まつてゐる他の納稅義務者の賦課額に比準して其の賦課額を定めるのである。斯く他の同一資力の者と同樣の賦課額となるやうに比準することゝ爲す結果、其の資產狀況に依り資力を算定して賦課すべき額が所得額に依り資力を算定して賦課すべき額に對する割合は種々になり、必ずしも其の賦課額の十分の四以下とならないことは先に述べたるが如くである。此の如くして調定されたる賦課額の月割課徵をするのである。

備考　月割徵收を爲すべき人の賦課額の月割計算を行ふには、他の納稅義務者の賦課額に比準して算出した額を一般賦課期日からの期間內の月數を以て除し、其の納稅義務ある月數に相當する分を賦課額とするのであるから、四月一日を賦課期日としないときは、年稅にしても又期稅にしても、月割計算の場合に一年を十二分し得ないこ

とゝなり奇異なる觀を免れない。此の點から見るも四月一日を少くとも賦課期日の一と爲すのが適當のやうに考へる。

二　納税義務の相對的發生

納税義務の相對的發生とは他の市町村に於て納税義務を有してゐた者が其の課税事實を撤去し自市町村内に於て課税事實を發生させた場合である。此の場合に於て他市町村に於ける納税義務の消滅と、自市町村の納税義務の發生とが必ずしも時を同うすることを要しない。時としては他市町村に於て構へてゐた戸を廢して一旦他の戸の内に入り、或は一時戸數割賦課地外に去つた後更に自市町村内に於て課税事實を發生せしめる場合もある。

納税義務の相對的發生の場合に於ける賦課額は絶對的發生の場合と同樣に決定せられることは勿論であるが、唯地方税ニ關スル法律施行勅令第二十五條第二項は同令第十五條第五項の規定を戸數割の賦課に準用する旨を規定してゐる。而して其の準用される第十五條第五項は『前二項ノ場合ニ一ノ府縣ニ於テ納税義務消滅シ他ノ府縣ニ於テ納税義務發生シタルトキハ納税義務ノ發生シタル府縣納税義務ノ消滅シタル府縣ニ於テ賦課シタル部分ニ就テハ營業税ヲ賦課スルコトヲ得ズ』と規定してゐる。それ故に來住者が他の市町村で年税の賦課を受けた場合には其の年度分の賦課は全然出來ない。若し其の者が期税の戸數割の前期分の賦課を受けた場合ならば後期分の賦課だけが出來るし、若し又其の者が月割徴收を受けた場合ならば原則通り納税義務發生後の期間分に相當する賦課を爲すことが出來るのである。

備考（一）他市町村に於て既に其の年度分又は期分の賦課を受けた來住者に對し其の轉住以後の日を賦課期日とする戸數割の追加賦課は之を爲し得るや否やに就て疑を懷くものがあるけれども、來住者が他市町村の賦課した部分につき賦課されない利益を享受するのは戸數割の賦課期日後納税義務の發生した場合のみであつて、轉住後の日を賦課期日とする追加賦課は地方税ニ關スル法律施行勅令第二十五條に全然無關係である。隨つて當然其の追加賦課は出來るものと解すべきである。

（二）住所と別莊等數個の戸を構へてゐる事實のある者が其の中の一戸を廢して他に一戸を構へたる場合に於ては、其の撤した戸が新なる場所に移轉したものと觀ることが出來ない限り、地方税ニ關スル法律施行勅令第二十五條第二項の規定の適用はないものと解するが相當である。

他市町村から來住した者が他市町村に於て戸數割の賦課を受けた當時よりも其の所得額が增加して居るとか又は資產狀況良好となつてゐる場合に、其の所得額又は資產狀況の增加部分を標準として既に他の市町村が賦課した期間分の戸數割を更に賦課し得るかといふ問題がある。地方稅ニ關スル法律施行勅令第二十五條第二項の準用してゐる第十五條第五項に於ては『……納稅義務ノ發生シタル府縣ハ納稅義務ノ消滅シタル府縣ニ於テ賦課シタル部分ニ付テハ』云々と規定し、新納稅義務發生地市町村は他市町村の賦課なき部分に就ては課稅權ありといふことになつてゐるから、此の賦課なき部分といふ文字の中には納稅義務者の資力中の賦課なき部分といふものも包含されてゐるやうにも思はれる。然しながら戸數割は資力を課稅客體とするものではなく、構戸の事實を客體とするものである。資力は單に課稅標準たるに過ぎないから、課稅標準に異動があつたからとて之を以て直に戸數割の賦課なき部分の發生と謂ふことは出來ない。戸數割の賦課なき部分と之れある部分とは客體たる構戸事實存在の時間を以て區別するの外はないと信ずる。それ故に來住者の所得額又は資產狀況が他の市町村の賦課當時より增加してゐても、其の增加部分を標準として新に戸數割の賦課を行ふことは出來ない。

次に戸數割を賦課し難き市町村に住居した者は家屋税又は家屋税附加税の名義上の納税者でなくとも實際上の擔税者であつたのであるから、其の者が戸を戸數割賦課地に移住した場合には其の關係恰も戸數割賦課地間の移轉と同樣であるけれども、此の點に關しては別段規定がないから、納税義務の絶對的發生として取扱ふべきである。

戸數割の納税義務は戸數割を賦課する市町村に住所を有し又は三月以上滯在し且構戸又は獨立生計經營の事實ある者が移轉、死亡、戸の撤廢等に依り其の具備してゐる要件の一を缺いたときに消滅する。

戸數割納税義務の消滅したものに對する賦課に關しては地方税ニ關スル法律施行勅令第二十五條第二項の規定があり、『第十五條第一項、第二項及第五項ノ規定ハ戸數割ノ賦課ニ之ヲ準用ス但シ戸數割ノ賦課後納税義務消滅スルモ其ノ賦課額ハ之ヲ變更セズ』と規定して居り、其の第十五條第二項には『前項ノ營業税ノ賦課期日後納税義務ノ消滅シタル者ニ對シテハ其ノ消滅シタル月迄月割ヲ以テ營業税ヲ賦課ス』と規定してゐることは既敍の如くである。府縣税戸數割規則に於ては戸數割の賦課後納税義務の消滅した場合のみならず、既に徴税令書を發した場合には其の賦課額は之を變更しないことになつてゐたが、戸數割が市町村税となつて其の徴收手續が一重になつた以上此の如き規定を置くことは出來ないので、現實の賦課手續を押へて之れを限界とし其の有無に依り月割課徴如何を定めることゝしたのである。

第二節　戸數割の課税部外徴收減免及納税延期

戸數割は人頭税的性質を帶ぶるものであるから、凡て市町村内に住所を有し又は三月以上滯在するものにして構戸又は獨立生計經營を爲す者たる以上、之に對しなるべく普遍的に納税義務を有さすべきではあるが、然し其の資力租税の負擔に堪へ難い者までをも納税せしめなければならぬ理由もないので、地方税ニ關スル法律第二十六條は『第十一條第三號ノ規定ハ戸數割ニ之ヲ準用ス』と規定してゐ

る。其の第十一條第三號の規定とは、

『左ニ掲クル家屋ニ對シテハ命令ノ定ムル所ニ依リ家屋税ヲ賦課セサルコトヲ得

三　公益上其ノ他ノ事由ニ因リ課税ヲ不適當トスル家屋』である。

而して地方税ニ關スル法律施行規則第二十七條は之を受けて規定を爲し、『大正十五年法律第二十四號第二十六條ノ規定ニ依リ戸數割ヲ賦課スルヲ不適當トスル者ハ市町村ニ於テ之ヲ定ムベシ』としてゐる。卽ち公費の救助を受けてゐる者、貧困にして負擔に堪へ難い者等、市町村に於て課税を不適當とする者は條例を以て之を定め、戸數割の課税部外と爲すことが出來るのである。

此の如く戸數割の負擔を困難とする者は初めから不課税の範圍に置き得るが、然らずして一旦戸數割を賦課した後之を負擔するに難き事情の生じたやうな場合に關しては市制第百二十八條、町村制第百八條の規定がある。卽ち

市《町村》長ハ納税者中特別ノ事情アル者ニ對シ納税延期ヲ許スコトヲ得其ノ年度ヲ越ユル場合ハ市參事會《町村會》ノ議決ヲ經ヘシ

市（町村）ハ特別ノ事情アル者ニ限リ市（町村）税ヲ減免スルコトヲ得

と。特別の事情ある者とは、其の資力戸數割の負擔を困難とする經濟狀態に在る者の義であつて、之を廣義に解すべきではない。

第三節　減損更訂

減損更訂の制は從來戸數割が府縣税であつたときにはなかつたのであるが、現行戸數割の課税標準たる資力の算定標準たる所得額の計算につき從前俸給給料の類及資產營業職業等の所得は豫算主義であつたのを、國税所得税法の改正に追隨し原則として前年の實績主義に改めた結果從來よりも現實に遠き事實を資力算定標準に用うることゝなり、負擔額決定の標準となつた所得額と現實の所得額との間に差違の大なるものあるべきを慮り、其の結果負擔が過酷となるやうな場合の救濟方法として之れが認められたのである。　地方税ニ關スル法律施行規則第二十六條に依れば

戸數割納税義務者第二十條第一項第五號及第六號の所得額二分ノ一以上ヲ減

損シタルトキハ年度開始ノ日ノ屬スル年ノ翌年一月三十一日迄ニ戶數割ノ賦課額ノ更訂ヲ請求スルコトヲ得但シ第二十條第四項但書ニ該當スル者ハ賦課後十四日迄ニ賦課額ノ更訂ヲ請求スルコトヲ得

市町村前項ノ請求ヲ受ケタルトキハ其ノ者ノ當該所得額ヲ查覈シ其ノ二分ノ一以上ノ減損アルトキハ所得額ヲ更訂シ之ヲ基準トシテ更ニ其ノ者ノ資力ヲ算定シ其ノ者ニ付テノミ戶數割ノ賦課額ヲ減スルコトヲ得

年度開始ノ日ノ屬スル年ノ翌年ニ戶數割ヲ賦課スル場合ニ於テハ前二項ノ規定ニ依リ更訂シタル所得額ニ依リ其ノ者ノ資力ヲ算定シ戶數割賦課後前二項ノ事實ヲ生ジタルトキハ其ノ者ニ付テノミ戶數割ノ賦課額ヲ減ズルコトヲ得

とある。此の減損更訂の制は戶數割納稅義務者の利益の爲めに認められた特典であり且課稅權者には所得半減の事實を知り難い場合もあるので、納稅義務者の申請を俟つことゝしてある。減損更訂請求の期間は所得減損の事實が確定的に判明する時期に多少の猶豫期間を加へて、年度開始の日の屬する年の翌年三月三十一日とされてゐる。然しながら年度開始の日の屬する年の翌年に新に戶數割の賦課を受ける場合の中には賦課の時が一月末日以後の場合もあるので、此の如き隨時賦課を初めて受けた者に對しては賦課後十四日間は賦課額の更訂を請求し得ることにしてある。然らば年度開始の日の屬する年の翌年一月十六日以前に新に戸數割の賦課を受けたものは第一項但書の適用を受け賦課後十四日以内だけ更訂請求權があるか、將た又第一項本文の規定に依り一月三十一日迄請求權を有するや多少の疑はあるけれど、此の但書は本人の利益の爲め特に設けられたるものである以上其の不利益の爲め適用されることなく、矢張一月三十一日迄は該請求權ありと解するが本項の精神に合するものと見るが相當である。

備考　年度開始の日の屬する年の翌年に新に戸數割の賦課を受くるものは、其の賦課のとき地方稅ニ關スル法律施行規則第二十條第四項但書の規定に依つて所得額を計算すれば既に所得額二分の一以上の減損あること明かな場合もあり得る。其の場合に態々本人に更訂請求をさすのは無用の手數のやうであるが、是は止むを得ないことである。

市町村が減損更訂の請求を受けたときは市町村長は該所得額を調査する。而して若し所得の計算方法等につき市町村條例又は其の細則に於て定まつてゐるものがあり、本人の賦課額を市町村長限りで算出し得るやうになつてゐる市町村であるならば市町村長が戸數割の賦課額を更訂する。若し又各人の賦課額を市町村會の議決に付する仕組になつてゐる市町村ならば市町村會の議に付して賦課額を更訂するのである。所得額二分の一以上を減損したことを確認し得たときは必ず之を基準として更に其の者の資力を算定すべきことになつてゐるが、戸數割の賦課額は必ず之を減額しなければならないかと謂ふに、若しも其の者の資力算定標準たる資産狀況が戸數割賦課の當時と同樣、又はそれよりも以下である場合には必ず更訂所得額に依り賦課額を算出し、以て當初の賦課額との差額だけ還付しなければならぬ。然し納税義務者が二分の一以上所得を減損しても、例へば父の死去に依り大なる遺産を相續したといふやうな事實があつたならば、資力算定の他の標準たる資産狀況が從前よりも良好で戸數割を一層多額に負擔しても差支なき程であるから戸數割の賦課額を減ずる理由がない。それ故に本條第二項は市町村は此の場合單に其の者のみには戸數割の賦課額を減ずることを得と爲してゐるに過ぎないのである。

固より上敍の如く當該納稅義務者の資産狀況が從前と變化なく又は不良となつてゐて而かも所得額が二分の一以上減損してゐること明かなときは、必ず其の減損した所得額を基準として更に其の者の資力を算定し賦課額を減じなければならぬ。然し戸數割は所得稅法と異り所得が課稅標準ではなく資力が課稅標準であるから、資力の總和に異動がないか又は其の增大してゐる場合には必ずしも戸數割の賦課額を減額しないで差支ないのである。

而して當該納稅義務者の戸數割賦課額を減額したが爲め、他の一般納稅義務者の賦課額の狀態が地方稅ニ關スル法律施行勅令第二十一條及同附則第六項竝に之に基く當該市町村條例の規定に違背することゝなるからと云つて、全部に亙つて賦課額の更正を行ふが如きは甚だ煩雜である。それ故に所得減損者の賦課額のみの更訂を行つて、他の者の分には觸れないでもよいとされてゐるのである。

年度開始の日の屬する年の翌年に戸數割を賦課する場合に所得を減損した者から更に同樣の內容を有する請求をさせるのは徒らに煩累を增すに過ぎないから、其の場合には本人の申請なくとも上敍の手續に依り更訂した所得額に依つて其の者の資力を算定して戸數割の賦課額を定むべきことゝしてある。而して若し其の場合の賦課期日が翌年匆々であつて減損更訂の請求を爲すべき期限たる一月末日が到來せず又は既に到來してゐても未だ減損更訂の手續が完了してゐない場合に於て後日所得額が更訂すべきものであること確定したときは、矢張本人の申請なくとも追加賦課の戸數割に就いて更訂の手續を行ひ、若しそれが減ずべきものなるときは其の者のみの戸數割賦課額を減ずべきである。

年度開始の日の屬する年の翌年に新に戸數割の賦課を受けたものは、賦課後十四日迄に必ず減損更訂の請求を爲さなければならぬこと前述の如くであるが、若し其の者が二回以上戸數割の賦課を受くるが如き場合には、第二回目以後は本人自ら申請せずとも賦課額を更訂しなければならない。

第七章　戸數割の制限

一　制限の是非

戸數割は一般市町村の租税體系上唯一の人稅たると同時に其の稅收入上の補完稅たる作用を爲すべきものすあつて、謂はば歳出方面の豫備費に該當するものである。從て市町村の必要とする經費にして之を他の財源より支辨するに足らなかつたならば、必ずや之を戸數割に求めざるべからざるが故に、戸數割に制限を附するが如きは無意義であると爲す者なきにしも非ずであるが、然し戸數割は從來府縣稅制の仕組に於ては補完稅たる性質をも兼有してゐたけれど、現行市町村稅の體系に於ては人稅として他の物稅に對するものたるの外補完稅たるの意味は無くなつてゐる。而して如何に必要なる公共費用と謂ふも、單に其の費途の有用有益なるの故を以て無制限に地方民に重荷を負擔せしめて迄も支出すべきものではなく、又他の地方稅には總て一定の制限が存在してゐる以上戸數割に制限を附さないときは自ら偏重の傾も生ずべく之に一定の制限を附するは適切なる事と謂はねばならぬ。或は現時の地方財政の組織に於ては之に制限を附することとするも所詮絶對的に非ずして、多少彈力性ある制限を附するの外なく、從つて其の制限たるそれを超越する場合には上級官廳の許可を要せしむる事とする等徒に無用の手數を地方團體に執らすに止まるべきが故に結局無意味であるが如く論ずる者もあるけれども、假令伸縮性ある制限にもせよ、之を附するに於ては一應は之に準據し、それ以上は特別の必要ある事を立證して初めて之を賦課し得る事となるので、其の全く無意味でなくして相當なる效果を有するものなること疑を容れざる所と信ずる。

戸數割の制限は已述の如く實に明治十一年以來の問題である。同年十二月元老院に於て議せられたる戸數割の修補的布告案には戸數割は三圓以内とするの制限があつた。府縣稅戸數割規則に於ても戸數割は地方稅體系上其の補完稅たるものであるから單に金額を以て之を全國一律に機械的に制限するが如きは適切でない。其の制限は之を他の總ての諸稅との對比の點に求むるが至當であらうといふ意味に於て府縣稅總體に對する割合を以て制限を定めた。

現行地方稅制に於ては戶數割は市町村稅總體の補完稅ではないけれども、從來戶數割附加稅は市町村稅總額に對する一定の割合を以て制限とせられて居り且又大體から觀れば戶數割以外の市町村稅は物稅であるから人稅物稅の割合の均衡を保維せしめやうとすれば稅總額に對する割合を以て戶數割の制限とすることに依り略ぼ過なく其の目的を達成し得ることになるので、稅總額に對する割合を以て戶數割の制限としたのである。

此の戶數割の制限に關し從來或は戶數割や戶數割附加稅には偏重の弊があり專ら其の弊を矯むる爲め制限が設けられたるが如く考へてゐるものもあるけれど必ずしもさうではない。固より從來の戶數割附加稅の時代及新しく戶數割となつてから以降其の絕對額の增加しつゝあることは左表の如く事實である。

市稅戶數割(又は戶數割附加稅)　(昭和元年度迄決算　二年度以降當初豫算)

年度	稅額	指數
大正元年度	二、六九七、九七五円	一〇〇

同　二年度	二、一五六、二一三	八〇
同　三年度	二、一九〇、四八四	八一
同　四年度	二、三二八、六二七	八六
同　五年度	二、五九四、七九九	九六
同　六年度	二、八五一、五二四	一〇六
同　七年度	三、五〇一、五一八	一三〇
同　八年度	四、四二五、五一六	一六四
同　九年度	六、三六五、〇七一	二三六
同　十年度	七、二〇〇、九五五	二六七
同　十一年度	七、七二四、七四三	二八六
同　十二年度	八、〇七二、二三三	二九九
同　十三年度	九、一三一、一六三	三三八
同　十四年度	九、一二〇、七三二	三三八
昭和元年度	九、七八三、九九五	三六三
同　二年度	一一、七七〇、六二二	四三六
同　三年度	一二、五一八、七七九	四六四

町村税戸数割（又は戸数割附加税）

（昭和元年度迄決算
二年度以降當初豫算）

年度	税額	指数
大正元年度	六一、七〇四、三五〇円	一〇〇
同二年度	六〇、〇二二、七一四	九七
同三年度	五九、五五九、五九九	九七
同四年度	五九、一五七、六三九	九六
同五年度	六二、九六三、〇八九	一〇二
同六年度	七〇、八四九、一九八	一一五
同七年度	八七、四二六、二六〇	一四二
同八年度	一二三、七二八、三七二	二〇一
同九年度	一八一、四二六、九〇三	二九四
同十年度	一七六、七二六、〇八六	二八六
同十一年度	一九〇、六八一、一八二	三〇九
同十二年度	一五八、〇八八、六八六	二五六
同十三年度	一五六、五五五、八二六	二五四
同十四年度	一五二、八四二、六六九	二四八
昭和元年度	一五五、八六〇、六八二	二五三
同二年度	一四五、三四四、〇七四	二三六
同三年度	一五〇、八四九、四二八	二四四

然しながら絶對數の増加は他の租税に於ても同様であり、獨り戸數割又は戸數割附加税のみに限つたことではないのみならず、其の市町村税總額に對する割合は義務敎育費國庫負擔金の増額された機會に於て特に減税せられた關係を別にしても尚且却て減少の傾向になつてゐること左の如くである。

市税戸數割（又は戸數割附加税）（昭和元年度迄決算二年度以降當初豫算）

年度	市税總額	戸數割附加税	税總額ニ對スル割合
大正元年度	二二、二九七、四六五円	二、六九七、九七五円	一二一割
同二年度	二一、四五七、三五一	二、一五六、二一三	一〇〇
同三年度	二一、四六五、二〇七	二、一九〇、四八四	一〇二
同四年度	二一、三〇二、〇〇六	二、三二八、六二七	一〇九
同五年度	二三、五七二、八八九	二、五九四、七九九	一一〇
同六年度	二九、三八六、一五三	二、八五一、五二四	九七
同七年度	三八、四八五、九九三	三、五〇一、五一八	八八
同八年度	五三、四七六、五六三	四、四二五、五一六	八三
同九年度	七六、〇八〇、五六七	六、三六五、〇七一	八四
同十年度	九四、五一九、二一九	七、二〇〇、九五五	七六

町村税戸數割（又は戸數割附加税）

（昭和元年度迄決算　二年度以降當初豫算）

年度	町村税總額	戸數割附加税	税總額ニ對スル割合
大正元年度	八九、二〇六、九六六円	六一、七〇四、三五〇円	割六九二
同二年度	八七、九〇〇、三七一	六〇、〇二二、七一四	六九三
同三年度	八七、五四九、九一二	五九、五五九、五九九	六八〇
同四年度	八六、九〇八、七〇六	五九、一五七、六三九	六八一
同五年度	九一、五三九、〇四八	六二、九六三、八〇九	六八八
同六年度	一〇一、七九五、四九九	七〇、八四九、一九八	六九六
同七年度	一二三、六七一、六八七	八七、四二六、二六〇	七〇七
同十一年度	一〇七、二一四、六五二	七、七二四、七四三	七二
同十二年度	八八、四七一、九七九	八、〇七二、二三三	九一
同十三年度	一〇二、二八三、〇〇九	九、一三一、一六三	八九
同十四年度	一一二、一八〇、〇一八	九、一二〇、七三二	八一
昭和元年度	一一一、四三〇、六〇四	九、七八三、九九五	八八
同二年度	一二〇、七六一、〇八〇	一一、七七〇、六二二	九七
同三年度	一二一、六四六、八八八	一二、五一八、七七九	一〇三

同八年度	一八三、三一〇、六四八	一二三、七二八、三七二	六七五
同九年度	二六四、一四九、三四五	一八一、四二六、九〇三	六八七
同十年度	二七七、九一五、五八五	一七六、七二六、〇八六	六三六
同十一年度	三〇三、八九二、六六八	一九〇、六八一、一八二	六二七
同十二年度	二六九、二四八、〇五〇	一五八、〇八八、六八六	五八七
同十三年度	二六九、一一〇、〇九八	一五六、五五五、八二六	五八二
同十四年度	二六九、二九五、四〇一	一五二、八二四、六六九	五六七
昭和元年度	二七九、二三三、〇九〇	一五五、八六〇、六八二	五五八
同二年度	二六九、八二五、三八九	一四五、三四四、〇七四	五三九
同三年度	二七五、八五三、七九〇	一五〇、八四九、四二八	五四七

此の如く一般的には戸數割又は戸數割附加税の負擔偏重の事實はないけれど、唯較もすれば從來町村に依つては地租附加税等をなるべく輕減し戸數割附加税に重課せんとしたる例も多々存してゐたが故に、此の如き弊の起るを防止するが爲めにも他の諸税同様制限を設けるの必要があると認められたのである。

二　制限規定

地方税ニ關スル法律施行勅令は第二十七條に於て規定して曰く、

戸數割ハ左ノ制限ヲ超ユルコトヲ得ズ

一　市ニ在リテハ其ノ總額當該年度ニ於ケル市税豫算總額ノ百分ノ三十七

二　町村ニ在リテハ其ノ總額當該年度ニ於ケル町村税豫算總額ノ百分ノ六十

特別ノ必要アル場合ニ於テハ内務大臣及大藏大臣ノ許可ヲ受ケ前項ニ規定スル制限ヲ超過シテ課税スルコトヲ得

と。之に依れば戸數割は豫算面上に於て制限せられるのである、又豫算でなくば制限し難いこと殊更云ふ迄もない。故に實際決算の結果戸數割の實收が他の諸税收入の百分の三十七又は百分の六十を超過する事となつても豫算の際制限の範圍内として見積られてあつた時は制限外課税の許可を受けざるの理由を以て違法の賦課となすことは出來ない。

何が故に戸數割は當該年度に於ける市町村税豫算總額の百分の三十七又は百分の六十を以て其の制限と爲したかと謂ふに、之は別に學理的根據もなく、唯大正十五年の地方税制整理の際之と時を同うして増額せられたる義務教育費國庫負擔金の一部を以て戶數割の輕減を行ひ之を大體の基準となし、以て制限が定められたのである。從來市町村稅制に於ては人稅偏重の傾向に在るが戶數割は更に一層輕減して百分の五十以下と爲すべきであつたのであらうが其の理想は財源の都合上遂に實現することは能はなかつたのである。

尙此の制限の計算に就ては市町村の一部、市制第六條ノ市ノ區又は地方學事通則に依る學區に於て賦課する戶數割は亦市町村稅たるが故に之を其の市町村の稅豫算總額に加算すると同時に其の市町村の戶數割として取扱ひ以て當該市町村稅總額に對する割合を算出すべきである。此の場合に於ては區又は學區每に制限に關する計算を爲すべしと論ずるものもあり一應の理もあるけれど、戶數割の制限は國稅附加稅の制限の如く課率に對する制限ではなく、又別段の規定もないことではあるし且又區每に計算するのは或場合には頗る煩雜で能く、制限以內なりや否や計算し難いから總て之を一體として市町村稅豫算總額に對する割合を見るべきものと考へる。

戶數割を市町村稅豫算總額の百分の三十七又は百分の六十を超過して賦課せ

んとする場合には內務大藏兩大臣の許可を受けなければならぬ。此の場合に於ける許可は戶數割の市町村稅豫算總額の三割七分又は六割を超過する部分の割合又は其の割合に依る賦課の許可ではなく、又戶數割賦課額中市町村稅豫算總額の三割七分又は六割を超過する部分の課額又は其の課額の賦課の許可でもなく、戶數割が市町村稅豫算總額の三割七分又は六割を超過する場合に於ける全戶數割の賦課そのものに關する許可と解さなければならぬ。蓋し此の超過したる部分の割合若は課額又は其の割合若は課額の賦課に關する許可と解するならば、後日追加豫算に依り國稅附加稅又は府縣稅附加稅を增徵する事とし又は特別稅を新設する事としたるときは、更に許可を受けずして當然に戶數割も從前の市町村稅豫算總額に對する比例額迄增徵し得ることゝなさねばならぬ不合理に陷るからである。

猶戶數割の制限外課稅を爲さんとする場合には如何なる條件の存することを要するか。先づ地租、營業收益稅及所得稅の附加稅も制限外課稅を爲さざるべからざるか、尙又此の三國稅附加稅の制限外課稅をなさんとする場合には戶數割も亦制限外課稅をなさゞるべからざるかと謂ふに、何れの場合にも法律的には此の如き相關の條件は存在してゐない。然し戶數割の制限外課稅をなさんとする場合は市町村が當然の財源として許與せられたるものを課徵したる後なるべきことと勿論であるから、各國稅附加稅は何れも所定の制限率迄賦課してゐるを要する事當然である。

又制限外課稅を爲さむとするが如き場合であるから市町村歲出の各費目何れも正當のものであつて節減の餘地なく、殊に其の歲出中多額の寄附又は補助の計上あるが如きときは、其の使途正當にして且其の必要なる事由ある事が明にならねばならぬことは勿論である。

尙或割合以上に戶數割の制限外課稅を爲さむとするが如き場合には基本財產の蓄積又は積戾は其の財源を指定寄附又は財產より生ずる收入に求むるものを除くの外之を停止し、負擔輕減の資に充てねばならぬことになつてゐる。但し追加賦課の爲め制限外課稅を爲さむとする場合に於て從前議決に基いて既に蓄積を施行したものは此の限でない。

此等の事項は卷末に附したる內務大藏兩省の通牒に詳しく示されてゐる。戶數割規則實施後の狀況に鑑み市町村の戶數割附加稅制限外課稅に關する內務大藏兩大臣の許可權の一部が大正十三年度から府縣知事に委任せられてゐたと同樣に現行法制に於ても許可權の一部委任が行はれてゐる。即ち市町村に於て地方稅ニ關スル法律施行勅令第二十七條の制限を超え戶數割を賦課するとき、其の戶數割總額が市に在つては當該年度に於ける市稅豫算總額の百分の四十七以內、町村に在つては當該年度に於ける町村稅豫算總額の百分の七十以內のものに付ては其の許可の職權は府縣知事に委任されてゐるのである。（地方稅ニ關スル法律施行規則第二十八條）

三　戶數割と家屋稅又は附加稅との關係

尙從來府縣稅戶數割規則に於ては課稅制限に關して家屋稅を戶數割と同視する規定があつた（同規則第十四條）。

何が故に然るかと云ふに元來家屋稅は收益稅にして又物稅であり、戶數割は資力稅にして人稅である。一は部分的給付能力を捕捉するものにして、他は全般的給付能力に適應せんとするものであつて全く別種の稅質を有するものであるが、翻て若しも家屋稅が轉嫁の關係上結局各家屋の居住者の擔稅することゝなる點より觀れば、殆ど其の形跡に於て一種の戶數割と謂ふことも出來る。故に我國に於ては古くから家屋稅は其の擔稅者の方面より觀察せられて戶數割と異名同種のものの如くに取扱はれ來つたのである。

備考　明治十一年地方稅規則公布以來東京府に於て賦課したる戶數割の如き全く純然たる使用稅的家屋稅であつた。其の十五區戶數割規則に依れば、戶數割の賦課額は家主借家人を論ぜず各戶使用の建物を目安として定める事其の建物は面積種類構造用途等に依り等差を設けて算出せられる事となつてゐた。

明治十一年十二月に元老院の議に付せられたる戶數割布告案の如き、實に戶數割そのものを以て現住者ある屋宅に賦課し家屋所持主をして納稅せしめんとするものであつたが、遂に其の成立に至らなかつた事は曩に述べたるが如くである。亞で明治十五年に政府は家屋稅を戶數割の代替稅とする地方稅規則改正案を元老院に提出して否決せられたけれども、區郡部會規則に「區部ニ於テハ戶數割ニ換フルニ家屋税ヲ以テスルコトヲ得」といふ條項を追補せんとする案を出して元老院の協賛を得、同年二月區郡部會規則に左の如く追加して公布實施したのである。

第九條　區部ニ係ル戸數割ハ區部會ノ決議ヲ經テ府知事縣令ヨリ内務大藏兩卿ニ具狀シ政府ノ裁可ヲ得テ家屋税トナスコトヲ得

踰えて明治二十三年に至り府縣制公布せらるゝや、其の第五十八條に於て

府縣知事ハ府縣會ノ議決ニ依リ内務大臣及大藏大臣ノ許可ヲ受ケ其府縣ノ全部若ハ市制施行ノ地ニ家屋税ヲ賦課スルコトヲ得但家屋税賦課ノ地ニ於テハ戸數割ヲ賦課スルコトヲ得ス

と規定し從來よりも家屋税を施行し得る範圍を擴大した。明治三十二年政府は國庫歳入の増加を圖るが爲め且は戸數割の非難多きに鑑み之を廢止するが爲め、國税に家屋税を新設し府縣は之に附加税を課し得ることゝせむとし、府縣制中より家屋税に關する條項を削除した。然るに家屋税法案は衆議院に提出したるも反對が多かつたので、政府は口實を設けて之を撤回するの止むなきに至つた。此に於て更に府縣制中より削除したる家屋税の條項を復活する意味に於て同年六

月勅令第二百七十六號を公布し「府縣知事ハ府縣會ノ議決ヲ經テ其ノ府縣ノ全部若ハ一部ノ地ニ於ケル家屋ニ對シ家屋税ヲ賦課スルコトヲ得但シ家屋税賦課ノ地ニ於テハ戸數割ヲ賦課スルコトヲ得ス」とした。此の如くに從來家屋税は戸數割の代替税となし來つたる沿革があり且又當時現行法が其の擇一税たる事を認めてゐるので、家屋税をも戸數割と同一に視て、以て其の取扱に關し軌を一にするを適當なる事とせられたのである。

大正十五年の地方税制整理に於ては家屋税を以て戸數割の代替税とせず廣く一般的の地方税と爲し、市町村に於ても戸數割と家屋税附加税との併課を許したので從來の如く家屋税を戸數割と同一に取扱ふが如き規定は無くなつた。唯戸數割を賦課し難き市町村に於ける家屋税又は附加税に付ては戸數割同樣の取扱を爲すべきものとされてゐるのである（地方税ニ關スル施行勅令第十一條）。隨つて戸數割と家屋税又は附加税とは法制上全然無關係で課税し得、何れの課税に付ても他の課税に關する別段の條件は存在してゐない。

拙著地方税研究第二七七頁以下參照

第八章　賦課の取消行政救濟及善後措置

一　賦課の取消

戸數割の賦課に付違法又は錯誤があつた場合には其の賦課が取消されるのである。

今其の取消行爲の態様を考へて見ると、監督官廳の監督處分に依る取消並後に述ぶるが如き異議の申立に對する市參事會又は町村會の決定、其の決定に不服の場合に於ける訴願に對する府縣參事會の裁決及其の裁決に不服の場合に於ける訴訟に對する行政裁判所の判決に依つて行はれる取消行爲がある。而して尚その外に市町村理事者の自發的取消行爲なるものが有效に成立し得るやといふ問題がある。市町村の理事者が一度徵稅令書を發したる以上それに依り戸數割の賦課額は公權的に確定したのであるから、訴願訴訟の結果又は監督權の發動に依り取消されるの外濫に市町村當局者が之を更訂し得るやうに解するは人の權義關係を不安定にするもので穩當でないと主張する者もあるけれど、市制町村制其の他の法令上理事者の更訂處分を禁止してない以上別に其の不可能なるを認むべき理據がない。論者は權義關係の不安定を唱へるけれど、之れが爲めには時效の制が存在してゐる。賦課後五年間を經過すれば如何に更訂せむとするも之を行ふに由がないのである。而して權義關係の安定を時效の保證以上に擴大すべき法の根據なきが故に、戶數割の賦課にして違法又は錯誤ありと認めたときは時效の完成せざる間市町村理事者も亦自發的に賦課額を取消し又は更訂し得るものであると解すべきである。

二　行政救濟を受くべき者

次に戶數割の賦課を受けたる者が其の賦課に付違法又は錯誤ありと認むる時は市制第百三十條又は町村制第百十條の規定に依り徵稅令書の交付を受けたる日より三月以內に市町村長に異議の申立を爲すことが出來る。

此の異議の申立があつたときは七日以內に市町村長から市の戶數割ならば市

參事會、町村の戶數割ならば町村會の決定に之を付さなければならぬ。其の決定を受けたる者決定に不服ならば府縣參事會に訴願し、其の裁決に不服ある時は行政裁判所に出訴し得る。

猶戶數割に關する市參事會町村會の決定及府縣參事會の裁決に付ては市町村長よりも訴訟を提起し得るのである。尙又府縣參事會の裁決に付ては府縣知事からも訴訟を提起することが出來る。

而して右の訴願訴訟は何れも法律所定の期限內に提起すべきことは勿論の事である。（市制第百六十條及町村制第百四十條參照）

三　救濟を受くべき事項

戶數割に關し異議の申立訴願訴訟の提起を爲し得べき目的は戶數割の賦課處分そのものである。故に市町村會に於て賦課の細目に係る事項として爲したる各戶の負擔額の議決自體に對し異議の申立や訴願訴訟を爲すことは出來ない。

備考　大正五年七月宣告の行政判決例に其の趣旨の判決がある。

一概に賦課處分に對する異議訴願訴訟と謂ふも其の內容に依り種々ある。先づ一戶を構へざる者又は獨立生計を營まざる者は課稅事實なきの故を以て救濟を求むることが出來る。

又各人の賦課額は常に市町村會に於て議決することに定めてあるのに隨時課稅をなすに當り其の議決なきに賦課處分をなしたとき、或は定期課稅の場合に適法に成立してゐない市町村會に於て各人の賦課額を議決したとか、市町村會の議決方法が違法であつたとかいふやうな場合に其の議決に基き賦課處分をなしたるとき、或は又市町村が其の必要費用を充足するに要するより以上に戶數割の賦課を爲したるときの如きは其の賦課を受けたる者は之を違法賦課として救濟を求むることが出來る。

備考　明治四十四年二月、大正元年十二月、同三年三月宣告の行政判決例等參照。

又從來は多く賦課に係る事項は之を包括的に市町村會の議決に委し單純なる見立割の制度であつたが爲め、假令戶數割の賦課が課稅の原理に反し穩當ならずとしても又負擔不均衡なりとしても、之が救濟を求むること能はざるものであつた。故に例へば前年度に比し納税義務者の財産又は所得が増加せず且縣税戶數割一戶平均額が前年度に比して減少したる事實を理由として擧げただけでは前年度以上に多額の戶數割を賦課せられても其の增課を錯誤に出たものと爲すを得ないといふやうな判例もあり、又收入及貧富の程度に差があるに拘らず同一額の戶數割を賦課せらるゝも止むを得ないとせられてゐたのみならず、市町村會で等級を議定するに當り特別の査定の事由査覈の理由を特に明示するを要せざるは勿論、假令戶數割の算出方法又は賦課標準の議決をしてゐても是れ單に各人の賦課額を定むる經路に過ぎないから、其の適用を誤つたる事があつても、其の議決したる賦課額は違法性を阻却したるものとせられてゐた。

備考 多數の行政判決例が庶な此の趣旨に基いて示されてゐる。

府縣税戶數割規則發布以降此の如き寔に不合理にして到底今日開明國に許すべからざる制度は根蔕より破棄されたのである。故に現行法制の下に於ては戶數割の賦課を受けたるものは地方稅ニ關スル法律及其の附屬命令所定の方法に依り其の課稅標準たる資力が算定せられないとか、所得額及資產狀況に依り課すべき額の割合が勅令に違背せる場合には其の賦課處分に對し異議の申立、訴願訴訟の提起をなし得るのである。加之市町村に於て所得額に依り課すべき戸數割の額が確定すれば、其の課額は該市町村内納税義務者の所得額總體に比例して割當てらるゝ事となるものであるから、縱令自己の所得額は錯誤なく算出せられてあつても、他の納税義務者の所得額の算出に誤謬のあつた場合には卽ち所得額一圓當の課額に影響を生じ、從て自己の所得額に依り課せらるべき額に異動を及ぼすものなるが故に、他人の所得額の調査に錯誤あるを理由としても異議の申立、訴願訴訟の提起を爲し得るものである。資産の狀況に就ても亦同樣の事を謂ふことが出來るのである。

四　賦課取消後の善後措置方法

既に述べたやうに戸數割の賦課に對する取消行爲には種々なる態樣があるが、其の取消の因つて生ずる原因の方面から之を觀ると賦課の取消には形式的違法原因に基く取消と實質的違法原因に基く取消とがある。適法に成立したる市町村會に於て各人の賦課額が適法に議決せられなかつたとき、適法に徴税令書が本人に交付せられなかつたとき等は前者であつて、納税義務者の資力算定に關し違法又は錯誤のあつた場合は後者である。

問題となるのは所謂他動的取消であつて實質的違法原因に基く場合に於ける善後措置方法である。今其の場合を分ちて之を究明したい。

第一に賦課方法が全然單純なる見立割に依つたものである場合に例へば或者に對する賦課が違法なりとして取消されたときを採つて如何に之を爲すべきかを考ふるに、此の如き賦課方法は素より違法であるが、關係者以外の者に對する賦課額は確定してゐるから其の儘に放置しても宜いではないかと謂ふものもあるけれど、此の如き違法狀態は之を許すべきものではないから改めて所得額及資產狀況を算定し各納稅義務者の資力を算出して以て新に各人の賦課額を決定すべきであると思ふ。此の場合に於ては各納稅義務者の賦課額は之を前後相比較するに過不足を生ずるが故に一應前の納稅は之を還付し更に令書を發すべきかと謂ふに、此の場合には市制町村制施行令第四十九條の「同一年度ノ市町村稅ニシテ既納ノ稅金過納ナルトキハ爾後ノ納期ニ於テ徵收スベキ同一稅目ノ稅金ニ充ツルコトヲ得」とあるを適用して差引計算を行ひ而して過剩額は之を既納稅者に還付し不足額は之を追徵すれば可いのである。

以上は賦課方法全體が法に準據してゐない場合であるが、次に特定納稅義務者に對する課稅標準の算定上に用ゐたる具體的標準の算出に就て錯誤のあつた場合がある。即ち資產狀況を過大又は過小に算定し或は又所得額を過大又は過小に算定したる場合である。今逐次其の各場合に就て之を査覈するに、先づ第一は資產狀況を過大に見積りたるが爲め其の賦課が取消されたる場合である。當該納稅義務者の資產狀況は適當に見積られてゐても他の納稅義務者の資產狀況の算定過小に失し又は全然其の見積をせられなかつた場合も亦之と同樣である。行政判例も示すが如く資產狀況は必ず各人に付て之を算定し、其の資產ありと認められたものに對しては又必ず資產狀況に依り課すべき額を割當てなければならぬ。而して判例は資產の狀況良好なる一部の納稅義務者に對してのみ其の額を配當することは許さないものと爲してゐる。此の判例の趣旨に就ては多少の疑義が殘るけれど兎に角各納稅義務者の資產狀況は必ず之を算定し其の資產あるものには必ず一定額を割當てなければならないのであるから、納稅義務者の資產狀況の見積過大は積極的に發生し又見積過大と同一の結果は消極的に發生する譯である。此の見積の爲め戶數割の賦課が違法として取消されたときは之を如何にすべきかと謂ふに、資產狀況算定の形式に依つて其の措置方法が自ら異なつて來るのは當然である。

蓋し先に述べたるが如く戶數割は特別稅なる以上其の賦課に關し必要なる事項は之を條例で規定しなければならぬ。殊に資產の狀況算定に關する事項の如きは各納稅義務者の賦課額の大小に直接關係してゐるのであるから重要なる事柄として之を條例中に規定してゐなければならぬ。然し多數の市町村は戶數割が府縣稅であつた當時の慣行を無意識に踏襲し且資產狀況が各納稅義務者に依つて殆ど個別的に異つてゐることに重きを置き恰も見立割同樣に各納稅義務者の賦課額を市町村會の議決に付してゐる。此の如き二樣の賦課方法に隨つて戶數割賦課取消の場合の處置は自ら相違して來る。即ち資產狀況算定の具體的標準が條例中に規定ある場合には市町村長は賦課を取消されたる戸數割納税義務者の資産狀況を改めて適法に算定し新に賦課を行ふべきである。若し又各納税義務者の資産狀況を一々市町村會の認定に付してゐる場合には取消された納税義務者の賦課額に付き更に市町村會に付議して之を決定しなければならぬ。

係爭納税義務者以外の納税義務者の資産狀況の見積過小なるが爲め、又は一部の納税義務者に對し之れが算定をなさなかつたが爲め比例的に見れば係爭納税義務者の賦課額過大となりたる故を以て取消されたときは、係爭納税義務者の賦課を改訂すると同時に他の納税義務者の賦課額も改增し不足額を追徵しなければならないかと謂ふに、純理上は當然さうすべきではあるが之を爲さないからとて總ての賦課が違法となるものではない。之を爲さざるが爲め他のものの賦課額が增加すれば格別、然らざる限りその部分だけ市町村の缺損として置いたからとて敢て差支ない。

次に納税義務者の所得額を過大に算定したるが爲め其の者に對する戸數割の賦課が取消されたる場合に就て之を見るに當該納税義務者の所得額が過大に算

定されてゐるのではなく適當に計算されてゐても、他の納税義務者の所得額が過小に見積られてゐるときは所得に依り賦課さるべき額が係爭納税義務者のみ重くなつてゐる計算になるから同樣に取消し得べき賦課となること前述の如くである。然しながら戶數割は其の總額の半ば以上を各納税義務者の所得額を標準として之に比例的に割當てる定めになつてゐるので、若し總ての納税義務者の所得額が均等に一率に小さく見積られてある場合には之に依つて實害を受ける納税義務者はない譯であるから此の如き計算に基く戶數割の賦課は取消さるべきものでないと信ずる。行政判例が「戶數割の賦課基準たる所得額は單に課税の標準として算出したるものに止まり村民の實際生活と一致すべきものに非ざるを以て、村の戶數割賦課の標準たる全所得額を人口に平均し其の一人當が生活費として寡少なりとするも此の一事を以て直に所得額の調査に錯誤ありと云ふを得ず」(大正一四、六、一六判決)と爲してゐるのは至言である。所得額の計算が一般に低減されてゐたからとて之が爲め法律上の救濟を受くべき不利益を蒙つた納税義務者はない譯であるが、或特定の一人又は數人に付てのみ所得額が過大に見積られ又は他に比し多額に計算されてゐたときは其の賦課は取消さるべき性質のものとなるのである。此の取消されたときは係争納税義務者の所得額を正當に計算して新に賦課額を前示市制町村制施行令第四十九條に依り前の納税額と後の賦課額の差額を本人に還付すべきである。此の場合に於て他の納税義務者の既納賦課額は之を改訂すべきやは一の問題である。蓋し係争納税義務者の所得額に依り資力を算定し賦課すべき額を更正する結果他の納税義務者に對し賦課すべき額に異動を生ずるのみならず、戸數割總額中所得に依り賦課したる實際額が地方税ニ關スル施行勅令第二十一條又は同附則第六項の規定に違反することとなるので、他の納税義務者に對し所得額に因る賦課額の増加を行ひ以て此等法條に違背することなきを要するやうに見えるのである。惟ふに理論の正面から云へば各納税義務者の賦課額を改訂するが正當なる手續であらう。地方税ニ關スル法律施行勅令第二十一條及同附則第六項は明かに戸數割總額中納税義務者の資産の狀況に依りて資力を算定し賦課すべき額は戸數割總額の十分の二又は十分の四を超ゆることを得ないとしてゐるが、此の場合に於ては所得額に依り資力を算定して賦課したる實際額が後に減少しても戸數割總額そのものは觀念上依然變らないとも謂へる。隨つて資産の狀況に依り資力を算定して賦課すべき額の總額に對する比は變つてゐないとも見得る。固より徵收の結果に就て見れば其の比は異つてゐるが、之は恰も戸數割の實收總額が後に至り或は滯納或は賦課の取消等に依り變更するのと同樣に見てよくはなからうか。一人の賦課額を改めたが爲め他の納稅義務者の賦課額全部に影響を及ぼすものとし、而かも其の差額が極めて僅少なる場合にも一々之を改訂しなければならぬとするは餘りに潔癖に過ぎてゐる。之が爲め他の納稅義務者が不利益を蒙つてゐるならば格別、此の場合其の儘に放任して置くのは毫も他の納稅義務者に不利益となるのでないから、全部の改訂は之を行はないで係爭納稅義務者の賦課額だけ更めても可いものではないかと思ふ。

他の納稅義務者の所得額の見積過少なる爲め係爭納稅義務者の所得に依り資力を算定し賦課すべき額の多くなつた場合も亦同樣に其の係爭納稅義務者の正當なる賦課額だけを定め、他の納稅義務者に對しては更に所得額を算定し直して追徴するやうなことをしないでも可いであらう。

第九章　施行の時及地

一　施行の時期

大正十五年法律第二十四號(地方税ニ關スル法律)附則第一項に依れば同法は大正十五年度より之を適用するも、家屋税、營業税及雜種税、其の附加税並戸數割に關する規定は大正十六年度分より之を適用する旨を定めてゐる。大正十五年勅令第三百三十九號(地方税ニ關スル法律施行ニ關スル件)及地方税ニ關スル法律施行規則は大正十六年度分より之を適用する旨同令附則が定めてゐる。

而して大正十年勅令第四百二十二號府縣税戸數割規則及大正十一年內務省令第二號府縣税戸數割規則施行細則は大正十五年度分限り廢止せられたのである。

斯くて府縣税としての戸數割は消滅し、市町村税としての戸數割が昭和二年度から創設せられたのである。

云ふ迄もなく現行法令は昭和二年度分から適用されるのであるから、昭和二年四月一日から施行されるのではなくして、昭和二年度分の課税に關する限り昭和二年四月一日以前に行つたる戸數割賦課に關聯する諸手續は有效に成立してゐるのである。

二　施行の區域

戸數割に關する法令は北海道及三府四十三縣に施行せられるものであるが、地方稅ニ關スル法律施行勅令第二十九條第一項及地方稅ニ關スル法律施行規則第二十九條は「本令中府縣、府縣知事又ハ町村ニ關スル規定ハ北海道ニ付テハ各北海道、北海道廳長官又ハ町村ニ準ズルモノニ之ヲ適用ス」と規定し、其の北海道全體に適用あることを更に明かにしてゐる。

唯北海道に於ては特殊の事項がある。それは北海道移住民にして主として耕作又は牧畜の事業に引續き從事し、移住の日より三年を經過せざる者には戸數割を賦課することを得ない事である。此の事は新移民保護の爲め曩に北海道地方費法第六條に於て規定されてゐたのであるが地方税ニ關スル法律施行勅令第三十條は之を踏襲して全く同樣の規定を爲してゐるのである。

附録

戸数割に關する法令
戸数割に關する通牒
戸数割に關する行政實例
戸数割に關する行政裁判例

戸数割に關する法令

小目次

◎地方税ニ關スル法律……（大一五、法二四）……二二九
◎地方税ニ關スル法律施行ニ關スル件……（大一五、勅三三九）……二三四
◎地方税ニ關スル法律施行規則……（大一五、内務省）……二四六
◎市制……（明四四、法六八―最近改正―昭四、法五六）……二五四
◎町村制……（明四四、法六九―最近改正―昭四、法五七）……二六五
◎市制町村制施行令……（大一五、勅二〇一―最近改正―昭四、勅一八六）……二七一
◎北海道一級町村制……（昭二、勅二六九―改正　昭四、勅一九〇）……二七八
◎北海道二級町村制……（昭二、勅二七〇―改正　昭四、勅一九一）……二七八
◎島嶼町村制……（明四〇、勅四六―改正―大一五、勅二一七）……二八六

◉地方税ニ關スル法律（大正十五年三月二十七日法律第二十四號）

第一條　北海道、府縣ハ本法ニ依リ特別地税、家屋税、營業税及雜種税ヲ賦課スルコトヲ得

第二條　特別地税ハ地租條例第十三條ノ二ノ規定ニ依リテ地租ヲ徴收セサル田畑ニ對シ地租條例第一條ノ地價ヲ標準トシテ之ヲ賦課ス

2　特別地税ノ徴收ニ關シテハ地租條例第十三條ノ規定ヲ準用ス

第三條　特別地税ノ賦課率ハ北海道ニ在リテハ地價百分ノ二・六以内、府縣ニ在リテハ地價百分ノ三・七以内トス

2　特別地税ニ對シ市町村其ノ他ノ公共團體ニ於テ賦課スヘキ附加税ノ賦課率ハ前項ニ規定スル制限ノ百分ノ八十以内トス

第四條　府縣費ノ全部ノ分賦ヲ受ケタル市ハ第二條ノ例ニ依リ地價百分ノ二・九ノ外其ノ分賦金額以内ニ限リ前條第一項ニ規定スル制限ニ達スル迄特別地税ヲ賦課スルコトヲ得

2　北海道地方費又ハ府縣費ノ一部ノ分賦ヲ受ケタル市町村ハ前條第二項ニ規定スル制限ノ外其ノ分賦金額以内ニ限リ特別地税附加税ヲ賦課スルコトヲ得但シ北海道、府縣ノ賦課額ト市町村ノ賦課額トノ合算額ハ前條第一項ニ規定スル制限ヲ超ユルコトヲ得ス

第五條　特別地税又ハ其ノ附加税ト段別割トヲ併課スル場合ニ於テハ段別割ノ總額ハ第三條又ハ前條ノ規定ニ依リテ其ノ地目ノ土地ニ對シ賦課シ得ヘキ制限額ト特別地税額又ハ其ノ附加税額トノ差額ヲ超ユルコトヲ得ス

第六條　特別地税又ハ其ノ附加税ノ賦課カ第三條乃至前條ニ規定スル制限ニ達シタル場合ニ非サレハ明治四十一年法律第三十七號第五條ノ規定ニ依ル地租、營業收益税又ハ所得税ノ附加税ノ制限外課税ヲ爲スコトヲ得ス

2　特別地税又ハ其ノ附加税ト段別割トヲ併課シタル場合ニ於テ一地目ニ對スル賦課カ前條ニ規定スル制限ニ達シタルトキハ前項ノ規定ノ適用ニ付テハ特別地税又ハ其ノ附加税カ制限ニ達シタルモノト看做ス

第七條　特別ノ必要アル場合ニ於テハ內務大臣及大藏大臣ノ許可ヲ受ケ第三條乃至第五條ニ規定スル制限ヲ超過シ其ノ百分ノ十二以內ニ於テ特別地税又ハ其ノ附加税ヲ賦課スルコトヲ得

2　左ニ揭クル場合ニ於テハ特ニ內務大臣及大藏大臣ノ許可ヲ受ケ前項ニ規定スル制限ヲ超過シテ課税スルコトヲ得

一　內務大臣及大藏大臣ノ許可ヲ受ケテ起シタル負債ノ元利償還ノ爲費用ヲ要スルトキ

二　非常ノ災害ニ因リ復舊工事ノ爲費用ヲ要スルトキ
三　水利ノ爲費用ヲ要スルトキ
四　傳染病豫防ノ爲費用ヲ要スルトキ
3　前二項ノ規定ニ依リ制限ヲ超過シテ課税スルハ營業收益税及所得税ノ附加税ノ賦課カ明治四十一年法律第三十七號第二條及第三條ニ規定スル制限ニ達シタルトキニ限ル
第八條　特別地税及其ノ附加税ノ賦課率ハ當該年度ノ豫算ニ於テ定メタル田畑ニ對スル地租附加税ノ賦課率ヲ以テ算定シタル地租附加税額ノ當該田畑ノ地價ニ對スル比率ヲ超ユルコトヲ得ス
第九條　家屋税ハ家屋ノ賃貸價格ヲ標準トシテ家屋ノ所有者ニ之ヲ賦課ス
第十條　家屋ノ賃貸價格ハ家屋税調査委員ノ調査ニ依リ北海道ニ在リテハ北海道廳長官、府縣ニ在リテハ府縣知事之ヲ決定ス
第十一條　左ニ掲クル家屋ニ對シテハ命令ノ定ムル所ニ依リ家屋税ヲ賦課セサルコトヲ得
一　一時ノ使用ニ供スル家屋
二　賃貸價格一定額以下ノ家屋
三　公益上其ノ他ノ事由ニ因リ課税ヲ不適當トスル家屋

第十二條　府縣費ノ全部ノ分賦ヲ受ケタル市ハ第九條乃至前條ノ例ニ依リ家屋税ヲ賦課スルコトヲ得此ノ場合ニ於テハ府縣知事ノ職務ハ市長之ヲ行フ

第十三條　家屋税及其ノ附加税ノ賦課率及賦課ノ制限竝家屋ノ賃貸價格ノ算定及家屋税調査委員ノ組織ニ關シテハ勅令ヲ以テ之ヲ定ム

第十四條　營業税ハ營業收益税ノ賦課ヲ受ケサル營業者及營業收益税ヲ賦課セサル營業ヲ爲ス者ニ之ヲ賦課ス

第十五條　營業税ヲ賦課スヘキ營業ノ種類ハ營業收益税法第二條ニ掲クルモノ及勅令ヲ以テ定ムルモノニ限ル

第十六條　府縣費ノ全部ノ分賦ヲ受ケタル市ハ第十四條及前條ノ例ニ依リ營業税ヲ賦課スルコトヲ得

第十七條　第十一條第三號ノ規定ハ營業税ニ之ヲ準用ス

第十八條　營業税ノ課税標準竝營業税及其ノ附加税ノ賦課ノ制限ニ關シテハ勅令ヲ以テ之ヲ定ム

第十九條　雜種税ヲ賦課スルコトヲ得ヘキモノノ種類ハ勅令ヲ以テ定ムルモノ竝內務大臣及大藏大臣ノ許可ヲ受ケタルモノニ限ル

第二十條 第十一條第三號ノ規定ハ雜種稅ニ之ヲ準用ス

第二十一條 雜種稅ノ課稅標準竝雜種稅及其ノ附加稅ノ賦課ノ制限ニ關シテハ勅令ヲ以テ之ヲ定ム

第二十二條 市町村ハ本法ニ依リ戶數割ヲ賦課スルコトヲ得

第二十三條 戶數割ハ一戶ヲ構フル者ニ之ヲ賦課ス

2 戶數割ハ一戶ヲ構ヘサルモ獨立ノ生計ヲ營ム者ニ之ヲ賦課スルコトヲ得

第二十四條 戶數割ハ納稅義務者ノ資力ヲ標準トシテ之ヲ賦課ス

第二十五條 戶數割ノ課稅標準タル資力ハ納稅義務者ノ所得額及資產ノ狀況ニ依リ之ヲ算定ス

第二十六條 第十一條第三號ノ規定ハ戶數割ニ之ヲ準用ス

第二十七條 戶數割ノ賦課ノ制限、納稅義務者ノ資產ノ狀況ニ依リ資力ヲ算定シテ賦課スヘキ額其ノ他納稅義務者ノ資力算定ニ關シテハ勅令ヲ以テ之ヲ定ム

第二十八條 北海道府縣以外ノ公共團體ニ對スル第七條ノ許可ノ職權ハ勅令ノ定ムル所ニ依リ之ヲ地方長官ニ委任スルコトヲ得

附則

1 本法ハ大正十五年度分ヨリ之ヲ適用ス但シ家屋税営業税及雑種税其ノ附加税並戸数割ニ關スル規定ハ大正十六年度分ヨリ之ヲ適用ス
2 明治十三年第十六號布告及同年第十七號布告ハ大正十五年度分限リ之ヲ廢止ス
3 第六條及第七條中營業收益税トアルハ大正十五年度分特別地税及其ノ附加税ニ付テハ國税營業税トス
4 家屋税ハ大正十八年度分迄ニ限リ第九條乃至第十二條ノ規定ニ拘ラス別ニ勅令ノ定ムル所ニ依リ之ヲ賦課スルコトヲ得

◉地方税ニ關スル法律施行ニ關スル件（大正十五年十一月十七日勅令第三百三十九號）

第一條　大正十五年法律第二十四號第九條ノ家屋トハ住家、倉庫、工場其ノ他各種ノ建物ヲ謂フ

第二條　家屋ノ賃貸價格ハ貸主ガ公課、修繕費其ノ他家屋ノ維持ニ必要ナル經費ヲ負擔スル條件ヲ以テ家屋ヲ賃貸スル場合ニ於テ賦課期日ノ現狀ニ依リ貸主ノ收得スベキ金額ノ年額ヲ以テ之ヲ算定ス

2 第三條第一項及第二項ノ場合ニ於テハ其ノ家屋ノ賃貸價格ハ前項ノ規定ニ依リテ算定シ

タル類似ノ他ノ家屋ノ賃貸價格ニ比準シテ之ヲ定ム

第三條 家屋税ノ賦課期日後建築セラレタル家屋ニ付テハ工事竣成ノ翌月ヨリ月割ヲ以テ家屋税ヲ賦課ス

2 大正十五年法律第二十四號第十一條ノ規定ニ基キテ家屋税ヲ賦課セザル家屋又ハ法律ニ依リテ家屋税ヲ賦課スルコトヲ得ザル家屋ガ家屋税ノ賦課期日後之ヲ賦課スルコトヲ得ベキモノト爲リタルトキハ其ノ翌月ヨリ月割ヲ以テ家屋税ヲ賦課ス

3 家屋税ノ賦課期日後家屋ガ滅失シ其ノ他家屋トシテノ效用ヲ失ヒタルトキハ納税義務者ノ申請ニ依リ其ノ月迄月割ヲ以テ家屋税ヲ賦課ス大正十五年法律第二十四號第十一條ノ規定ニ基キテ家屋税ヲ賦課セザル家屋又ハ法律ニ依リテ家屋税ヲ賦課スルコトヲ得ザル家屋ト爲リタルトキ亦同ジ

4 家屋税ノ賦課後前項ノ事實ヲ生ズルモ其ノ賦課額ハ之ヲ變更セズ

第四條 大正十五年法律第二十四號附則第四項ノ規定ニ依リテ府縣ニ於テ家屋税ヲ賦課スル場合ニ於テハ建物ノ構造、坪數、用途及敷地ノ地位ニ依リ家屋ニ等差ヲ設ケテ之ヲ賦課ス

第五條 大正十五年法律第二十四號附則第四項ノ規定ニ依リテ家屋税ヲ賦課スル場合ニ於テハ府縣ハ家屋税總額ヲ市町村ニ配當スルコトヲ得此ノ場合ニ於テハ家屋税總額ノ半額

ハ之ヲ豫算ノ屬スル年度ノ前年度始ニ於ケル市町村内宅地地價ニ、他ノ半額ハ之ヲ豫算ノ屬スル年度ノ前年度始ニ於ケル市町村ノ戸數(法人ノ本店及支店ノ數ヲ含ム)ニ比例シテ配當スベシ

2 家屋税ヲ賦課スベキ年度ノ前年度又ハ家屋税ノ配當前ニ於テ市町村ノ廢置分合又ハ境界變更アリタルトキハ關係市町村ニ於ケル配當標準ハ府縣知事之ヲ定ム但シ配當標準ニ異動ナキ場合ハ此ノ限ニ在ラズ

3 家屋税ノ配當額ハ配當標準ニ異動アルモ配當後ハ之ヲ改定セズ但シ配當標準ニ錯誤アリタルトキハ當該市町村ニ限リ當初ノ配當率ヲ以テ其ノ配當額ヲ改定スルコトヲ得

4 家屋税ノ配當後其ノ賦課前ニ於テ市町村ノ廢置分合又ハ境界變更アリタルトキハ府縣知事關係市町村ノ配當額ヲ新ニ定メ又ハ改定ス但シ配當標準ニ異動ナキ場合ハ此ノ限ニ在ラズ

第六條　前二條ノ規定ニ依リ難キ特別ノ事情アル府縣ハ内務大臣及大藏大臣ノ許可ヲ受ケ別ノ賦課方法ニ依リ家屋税ヲ賦課スルコトヲ得

第七條　第四條及前條ノ規定ハ府縣費ノ全部ノ分賦ヲ受ケタル市ニ於テ大正十五年法律第二十四號附則第四項ノ規定ニ依リテ家屋税ヲ賦課スル場合ニ關シ之ヲ準用ス

第八條　家屋ノ賃貸價格ニ對スル賦課率ハ内務大臣及大藏大臣ノ許可ヲ受ケ府縣ニ於テ之ヲ定ム

2　第四條乃至第六條ノ規定ニ依リテ家屋税ヲ賦課セントスル場合ニ於テハ府縣ハ其ノ豫算總額ニ付内務大臣及大藏大臣ノ許可ヲ受クベシ

第九條　前條ノ規定ハ府縣費ノ全部ノ分賦ヲ受ケタル市ニ於テ賦課スベキ家屋税ニ關シ之ヲ準用ス

第十條　戸數割ヲ賦課スル市町村ニ於テ賦課スベキ家屋税附加税ノ賦課率ハ本税百分ノ五十以内トス

2　特別ノ必要アル場合ニ於テハ内務大臣及大藏大臣ノ許可ヲ受ケ前項ニ規定スル制限ヲ超過シ其ノ百分ノ十二以内ニ於テ課税スルコトヲ得

3　左ニ掲グル場合ニ於テハ特ニ内務大臣及大藏大臣ノ許可ヲ受ケ前項ニ規定スル制限ヲ超過シテ課税スルコトヲ得

一　内務大臣及大藏大臣ノ許可ヲ受ケテ起シタル負債ノ元利償還ノ爲費用ヲ要スルトキ

二　非常ノ災害ニ因リ復舊工事ノ爲費用ヲ要スルトキ

三　水利ノ爲費用ヲ要スルトキ

四　傳染病豫防ノ爲費用ヲ要スルトキ

4 前二項ノ規定ニ依リテ制限外課税ヲ爲スハ特別地税附加税ガ大正十五年法律第二十四號第七條ノ規定ニ依リテ制限外課税ヲ爲ス場合ニ限ル但シ特別地税附加税ナキトキハ地租附加税又ハ段別割ガ明治四十一年法律第三十七號第五條ノ規定ニ依リテ制限外課税ヲ爲ス場合ニ限ル

第十一條　內務大臣及大藏大臣ガ戶數割ヲ賦課シ難キモノト認メタル市町村ニ於テ賦課スベキ家屋税附加税ハ左ノ制限ヲ超ユルコトヲ得ズ

一　市ニ在リテハ其ノ總額當該年度ニ於ケル市税豫算總額ノ百分ノ三十六但シ明治四十一年法律第三十七號第三條第三項ノ規定ニ依リテ所得税附加税ヲ賦課スル場合ニ於テハ當該年度ニ於ケル市税豫算總額ノ百分ノ三十

二　町村ニ在リテハ其ノ總額當該年度ニ於ケル町村税豫算總額ノ百分ノ六十但シ明治四十一年法律第三十七號第三條第三項ノ規定ニ依リテ所得税附加税ヲ賦課スル場合ニ於テハ當該年度ニ於ケル町村税豫算總額ノ百分ノ五十五

2 特別ノ必要アル場合ニ於テハ內務大臣及大藏大臣ノ許可ヲ受ケ前項ニ規定スル制限ヲ超過シテ課税スルコトヲ得

第十二條 大正十五年法律第二十四號第十五條ノ規定ニ依リ營業稅ヲ賦課スベキ營業ノ種類ヲ定ムルコト左ノ如シ

運河業

棧橋業

船舶碇繫場業

貨物陸揚場業

兩替業

湯屋業

理髮業

寄席業

遊技場業

遊覽所業

藝妓置屋業

第十三條 營業收益稅法第二條ニ揭グル營業ニ對スル營業稅ノ賦課額ハ同法ニ依ル個人ノ營業收益稅額ノ最低額未滿トス

第十四條 營業稅ノ課稅標準ハ內務大臣及大藏大臣之ヲ定ム

第十五條　年税又ハ期税タル營業税ノ賦課期日後納税義務ノ發生シタル者ニ對シテハ其ノ發生ノ翌月ヨリ月割ヲ以テ營業税ヲ賦課ス
2 前項ノ營業税ノ賦課期日後納税義務ノ消滅シタル者ニ對シテハ其ノ消滅シタル月迄月割ヲ以テ營業税ヲ賦課ス
3 第一項ノ營業税ニ付テハ其ノ賦課後營業ノ承繼アリタル場合ニ於テハ前營業者ノ納税ヲ以テ後ノ營業者ノ納税ト看做シ前二項ノ規定ヲ適用セズ
4 月税タル營業税ノ賦課期日後其ノ月十五日迄ニ納税義務發生シタルトキハ其ノ營業税ノ全額、十六日以後納税義務發生シタルトキ又ハ十五日迄ニ納税義務消滅シタルトキハ其ノ半額ヲ賦課ス
5 前二項ノ場合ニ一ノ府縣ニ於テ納税義務消滅シ他ノ府縣ニ於テ納税義務發生シタルトキハ納税義務ノ發生シタル府縣ハ納税義務ノ消滅シタル府縣ニ於テ賦課シタル部分ニ付テハ營業税ヲ賦課スルコトヲ得ズ

第十六條　營業税附加税ノ賦課率ハ本税百分ノ八十以內トス
2 特別ノ必要アル場合ニ於テハ府縣知事ノ許可ヲ受ケ前項ニ規定スル制限ヲ超過シテ課税スルコトヲ得

第十七條 大正十五年法律第二十四號第十九條ノ規定ニ依リ雜種稅ヲ賦課スルコトヲ得ベキモノノ種類ヲ定ムルコト左ノ如シ

船

車

水車

市場

電柱

金庫

牛馬

犬

狩獵

屠畜

不動產取得

漁業

遊藝師匠、遊藝人、相撲、俳優、藝妓其ノ他之ニ類スル者

演劇其ノ他ノ興行

遊興

2 前項ニ揭グル課目ハ府縣ニ於テ之ヲ取捨スルコトヲ得

3 特別ノ必要アル場合ニ於テ第一項ノ種類以外ノモノニ對シ雜種稅ヲ賦課セントスルトキハ內務大臣及大藏大臣ノ許可ヲ受クベシ

第十八條　第十五條ノ規定ハ雜種稅ノ賦課ニ之ヲ準用ス

第十九條　雜種稅ノ課稅標準及其ノ制限率其ノ他賦課ニ關シ必要ナル事項ハ內務大臣及大藏大臣之ヲ定ム

第二十條　雜種稅附加稅ノ總額ハ本稅總額ノ百分ノ八十九以內トス

2 特別ノ必要アル場合ニ於テハ府縣知事ノ許可ヲ受ケ前項ニ規定スル制限ヲ超過シテ賦課スルコトヲ得

第二十一條　戶數割總額中納稅義務者ノ資產ノ狀況ニ依リ資力ヲ算定シテ賦課スベキ額ハ戶數割總額ノ十分ノ二ヲ超ユルコトヲ得ズ

第二十二條　戶數割納稅義務者ト生計ヲ共ニスル同居者ノ所得ハ之ヲ其ノ納稅義務者ノ所得ト看做ス但シ其ノ納稅義務者ヨリ受クル所得ハ此ノ限ニ在ラズ

第二十三條　同一人ニ對シ數市町村ニ於テ戸數割ヲ賦課スル場合ニ於テハ各其ノ市町村ニ於ケル所得ヲ以テ其ノ者ノ資力算定ノ標準タル所得トス其ノ所得ニシテ分別シ難キモノアルトキハ關係市町村ニ平分ス

2　戸數割ヲ納ムル市町村以外ノ地ニ於ケル所得ハ納税義務者ノ資力算定ニ付住所地市町村ニ於ケル所得ト看做ス

3　前二項ニ規定スル所得計算ニ付關係市町村異議アル場合ニ於テ其ノ府縣内ニ止マルモノハ府縣知事、數府縣ニ渉ルモノハ内務大臣之ヲ定ム

第二十四條　所得ニ依ル資力算定方法ニ關シテハ第二十一條乃至前條ニ定ムルモノノ外内務大臣及大藏大臣之ヲ定ム

第二十五條　戸數割ノ賦課期日後納税義務ノ發生シタル者ニ對スル賦課額ハ大正十五年法律第二十四號第二十四條乃至第二十七條及本令第二十一條(又ハ附則第六項)乃至前條ノ規定ニ依リテ定マリタル他ノ納税義務者ノ賦課額ニ比準シテ之ヲ定ム

2　第十五條第一項、第二項及第五項ノ規定ハ戸數割ノ賦課ニ之ヲ準用ス但シ戸數割ノ賦課後納税義務消滅スルモ其ノ賦課額ハ之ヲ變更セズ

第二十六條　市町村長ハ其ノ市町村住民ニ非ザル者(法人ヲ除ク)ノ當該市町村内ニ於テ生ズ

ル其ノ年度分所得及其ノ所得ノ基本タル事實ヲ毎年四月末日迄ニ其ノ住所地市町村長ニ通報スベシ但シ當該市町村ニ於テ其ノ者ニ戸數割ヲ賦課スルトキ又ハ其ノ住所地市町村ニ於テ戸數割ノ賦課ナキトキハ此ノ限ニ在ラズ

第二十七條　戸數割ハ左ノ制限ヲ超ユルコトヲ得ズ

一　市ニ在リテハ其ノ總額當該年度ニ於ケル市税豫算總額ノ百分ノ三十七

二　町村ニ在リテハ其ノ總額當該年度ニ於ケル町村税豫算總額ノ百分ノ六十

2　特別ノ必要アル場合ニ於テハ內務大臣及大藏大臣ノ許可ヲ受ケ前項ニ規定スル制限ヲ超過シテ課税スルコトヲ得

第二十八條　本令中市町村ニ對スル許可ノ職權ハ內務大臣及大藏大臣ノ定ムル所ニ依リ之ヲ府縣知事ニ委任スルコトヲ得

第二十九條　本令中府縣、府縣知事又ハ町村ニ關スル規定ハ北海道ニ付テハ各北海道、北海道廳長官又ハ町村ニ準ズルモノニ之ヲ適用ス

2　町村組合ニシテ町村ノ事務ノ全部ヲ共同處理スルモノハ第五條ノ規定ノ適用ニ付テハ之ヲ一町村ト看做ス

第三十條　北海道移住民ニシテ主トシテ耕作又ハ牧畜ノ事業ニ引續キ從事シ移住ノ日ヨリ

三年ヲ經過セザル者ニ對シテハ戸數割ヲ賦課スルコトヲ得ズ

附則

1 本令ハ大正十六年度分ヨリ之ヲ適用ス

2 明治三十二年勅令第二百七十六號、府縣稅戸數割規則及大正十一年勅令第二百八十二號ハ大正十五年度分限リ之ヲ廢止ス

3 明治十三年第十七號布告第九條ノ規定ニ依リテ爲シタル處分ニシテ第十七條第一項ノ課目ニ該當セザルモノニ對スルモノハ本令施行ノ際內務大臣及大藏大臣ノ指定スル雜種稅ノ課目ニ對スルモノニ限リ之ヲ第十七條第三項ノ規定ニ依リテ爲シタル許可ト看做ス

4 本令施行ノ際現ニ府縣稅家屋稅附加稅ヲ賦課スル市町村ハ第十一條ノ規定ニ依ル承認ヲ受ケタルモノト看做ス

5 市町村特別稅家屋稅及之ニ類スル特別稅ニ關スル條例ニシテ本令施行ノ際內務大臣及大藏大臣ノ指定スルモノハ大正十五年度分限リ其ノ效力ヲ失フ

6 戸數割總額中納稅義務者ノ資產ノ狀況ニ依リテ資力ヲ算定シ賦課スベキ額ハ特別ノ事情アル市町村ニ於テハ當分ノ間戸數割總額ノ十分ノ四迄ト爲スコトヲ得

●地方税ニ關スル法律施行規則（大正十五年十一月二十七日 内務、大藏省令）

第一條　大正十五年法律第二十四號第十一條各號ノ家屋ノ範圍ハ府縣ニ於テ之ヲ定ムベシ

第二條　營業税ハ營業ノ純益ヲ標準トシ又ハ營業ノ收入金額（賣上金額、請負金額、報償金額ノ類ヲ含ム）資本金額、營業用建物ノ賃貸價格若ハ從業者ノ數ヲ標準トシテ之ヲ賦課シ又ハ定額ヲ以テ之ヲ賦課ス

2　前項ノ課税標準其ノ他營業税ノ賦課方法ニ付テハ當分ノ間内務大臣及大藏大臣ノ許可ヲ受クベシ

第三條　營業收益税法第七條ノ規定ハ營業税ノ賦課ニ之ヲ準用ス

2　專ラ行商又ハ露店營業ヲ爲ス者ニ對シテハ營業税ヲ賦課スルコトヲ得ズ

3　大正十五年法律第二十四號第十七條ノ規定ニ基キ營業税ヲ賦課スルヲ不適當トスルモノハ前二項ニ定ムルモノノ外府縣ニ於テ之ヲ定ムベシ

第四條　船ニ對シテハ主タル碇繫場所在ノ府縣ニ於テ其ノ所有者ニ雜種税ヲ賦課ス

2　前項ノ主タル碇繫場ナキトキ又ハ主タル碇繫場ノ所在地ニ付關係府縣ニ於テ異議アルトキハ内務大臣及大藏大臣之ヲ定ム

第五條　車ニ對シテハ主タル定置場所在ノ府縣ニ於テ其ノ所有者ニ雜種稅ヲ賦課ス

第六條　水車、電柱及金庫ニ對シテハ所在地府縣ニ於テ其ノ所有者ニ雜種稅ヲ賦課ス

第七條　市場ニ對シテハ所在地府縣ニ於テ其ノ經營者ニ雜種稅ヲ賦課ス

第八條　牛馬及犬ニ對シテハ飼育地府縣ニ於テ其ノ所有者ニ雜種稅ヲ賦課ス

第九條　狩獵ノ免許ヲ受クル者ニ對シテハ其ノ住所地府縣ニ於テ雜種稅ヲ賦課ス

第十條　屠畜ニ對シテハ屠殺地府縣ニ於テ其ノ家畜ノ所有者ニ雜種稅ヲ賦課ス

第十一條　不動產ヲ取得スル者ニ對シテハ其ノ不動產所在ノ府縣ニ於テ雜種稅ヲ賦課ス

第十二條　左ニ揭グル不動產ノ取得ニ對シテハ雜種稅ヲ賦課スルコトヲ得ズ

一　家督相續又ハ遺產相續ニ因ル不動產ノ取得

二　法人ノ合併ニ因ル不動產ノ取得

三　信託財產ニシテ委託者ガ信託行爲ニ依リ信託利益ノ全部ヲ享受スベキ不動產ヲ委託者ヨリ受託者ニ移ス場合ニ於ケル不動產ノ取得但シ當該不動產ニ付其ノ後受益者ヲ變更シタル場合及信託法第二十二條ノ規定ニ依リ固有財產ト爲シタル場合ニ於テハ其ノ時ニ不動產ノ取得アリタルモノト看做シ雜種稅ヲ賦課ス

四　信託ニ付受益者又ハ歸屬權利者ノ不動產ノ取得

五　信託ノ受託者交迭ノ場合ニ於ケル新受託者ノ不動産ノ取得

第十三條　漁業ニ對スル雜種稅ハ當分ノ間從來ノ例ニ依リ之ヲ賦課ス
2　新ニ漁業ニ對シ雜種稅ヲ賦課セントスルトキ又ハ其ノ賦課率若ハ賦課方法ノ變更ヲ爲サントスルトキハ内務大臣及大藏大臣ノ許可ヲ受クベシ但シ其ノ舊慣ヲ改メ其ノ他賦課方法ヲ變更スルコトナクシテ賦課率ヲ低減スル場合ハ此ノ限ニ在ラズ

第十四條　遊藝師匠、遊藝人、相撲、俳優、藝妓其ノ他之ニ類スル者ニ對シテハ其ノ住所地府縣ニ於テ雜種稅ヲ賦課ス其ノ住所地府縣ニ於テ之ヲ課セザルトキハ三月以上滯在ノ府縣ニ於テ之ヲ賦課ス

第十五條　同一人ニシテ遊藝師匠、遊藝人、相撲、俳優、藝妓其ノ他之ニ類スル者ノ二以上ニ該當スルトキハ其ノ一ニ就キ雜種稅ヲ賦課ス其ノ稅額異ルトキハ多キニ從フ

第十六條　演劇其ノ他ノ興行ヲ爲ス者及遊興ヲ爲ス者ニ對シテハ其ノ行爲地府縣ニ於テ雜種稅ヲ賦課ス

第十七條　遊興ニ對シ消費金額ノ全部ヲ標準トシテ賦課スル雜種稅ハ遊興者一人當一回ノ消費金額二圓ニ滿チザルモノニ之ヲ賦課スルコトヲ得ズ

第十八條　第四條乃至前條ニ定ムルモノノ外雜種稅ノ課稅標準及其ノ賦課率又ハ賦課額其

ノ他賦課ニ關シ必要ナル事項ハ府縣ニ於テ之ヲ定ムベシ

第十九條　第三條第三項ノ規定ハ雜種稅ノ賦課ニ之ヲ準用ス

第二十條　戶數割納稅義務者ノ資力算定ノ標準タル所得額ハ左ノ各號ノ規定ニ依リ計算ス

一　營業ニ非ザル貸金ノ利子竝公債、社債、預金及貯金ノ利子ハ前年中ノ收入金額

二　山林ノ所得ハ前年中ノ總收入金額ヨリ必要ノ經費ヲ控除シタル金額

三　賞與又ハ賞與ノ性質ヲ有スル給與ハ前年三月一日ヨリ其ノ年二月末日迄ノ收入金額

四　法人ヨリ受クル利益若ハ利息ノ配當又ハ剩餘金ノ分配ハ前年三月一日ヨリ其ノ年二月末日迄ノ收入金額但シ無記名株式ノ配當ニ付テハ同期間內ニ於テ支拂ヲ受ケタル金額

株式ノ消却ニ因リ支拂ヲ受クル金額又ハ退社ニ因リ持分ノ拂戾トシテ受クル金額ガ其ノ株式ノ拂込濟金額又ハ出資金額ヲ超過スルトキハ其ノ超過金額ハ之ヲ法人ヨリ受クル利益ノ配當ト看做ス

五　俸給、給料、歲費、年金、恩給、退隱料及此等ノ性質ヲ有スル給與ハ前年中ノ收入金額但シ前年一月一日ヨリ引續キ支給ヲ受ケタルニ非ザルモノニ付テハ其ノ年ノ豫算年額

六　前各號以外ノ所得ハ前年中ノ總收入金額ヨリ必要ノ經費ヲ控除シタル金額但シ前年

一月一日ヨリ引續キ有シタルニ非ザル資産、營業又ハ職業ノ所得ニ付テハ其ノ年ノ豫算年額

2 信託財産ニ付生ズル所得ニ關シテハ其ノ所得ヲ信託ノ利益トシテ享受スベキ受益者ガ信託財産ヲ有スルモノト看做シテ所得額ヲ計算ス

3 第一項第一號、第二號及第四號ノ所得ニ付テハ被相續人ノ所得ハ之ヲ相續人ノ所得ト看做シ第六號ノ所得ニ付テハ相續シタル資産又ハ營業ハ相續人ガ引續キ之ヲ有シタルモノト看做シテ其ノ所得額ヲ計算ス但シ被相續人ノ資力算定ノ標準タル所得額ニ算入シタルモノハ此ノ限ニ在ラズ

4 年度開始ノ日ノ屬スル年ノ翌年ニ戸數割ヲ賦課スル場合ニ於テハ最近ノ戸數割賦課ノ時ニ算定シタル所得額ヲ以テ其ノ資力算定ノ標準トス但シ未ダ其ノ所得ノ算定ナカリシ者ニ關シテハ年度開始ノ日ノ屬スル年ヲ基準トシ前第一項各號ノ規定ニ依リ之ヲ算定ス

第二十一條　前條第一項第二號及第六號ノ規定ニ依リ總收入金額ヨリ控除スベキ經費ハ種苗蠶種肥料ノ購買費、家畜其ノ他ノモノノ飼養料、仕入品ノ原價、原料品ノ代價、場所物件ノ修繕料又ハ借入料、場所物件又ハ業務ニ係ル公課、雇人ノ給料其ノ他收入ヲ得ルニ必要ナルモノニ限ル但シ家事上ノ費用及之ニ關聯スルモノハ之ヲ控除セズ

第二十二條 第二十條第一項第六號ノ規定ニ依ル所得計算ニ付損失アルトキハ同條第一項第五號ノ規定ニ依ル所得ヨリ之ヲ差引キテ計算ス

第二十三條 第二十條乃至前條ノ規定ニ依リ算出シタル金額一萬二千圓以下ナルトキハ其ノ所得中俸給、給料、歳費、年金、恩給、退隱料、賞與及此等ノ性質ヲ有スル給與ニ付テハ其ノ十分ノ一、六千圓以下ナルトキハ同十分ノ二、三千圓以下ナルトキハ同十分ノ三、千五百圓以下ナルトキハ同十分ノ四、八百圓以下ナルトキハ同十分ノ五ニ相當スル金額ヲ控除ス

第二十四條 第二十條乃至前條ノ規定ニ依リ算出シタル金額三千圓以下ナル場合ニ於テ納税義務者及之ト生計ヲ共ニスル同居者中年度開始ノ日ニ於テ年齢十四歳未滿若ハ六十歳以上ノ者又ハ不具癈疾者アルトキハ納税義務者ノ申請ニ依リ其ノ所得ヨリ左ノ各號ノ規定ニ依ル金額ヲ控除ス

一 所得千圓以下ナルトキ

年齢十四歳未滿若ハ六十歳以上ノ者又ハ不具癈疾者　一人ニ付　百圓以內

二 所得二千圓以下ナルトキ

同　一人ニ付　七十圓以內

三 所得三千圓以下ナルトキ

同　　一人ニ付　五十圓以内

2 前項ノ不具癈疾者トハ心神喪失ノ常況ニ在ル者、聾者、啞者、盲者其ノ他重大ナル傷痍ヲ受ケ又ハ不治ノ疾患ニ罹リ常ニ介護ヲ要スル者ヲ謂フ

第二十五條　左ノ各號ノ一ニ該當スルモノハ戸數割納税義務者ノ資力算定ノ標準タル所得額ニ之ヲ算入セズ

一　軍人從軍中ノ俸給及手當

二　扶助料及傷痍疾病者ノ恩給又ハ退隱料

三　旅費、學資金、法定扶養料及救助金

四　營利ノ事業ニ屬セザル一時ノ所得

五　日本ノ國籍ヲ有セザル者ノ外國ニ於ケル資産、營業又ハ職業ヨリ生ズル所得

第二十六條　戸數割納税義務者第二十條第一項第五號及第六號ノ所得額二分ノ一以上ヲ減損シタルトキハ年度開始ノ日ノ屬スル年ノ翌年一月三十一日迄ニ戸數割ノ賦課額ノ更訂ヲ請求スルコトヲ得但シ第二十條第四項但書ニ該當スル者ハ賦課後十四日迄ニ賦課額ノ更訂ヲ請求スルコトヲ得

2 市町村前項ノ請求ヲ受ケタルトキハ其ノ者ノ當該所得額ヲ査覈シ其ノ二分ノ一以上ノ減

損アルトキハ所得額ヲ更訂シ之ヲ基準トシテ更ニ其ノ者ノ資力ヲ算定シ其ノ者ニ付テノミ戸數割ノ賦課額ヲ減ズルコトヲ得

3 年度開始ノ日ノ屬スル年ノ翌年ニ戸數割ヲ賦課スル場合ニ於テハ前二項ノ規定ニ依リ更訂シタル所得額ニ依リ其ノ者ノ資力ヲ算定シ戸數割賦課後前二項ノ事實ヲ生ジタルトキハ其ノ者ニ付テノミ戸數割ノ賦課額ヲ減ズルコトヲ得

第二十七條 大正十五年法律第二十四號第二十六條ノ規定ニ依リ戸數割ヲ賦課スルヲ不適當トスル者ハ市町村ニ於テ之ヲ定ムベシ

第二十八條 大正十五年勅令第三百三十九號第二十八條ノ規定ニ依リ左ニ掲グル事項ニ付テノ許可ノ職權ハ府縣知事ニ之ヲ委任ス

一 同令第十條第二項ノ規定ニ依リ制限ヲ超過シ課税スルコト

二 同令第十條第三項ノ規定ニ依リ同條第二項ノ制限ヲ超過シ同條第一項ノ制限率ノ百分ノ五十以內ニ於テ課税スルコト

三 同令第二十七條第二項ノ規定ニ依リ同條第一項ノ制限ヲ超過シ市ニ於テ戸數割總額ガ當該年度ノ市税豫算總額ノ百分ノ四十七以內ニ於テ課税スルコト

四 同令第二十七條第二項ノ規定ニ依リ同條第一項ノ制限ヲ超過シ町村ニ於テ戸數割總

額ガ當該年度ノ町村税豫算總額ノ百分ノ七十以內ニ於テ課税スルコト

第二十九條　本令中府縣、府縣知事又ハ町村ニ關スル規定ハ北海道ニ付テハ各北海道、北海道廳長官又ハ町村ニ準ズルモノニ之ヲ適用ス

附　則

1　本令ハ大正十六年度分ヨリ之ヲ適用ス

2　府縣税戸數割規則施行細則ハ大正十五年度分限リ之ヲ廢止ス

⊛市　制（明治四十四年四月七日法律第六十八號）改正（大正十年四月法律第五十八號、同十一年四月同第五十六號同十五年六月同第七十四號、昭和四年四月同第五十六號）

第八條　市內ニ住所ヲ有スル者ハ其ノ市住民トス

2　市住民ハ本法ニ從ヒ市ノ財産及營造物ヲ共用スル權利ヲ有シ市ノ負擔ヲ分任スル義務ヲ負フ

第四十二條　市會ノ議決スヘキ事件ノ概目左ノ如シ

一　市條例及市規則ヲ設ケ又ハ改廢スル事

二　市費ヲ以テ支辨スヘキ事業ニ關スル事但シ第九十三條ノ事務及法律勅令ニ規定アルモノハ此ノ限ニ在ラス

三　歳入出豫算ヲ定ムル事
四　決算報告ヲ認定スル事
五　法令ニ定ムルモノヲ除クノ外使用料、手數料、加入金、市税又ハ夫役現品ノ賦課徴收ニ關スル事
六　不動産ノ管理處分及取得ニ關スル事
七　基本財産及積立金穀等ノ設置管理及處分ニ關スル事
八　歳入出豫算ヲ以テ定ムルモノヲ除クノ外新ニ義務ノ負擔ヲ爲シ及權利ノ拋棄ヲ爲ス事
九　財産及營造物ノ管理方法ヲ定ムル事但シ法律勅令ニ規定アルモノハ此ノ限ニ在ラス
十　市吏員ノ身元保證ニ關スル事
十一　市ニ係ル訴願訴訟及和解ニ關スル事
第四十三條　市會ハ其ノ權限ニ屬スル事項ノ一部ヲ市參事會ニ委任スルコトヲ得
第八十七條　市長ハ市ヲ統轄シ市ヲ代表ス
2 市長ノ擔任スル事務ノ概目左ノ如シ
一　市會及市參事會ノ議決ヲ經ヘキ事件ニ付其ノ議案ヲ發シ及其ノ議決ヲ執行スル事

二　財産及營造物ヲ管理スル事但シ特ニ之カ管理者ヲ置キタルトキハ其ノ事務ヲ監督スル事
三　收入支出ヲ命令シ及會計ヲ監督スル事
四　證書及公文書類ヲ保管スル事
五　法令又ハ市會ノ議決ニ依リ使用料、手數料、加入金、市稅又ハ夫役現品ヲ賦課徵收スル事
六　其ノ他法令ニ依リ市長ノ職權ニ屬スル事項

第九十二條ノ二　市會及市參事會ノ權限ニ屬スル事項ノ一部ハ其ノ議決ニ依リ市長ニ於テ專決處分スルコトヲ得

第百十六條　市ハ其ノ必要ナル費用及從來法令ニ依リ又ハ將來法律勅令ニ依リ市ノ負擔ニ屬スル費用ヲ支辨スル義務ヲ負フ

2　市ハ其ノ財產ヨリ生スル收入、使用料、手數料、過料、過怠金其ノ他法令ニ依リ市ニ屬スル收入ヲ以テ前項ノ支出ニ充テ仍不足アルトキハ市稅及夫役現品ヲ賦課徵收スルコトヲ得

第百十七條　市稅トシテ賦課スルコトヲ得ヘキモノ左ノ如シ
一　直接國稅及府縣稅ノ附加稅
二　特別稅

2直接國稅又ハ府縣稅ノ附加稅ハ均一ノ稅率ヲ以テ之ヲ徵收スヘシ但シ第百六十七條ノ規定ニ依リ許可ヲ受ケタル場合ハ此ノ限ニ在ラス
3國稅ノ附加稅タル府縣稅ニ對シテハ附加稅ヲ賦課スルコトヲ得ス
4特別稅ハ別ニ稅目ヲ起シテ課稅スルノ必要アルトキ賦課徵收スルモノトス

第百十八條 三月以上市內ニ滯在スル者ハ其ノ滯在ノ初ニ遡リ市稅ヲ納ムル義務ヲ負フ

第百十九條 市內ニ住所ヲ有セス又ハ三月以上滯在スルコトナシト雖市內ニ於テ土地家屋物件ヲ所有シ使用シ若ハ占有シ、市內ニ營業所ヲ設ケテ營業ヲ爲シ又ハ市內ニ於テ特定ノ行爲ヲ爲ス者ハ其ノ土地家屋物件營業若ハ其ノ收入ニ對シ又ハ其ノ行爲ニ對シテ賦課スル市稅ヲ納ムル義務ヲ負フ

第百十九條ノ二 合併後存續スル法人又ハ合併ニ因リ設立シタル法人ハ合併ニ因リ消滅シタル法人ニ對シ其ノ合併前ノ事實ニ付賦課セラルベキ市稅ヲ納ムル義務ヲ負フ
2相續人又ハ相續財團ハ勅令ノ定ムル所ニ依リ被相續人ニ對シ其ノ相續開始前ノ事實ニ付賦課セラルベキ市稅ヲ納ムル義務ヲ負フ

第百二十三條 市稅及其ノ賦課徵收ニ關シテハ本法其ノ他ノ法律ニ規定アルモノノ外勅令ヲ以テ之ヲ定ムルコトヲ得

第百二十七條　市稅ノ賦課ニ關シ必要アル場合ニ於テハ當該吏員ハ日出ヨリ日沒迄ノ間營業者ニ關シテハ仍其ノ營業時間內家宅若ハ營業所ニ臨檢シ又ハ帳簿物件ノ檢査ヲ爲スコトヲ得

2　前項ノ場合ニ於テハ當該吏員ハ其ノ身分ヲ證明スヘキ證票ヲ携帶スヘシ

第百二十八條　市長ハ納稅者中特別ノ事情アル者ニ對シ納稅延期ヲ許スコトヲ得其ノ年度ヲ越ユル場合ハ市參事會ノ議決ヲ經ヘシ

2　市ハ特別ノ事情アル者ニ限リ市稅ヲ減免スルコトヲ得

第百二十九條　使用料手數料及特別稅ニ關スル事項ニ付テハ市條例ヲ以テ之ヲ規定スヘシ

2　詐僞其ノ他ノ不正ノ行爲ニ依リ使用料ノ徵收ヲ免レ又ハ市稅ヲ逋脫シタル者ニ付テハ市條例ヲ以テ其ノ徵收ヲ免レ又ハ逋脫シタル金額ノ三倍ニ相當スル金額(其ノ金額五圓未滿ナルトキハ五圓)以下ノ過料ヲ科スル規定ヲ設クルコトヲ得

3　前項ニ定ムルモノヲ除クノ外使用料、手數料及市稅ノ賦課徵收ニ關シテハ市條例ヲ以テ五圓以下ノ過料ヲ科スル規定ヲ設クルコトヲ得財產又ハ營造物ノ使用ニ關シ亦同シ

4　過料ノ處分ヲ受ケタル者其ノ處分ニ不服アルトキハ府縣參事會ニ訴願シ其ノ裁決ニ不服アルトキハ行政裁判所ニ出訴スルコトヲ得

5 前項ノ裁決ニ付テハ府縣知事又ハ市長ヨリモ訴訟ヲ提起スルコトヲ得

第百三十條 市稅ノ賦課ヲ受ケタル者其ノ賦課ニ付違法又ハ錯誤アリト認ムルトキハ徵稅令書ノ交付ヲ受ケタル日ヨリ三月以內ニ市長ニ異議ノ申立ヲ爲スコトヲ得

2 財產又ハ營造物ヲ使用スル權利ニ關シ異議アル者ハ之ヲ市長ニ申立ツルコトヲ得

3 前二項ノ異議ノ申立アリタルトキハ市長ハ七日以內ニ之ヲ市參事會ノ決定ニ付スヘシ決定ヲ受ケタル者其ノ決定ニ不服アルトキハ府縣參事會ニ訴願シ其ノ裁決又ハ第五項ノ裁決ニ不服アルトキハ行政裁判所ニ出訴スルコトヲ得

4 第一項及前項ノ規定ハ使用料手數料及加入金ノ徵收竝夫役現品ノ賦課ニ關シ之ヲ準用ス

5 前二項ノ規定ニ依ル決定及裁決ニ付テハ市長ヨリモ訴願又ハ訴訟ヲ提起スルコトヲ得

6 前三項ノ規定ニ依ル裁決ニ付テハ府縣知事ヨリモ訴訟ヲ提起スルコトヲ得

第百三十一條 市稅、使用料、手數料、加入金、過料、過怠金其ノ他ノ市ノ收入ヲ定期內ニ納メサル者アルトキハ市長ハ期限ヲ指定シテ之ヲ督促スヘシ

2 夫役現品ノ賦課ヲ受ケタル者定期內ニ其ノ履行ヲ爲サス又ハ夫役現品ニ代フル金錢ヲ納メサルトキハ市長ハ期限ヲ指定シテ之ヲ督促スヘシ急迫ノ場合ニ賦課シタル夫役ニ付テハ更ニ之ヲ金額ニ算出シ期限ヲ指定シテ其ノ納付ヲ命スヘシ

3 前二項ノ場合ニ於テハ市條例ノ定ムル所ニ依リ手數料ヲ徴收スルコトヲ得
4 滯納者第一項又ハ第二項ノ督促又ハ命令ヲ受ケ其ノ指定ノ期限內ニ之ヲ完納セサルトキハ國稅滯納處分ノ例ニ依リ之ヲ處分スヘシ
5 第一項乃至第三項ノ徴收金ハ府縣ノ徴收金ニ次テ先取特權ヲ有シ其ノ追徴還付及時效ニ付テハ國稅ノ例ニ依ル
6 前三項ノ處分ニ不服アル者ハ府縣參事會ニ訴願シ其ノ裁決ニ不服アルトキハ行政裁判所ニ出訴スルコトヲ得
7 前項ノ裁決ニ付テハ府縣知事又ハ市長ヨリモ訴訟ヲ提起スルコトヲ得
8 第四項ノ處分中差押物件ノ公賣ハ處分ノ確定ニ至ル迄執行ヲ停止ス

第百四十條　市ノ支拂金ニ關スル時效ニ付テハ政府ノ支拂金ノ例ニ依ル

第百六十條　異議ノ申立又ハ訴願ノ提起ハ處分決定又ハ裁決アリタル日ヨリ二十一日以內ニ之ヲ爲スヘシ但シ本法中別ニ期間ヲ定メタルモノハ此ノ限ニ在ラス
2 行政訴訟ノ提起ハ處分決定裁定又ハ裁決アリタル日ヨリ三十日以內ニ之ヲ爲スヘシ
3 決定書又ハ裁決書ノ交付ヲ受ケサル者ニ關シテハ前二項ノ期間ハ告示ノ日ヨリ之ヲ起算ス
4 異議ノ申立ニ關スル期間ノ計算ニ付テハ訴願法ノ規定ニ依ル

5異議ノ申立ハ期限經過後ニ於テモ宥恕スヘキ事由アリト認ムルトキハ仍之ヲ受理スルコトヲ得

6異議ノ決定ハ文書ヲ以テ之ヲ爲シ其ノ理由ヲ附シ之ヲ申立人ニ交付スヘシ

7異議ノ申立アルモ處分ノ執行ハ之ヲ停止セス但シ行政廳ハ其ノ職權ニ依リ又ハ關係者ノ請求ニ依リ必要ト認ムルトキハ之ヲ停止スルコトヲ得

第百六十條ノ二 異議ノ決定ハ本法中別ニ期間ヲ定メタルモノヲ除クノ外其ノ決定ニ付セラレタル日ヨリ三月以内ニ之ヲ爲スヘシ

2府縣參事會訴願ヲ受理シタルトキハ其ノ日ヨリ三月以内ニ之ヲ裁決スヘシ

第百六十一條 監督官廳ハ市ノ監督上必要アル場合ニ於テハ事務ノ報告ヲ爲サシメ、書類帳簿ヲ徵シ及實地ニ就キ事務ヲ視察シ又ハ出納ヲ檢閲スルコトヲ得

2監督官廳ハ市ノ監督上必要ナル命令ヲ發シ又ハ處分ヲ爲スコトヲ得

3上級監督官廳ハ下級監督官廳ノ市ノ監督ニ關シテ爲シタル命令又ハ處分ヲ停止シ又ハ取消スコトヲ得

第百六十七條 左ニ掲グル事件ハ府縣知事ノ許可ヲ受クベシ但シ第一號、第四號、第六號及第十一號ニ掲グル事件ニシテ勅令ヲ以テ指定スルモノハ其ノ定ムル所ニ依リ主務大臣ノ許

可ヲ受クヘシ

一　市條例ヲ設ケ又ハ改廢スルコト
二　基本財產及特別基本財產ノ處分ニ關スルコト
三　第百十條ノ規定ニ依リ舊慣ヲ變更シ又ハ廢止スルコト
四　使用料ヲ新設シ又ハ變更スルコト
五　均一ノ稅率ニ依ラズシテ國稅又ハ府縣稅ノ附加稅ヲ賦課スルコト
六　特別稅ヲ新設シ又ハ變更スルコト
七　第百二十二條第一項、第二項及第四項ノ規定ニ依リ數人又ハ市ノ一部ニ費用ヲ負擔セシムルコト
八　第百二十四條ノ規定ニ依リ不均一ノ賦課ヲ爲シ又ハ數人若ハ市ノ一部ニ對シ賦課ヲ爲スコト
九　第百二十五條ノ準率ニ依ラズシテ夫役現品ヲ賦課スルコト但シ急迫ノ場合ニ賦課スル夫役ニ付テハ此ノ限ニ在ラズ
十　繼續費ヲ定メ又ハ變更スルコト
十一　市債ヲ起シ並ニ起債ノ方法、利息ノ定率及償還ノ方法ヲ定メ又ハ之ヲ變更スルコト

但シ第百三十二條第三項ノ借入金ハ此ノ限ニ在ラズ

◎町村制（明治四十四年四月七日法律第六十九號）改正（大正十年四月法律第五十九號、十五年六月同第七十五號、昭和四年四月同第五十七號）

第六條 町村內ニ住所ヲ有スル者ハ其ノ町村住民トス

2 町村住民ハ本法ニ從ヒ町村ノ財產及營造物ヲ共用スル權利ヲ有シ町村ノ負擔ヲ分任スル義務ヲ負フ

第四十條 町村會ノ議決スヘキ事件ノ概目左ノ如シ

一 町村條例及町村規則ヲ設ケ又ハ改廢スル事

二 町村費ヲ以テ支辨スヘキ事業ニ關スル事但シ第七十七條ノ事務及法律勅令ニ規定アルモノハ此ノ限ニ在ラス

三 歲入出豫算ヲ定ムル事

四 決算報告ヲ認定スル事

五 法令ニ定ムルモノヲ除クノ外使用料、手數料、加入金、町村稅又ハ夫役現品ノ賦課徵收ニ關スル事

六 不動產ノ管理處分及取得ニ關スル事

七　基本財産及積立金穀等ノ設置管理及處分ニ關スル事

八　歲入出豫算ヲ以テ定ムルモノヲ除クノ外新ニ義務ノ負擔ヲ爲シ及權利ノ拋棄ヲ爲ス事

九　財產及營造物ノ管理方法ヲ定ムル事但シ法律勅令ニ規定アルモノハ此ノ限ニ在ラス

十　町村吏員ノ身元保證ニ關スル事

十一　町村ニ係ル訴願訴訟及和解ニ關スル事

第七十二條　町村長ハ町村ヲ統轄シ町村ヲ代表ス

2　町村長ノ擔任スル事務ノ概目左ノ如シ

一　町村會ノ議決ヲ經ヘキ事件ニ付其ノ議案ヲ發シ及其ノ議決ヲ執行スル事

二　財產及營造物ヲ管理スル事但シ特ニ之カ管理者ヲ置キタルトキハ其ノ事務ヲ監督スル事

三　收入支出ヲ命令シ及會計ヲ監督スル事

四　證書及公文書類ヲ保管スル事

五　法令又ハ町村會ノ議決ニ依リ使用料、手數料、加入金、町村稅又ハ夫役現品ヲ賦課徵收スル事

六　其ノ他法令ニ依リ町村長ノ職權ニ屬スル事項

第九十六條 町村ハ其ノ必要ナル費用及從來法令ニ依リ又ハ將來法律勅令ニ依リ町村ノ負擔ニ屬スル費用ヲ支辨スル義務ヲ負フ

2 町村ハ其ノ財產ヨリ生スル收入、使用料、手數料、過料、過怠金其ノ他法令ニ依リ町村ニ屬スル收入ヲ以テ前項ノ支出ニ充テ仍不足アルトキハ町村稅及夫役現品ヲ賦課徵收スルコトヲ得

第九十七條 町村稅トシテ賦課スルコトヲ得ヘキモノ左ノ如シ

一 直接國稅及府縣稅ノ附加稅

二 特別稅

2 直接國稅又ハ府縣稅ノ附加稅ハ均一ノ稅率ヲ以テ之ヲ徵收スヘシ但シ第百四十七條ノ規定ニ依リ許可ヲ受ケタル場合ハ此ノ限ニ在ラス

3 國稅ノ附加稅タル府縣稅ニ對シテハ附加稅ヲ賦課スルコトヲ得ス

4 特別稅ハ別ニ稅目ヲ起シテ課稅スルノ必要アルトキ賦課徵收スルモノトス

第九十八條 三月以上町村內ニ滯在スル者ハ其ノ滯在ノ初ニ遡リ町村稅ヲ納ムル義務ヲ負フ

第九十九條 町村內ニ住所ヲ有セス又ハ三月以上滯在スルコトナシト雖町村內ニ於テ土地家屋物件ヲ所有シ使用シ若ハ占有シ、町村內ニ營業所ヲ設ケテ營業ヲ爲シ又ハ町村內ニ於

テ特定ノ行爲ヲ爲ス者ハ其ノ土地家屋物件營業若ハ其ノ收入ニ對シ又ハ其ノ行爲ニ對シテ賦課スル町村税ヲ納ムル義務ヲ負フ

第九十九條ノ二 合併後存續スル法人又ハ合併ニ因リ設立シタル法人ハ合併ニ因リ消滅シタル法人ニ對シ其ノ合併前ノ事實ニ付賦課セラルベキ町村税ヲ納ムル義務ヲ負フ

2 相續人又ハ相續財團ハ勅令ノ定ムル所ニ依リ被相續人ニ對シ其ノ相續開始前ノ事實ニ付賦課セラルベキ町村税ヲ納ムル義務ヲ負フ

第百三條 町村税及其ノ賦課徴收ニ關シテハ本法其ノ他ノ法律ニ規定アルモノノ外勅令ヲ以テ之ヲ定ムルコトヲ得

第百七條 町村税ノ賦課ニ關シ必要アル場合ニ於テハ當該吏員ハ日出ヨリ日沒迄ノ間營業者ニ關シテハ仍其ノ營業時間内家宅若ハ營業所ニ臨檢シ又ハ帳簿物件ノ檢査ヲ爲スコトヲ得

2 前項ノ場合ニ於テハ當該吏員ハ其ノ身分ヲ證明スヘキ證票ヲ携帶スヘシ

第百八條 町村長ハ納税者中特別ノ事情アル者ニ對シ納税延期ヲ許スコトヲ得其ノ年度ヲ越ユル場合ハ町村會ノ議決ヲ經ヘシ

2 町村ハ特別ノ事情アル者ニ限リ町村税ヲ減免スルコトヲ得

第百九條 使用料手數料及特別税ニ關スル事項ニ付テハ町村條例ヲ以テ之ヲ規定スヘシ

2 詐僞其ノ他ノ不正ノ行爲ニ依リ使用料ノ徵收ヲ免レ又ハ町村稅ヲ逋脫シタル者ニ付テハ町村條例ヲ以テ其ノ徵收ヲ免レ又ハ逋脫シタル金額ノ三倍ニ相當スル金額(其ノ金額五圓未滿ナルトキハ五圓)以下ノ過料ヲ科スル規定ヲ設クルコトヲ得

3 前項ニ定ムルモノヲ除クノ外使用料、手數料及町村稅ノ賦課徵收ニ關シテハ町村條例ヲ以テ五圓以下ノ過料ヲ科スル規定ヲ設クルコトヲ得財産又ハ營造物ノ使用ニ關シ亦同シ

4 過料ノ處分ヲ受ケタル者其ノ處分ニ不服アルトキハ府縣參事會ニ訴願シ其ノ裁決ニ不服アルトキハ行政裁判所ニ出訴スルコトヲ得

5 前項ノ裁決ニ付テハ府縣知事又ハ町村長ヨリモ訴訟ヲ提起スルコトヲ得

第百十條 町村稅ノ賦課ヲ受ケタル者其ノ賦課ニ付違法又ハ錯誤アリト認ムルトキハ徵稅令書ノ交付ヲ受ケタル日ヨリ三月以內ニ町村長ニ異議ノ申立ヲ爲スコトヲ得

2 財産又ハ營造物ヲ使用スル權利ニ關シ異議アル者ハ之ヲ町村長ニ申立ツルコトヲ得

3 前二項ノ異議ノ申立アリタルトキハ町村長ハ七日以內ニ之ヲ町村會ノ決定ニ付スヘシ決定ヲ受ケタル者其ノ決定ニ不服アルトキハ府縣參事會ニ訴願シ其ノ裁決又ハ第五項ノ裁決ニ不服アルトキハ行政裁判所ニ出訴スルコトヲ得

4 第一項及前項ノ規定ハ使用料手數料及加入金ノ徵收並夫役現品ノ賦課ニ關シ之ヲ準用ス

5 前二項ノ規定ニ依ル決定及裁決ニ付テハ町村長ヨリモ訴願又ハ訴訟ヲ提起スルコトヲ得
6 前三項ノ規定ニ依ル裁決ニ付テハ府縣知事ヨリモ訴訟ヲ提起スルコトヲ得

第百十一條　町村税、使用料、手數料、加入金、過料、過怠金其ノ他ノ町村ノ收入ヲ定期内ニ納メサル者アルトキハ町村長ハ期限ヲ指定シテ之ヲ督促スヘシ
2 夫役現品ノ賦課ヲ受ケタル者定期内ニ其ノ履行ヲ爲サス又ハ夫役現品ニ代フル金錢ヲ納メサルトキハ町村長ハ期限ヲ指定シテ之ヲ督促スヘシ急迫ノ場合ニ賦課シタル夫役ニ付テハ更ニ之ヲ金額ニ算出シ期限ヲ指定シテ其ノ納付ヲ命スヘシ
3 前二項ノ場合ニ於テハ町村條例ノ定ムル所ニ依リ手數料ヲ徴收スルコトヲ得
4 滯納者第一項又ハ第二項ノ督促又ハ命令ヲ受ケ其ノ指定ノ期限内ニ之ヲ完納セサルトキハ國税滯納處分ノ例ニ依リ之ヲ處分スヘシ
5 第一項乃至第三項ノ徴收金ハ府縣ノ徴收金ニ次テ先取特權ヲ有シ其ノ追徴還付及時效ニ付テハ國税ノ例ニ依ル
6 前三項ノ處分ニ不服アル者ハ府縣參事會ニ訴願シ其ノ裁決ニ不服アルトキハ行政裁判所ニ出訴スルコトヲ得
7 前項ノ裁決ニ付テハ府縣知事又ハ町村長ヨリモ訴訟ヲ提起スルコトヲ得

8 第四項ノ處分中差押物件ノ公賣ハ處分ノ確定ニ至ル迄執行ヲ停止ス

第百二十條 町村ノ支拂金ニ關スル時效ニ付テハ政府ノ支拂金ノ例ニ依ル

第百四十條 異議ノ申立又ハ訴願ノ提起ハ處分決定又ハ裁決アリタル日ヨリ二十一日以内ニ之ヲ爲スヘシ但シ本法中別ニ期間ヲ定メタルモノハ此ノ限ニ在ラス

2 行政訴訟ノ提起ハ處分決定裁定又ハ裁決アリタル日ヨリ三十日以内ニ之ヲ爲スヘシ

3 決定書又ハ裁決書ノ交付ヲ受ケサル者ニ關シテハ前二項ノ期間ハ告示ノ日ヨリ之ヲ起算ス

4 異議ノ申立ニ關スル期間ノ計算ニ付テハ訴願法ノ規定ニ依ル

5 異議ノ申立ハ期限經過後ニ於テモ宥恕スヘキ事由アリト認ムルトキハ仍之ヲ受理スルコトヲ得

6 異議ノ決定ハ文書ヲ以テ之ヲ爲シ其ノ理由ヲ附シ之ヲ申立人ニ交付スヘシ

7 異議ノ申立アルモ處分ノ執行ハ之ヲ停止セス但シ行政廳ハ其ノ職權ニ依リ又ハ關係者ノ請求ニ依リ必要ト認ムルトキハ之ヲ停止スルコトヲ得

第百四十條ノ二 異議ノ決定ハ本法中別ニ期間ヲ定メタルモノヲ除クノ外其ノ決定ニ付セラレタル日ヨリ三月以内ニ之ヲ爲スヘシ

2 府縣參事會訴願ヲ受理シタルトキハ其ノ日ヨリ三月以内ニ之ヲ裁決スヘシ

第百四十一條　監督官廳ハ町村ノ監督上必要アル場合ニ於テハ事務ノ報告ヲ爲サシメ、書類帳簿ヲ徵シ及實地ニ就キ事務ヲ視察シ又ハ出納ヲ檢閲スルコトヲ得

2　監督官廳ハ町村ノ監督上必要ナル命令ヲ發シ又ハ處分ヲ爲スコトヲ得

3　上級監督官廳ハ下級監督官廳ノ町村ノ監督ニ關シテ爲シタル命令又ハ處分ヲ停止シ又ハ取消スコトヲ得

第百四十七條　左ニ揭グル事件ハ府縣知事ノ許可ヲ受クベシ但シ第一號、第四號、第六號及第十一號ニ揭グル事件ニシテ勅令ヲ以テ指定スルモノハ其ノ定ムル所ニ依リ主務大臣ノ許可ヲ受クベシ

一　町村條例ヲ設ケ又ハ改廢スルコト

二　基本財產及特別基本財產竝ニ林野ノ處分ニ關スルコト

三　第九十條ノ規定ニ依リ舊慣ヲ變更シ又ハ廢止スルコト

四　使用料ヲ新設シ又ハ變更スルコト

五　均一ノ稅率ニ依ラズシテ國稅又ハ府縣稅ノ附加稅ヲ賦課スルコト

六　特別稅ヲ新設シ又ハ變更スルコト

七　第百二條第一項、第二項及第四項ノ規定ニ依リ數人又ハ町村ノ一部ニ費用ヲ負擔セシ

ムルコト

八　第百四條ノ規定ニ依リ不均一ノ賦課ヲ爲シ又ハ數人若ハ町村ノ一部ニ對シ賦課ヲ爲スコト

九　第百五條ノ準率ニ依ラズシテ夫役現品ヲ賦課スルコト但シ急迫ノ場合ニ賦課スル夫役ニ付テハ此ノ限ニ在ラズ

十　繼續費ヲ定メ又ハ變更スルコト

十一　町村債ヲ起シ竝ニ起債ノ方法、利息ノ定率及償還ノ方法ヲ定メ又ハ之ヲ變更スルコト但シ第百十二條第三項ノ借入金ハ此ノ限ニ在ラズ

◉市制町村制施行令（大正十五年六月二十四日勅令第二百一號）改正（昭和二年三月勅令第三十八號、三年十一月同第二百六十號、四年六月同第百八十六號）

第四十條　市町村ノ內外ニ於テ營業所ヲ設ケ營業ヲ爲ス者ニシテ其ノ營業又ハ收入ニ對スル本稅ヲ分別シテ納メザル者ニ對シ附加稅ヲ賦課セントスルトキハ市町村長ハ關係市長又ハ町村長（町村長ニ準ズベキ者ヲ含ム）ト協議ノ上其ノ本稅額ノ步合ヲ定ムベシ

2　前項ノ協議調ハザルトキハ府縣知事之ヲ定メ其ノ數府縣ニ涉ルモノハ內務大臣及大藏大臣之ヲ定ムベシ

3 第一項ノ場合ニ於テ直接ニ收入ヲ生ズルコトナキ營業所アルトキハ他ノ營業所ト收入ヲ共通スルモノト認メ前二項ノ規定ニ依リ本税額ノ步合ヲ定ムベシ

4 府縣ニ於テ數府縣ニ渉ル營業又ハ其ノ收入ニ對シ營業税附加税、營業收益税附加税又ハ所得税附加税賦課ノ步合ヲ定メタルモノアルトキハ其ノ步合ニ依ル本税額ヲ以テ其ノ府縣ニ於ケル本税額ト看做ス

第四十二條　住所滯在ガ市町村ノ内外ニ渉ル者ノ收入ニシテ土地家屋物件又ハ營業所ヲ設ケタル營業ヨリ生ズル收入ニ非ザルモノニ對シ市町村税ヲ賦課セントスルトキハ其ノ收入ヲ平分シ其ノ一部ニノミ賦課スベシ

2 前項ノ住所又ハ滯在ガ其ノ時ヲ異ニシタルトキハ納税義務ノ發生シタル翌月ノ初メヨリ其ノ消滅シタル月ノ終迄月割ヲ以テ賦課スベシ但シ賦課後納税義務者ノ住所又ハ滯在ニ異動ヲ生ズルモ賦課額ハ變更セズ其ノ新ニ住所ヲ有シ又ハ滯在スル市町村ニ於テハ賦課ナキ部分ニノミ賦課スベシ

3 住所滯在ガ同一府縣内ノ市町村ノ内外ニ渉ル者其ノ住所又ハ滯在ノ時ヲ異ニシタル場合ニ於テ其ノ者ニ對シ戶數割附加税ヲ賦課セントスルトキハ前項ノ規定ヲ準用ス

第四十三條　市町村税ヲ徵收セントスルトキハ市町村長ハ徵税令書ヲ納税人ニ交付スベシ

第四十四條　徵稅令書ヲ受ケタル納稅人納期內ニ稅金ヲ完納セザルトキハ市町村長ハ直ニ督促狀ヲ發スベシ

第四十五條　督促ヲ爲シタル場合ニ於テハ一日ニ付稅金額ノ萬分ノ四以內ニ於テ市町村ノ定ムル割合ヲ以テ納期限ノ翌日ヨリ稅金完納又ハ財產差押ノ日ノ前日迄ノ日數ニ依リ計算シタル延滯金ヲ徵收スベシ但シ左ノ各號ノ一ニ該當スル場合又ハ滯納ニ付市町村長ニ於テ酌量スベキ情狀アリト認ムルトキハ此ノ限ニ在ラズ

一　令書一通ノ稅金額五圓未滿ナルトキ

二　納期ヲ繰上ゲ徵收ヲ爲ストキ

三　納稅者ノ住所及居所ガ帝國內ニ在ラザル爲又ハ共ニ不明ナル爲公示送達ノ方法ニ依リ納稅ノ命令又ハ督促ヲ爲シタルトキ

2　督促狀ノ指定期限迄ニ稅金及督促手數料ヲ完納シタルトキハ延滯金ハ之ヲ徵收セズ

第四十六條　納稅人左ノ場合ニ該當スルトキハ徵稅令書ヲ交付シタル市町村稅ニ限リ納期前ト雖モ之ヲ徵收スルコトヲ得

一　國稅徵收法ニ依ル滯納處分ヲ受クルトキ

二　强制執行ヲ受クルトキ

三　破産ノ宣告ヲ受ケタルトキ
四　競賣ノ開始アリタルトキ
五　法人ガ解散ヲ爲シタルトキ
六　納税人脱税又ハ逋税ヲ謀ルノ所爲アリト認ムルトキ

第四十六條ノ二　相續人又ハ相續財團ハ被相續人ニ對シ相續開始前ノ事實ニ付賦課セラルベキ市町村税ヲ納ムル義務ヲ負フ但シ戸主ノ死亡以外ノ原因ニ依リ家督相續ノ開始アリタルトキハ被相續人モ亦之ヲ納ムル義務ヲ負フ
2 國籍喪失ニ因ル相續人又ハ限定承認ヲ爲シタル相續人ハ相續ニ因リテ得タル財産ヲ限度トシテ前項ノ義務ヲ負フ

第四十七條　相續開始ノ場合ニ於テハ市町村税、督促手數料、延滯金及滯納處分費ハ相續財團又ハ相續人ヨリ之ヲ徴收スベシ但シ戸主ノ死亡以外ノ原因ニ依リ家督相續ノ開始アリタルトキハ被相續人ヨリモ之ヲ徴收スルコトヲ得
2 國籍喪失ニ因ル相續人又ハ限定承認ヲ爲シタル相續人ハ相續ニ因リテ得タル財産ヲ限度トシテ市町村税、督促手數料、延滯金及滯納處分費ヲ納付スルノ義務ヲ有ス
3 法人合併ノ場合ニ於テハ合併ニ因リ消滅シタル法人ノ納付スベキ市町村税、督促手數料、延

滯金及滯納處分費ハ合併後存續スル法人又ハ合併ニ因リ設立シタル法人ヨリ之ヲ徵收スベシ

第四十九條 同一年度ノ市町村稅ニシテ既納ノ稅金過納ナルトキハ爾後ノ納期ニ於テ徵收スベキ同一稅目ノ稅金ニ充ツルコトヲ得

第五十條 納稅義務者納稅地ニ住所又ハ居所ヲ有セザルトキハ納稅ニ關スル事項ヲ處理セシムル爲納稅管理人ヲ定メ市町村長ニ申告スベシ其ノ納稅管理人ヲ變更シタルトキ亦同ジ

第五十一條 徵稅令書、督促狀及滯納處分ニ關スル書類ハ名宛人ノ住所又ハ居所ニ送達ス名宛人ガ相續財團ニシテ財產管理人アルトキハ財產管理人ノ住所又ハ居所ニ送達ス

2 納稅管理人アルトキハ納稅ノ告知及督促ニ關スル書類ニ限リ其ノ住所又ハ居所ニ送達ス

第五十二條 書類ノ送達ヲ受クベキ者ガ其ノ住所若ハ居所ニ於テ書類ノ受取ヲ拒ミタルトキ又ハ其ノ者ノ住所及居所ガ帝國內ニ在ラザルトキ若ハ共ニ不明ナルトキハ書類ノ要旨ヲ公告シ公告ノ初日ヨリ七日ヲ經過シタルトキハ書類ノ送達アリタルモノト看做ス

第五十九條ノ二 左ニ揭グル事件ハ內務大臣及大藏大臣ノ許可ヲ受クベシ但シ第三號及第四號ニ揭グル事件ニシテ傳染病豫防費又ハ急施ヲ要スル災害復舊工事費ニ充ツル爲借入ルル市町村債、府縣ノ基金又ハ敎育資金ヨリ借入ルル市町村債及市町村ニ轉貸ノ爲主務大

臣ノ許可ヲ得テ借入レタル府縣債ノ收入金ヨリ借入ルル市町村債ニ付テハ此ノ限ニ在ラズ
一　水道、電氣、瓦斯、鐵道、軌道及自動車竝ニ中央卸賣市場法ニ依ル市場ノ使用料ニ關スルコト
二　特別税段別割ヲ除クノ外特別税ヲ新設シ又ハ變更スルコト
三　小學校舍ノ建築、增築、改築其ノ他小學校設備ノ費用ニ充ツル爲借入ルル市町村債ニシテ据置期間ヲ通ジ償還期限十年度ヲ超ユルモノニ關スルコト
四　前號ニ揭グル費用ニ充ツル爲借入ルル市町村債ヲ除クノ外据置期間ヲ通ジ償還期限二年ヲ超ユル市町村債及借入ノ翌年度ニ於テ借入金ヲ以テ償還スル市町村債ニ關スルコト

第六十條　左ニ揭グル事件ハ監督官廳ノ許可ヲ受クルコトヲ要セズ
一　耕地整理又ハ區劃整理ノ爲市町村又ハ市制第六條ノ市ノ區ノ境界ヲ變更スルコト但シ關係アル市町村會又ハ區會ニ於テ意見ヲ異ニスルトキハ此ノ限ニ在ラズ
二　所屬未定地ヲ市町村又ハ市制第六條ノ市ノ區ノ區域ニ編入スルコト但シ關係アル市町村會又ハ區會ニ於テ意見ヲ異ニスルトキハ此ノ限ニ在ラズ
三　公告式、印鑑、書類送達、諸證明、市町村ノ一部ノ區會又ハ區總會ニ關スル條例ヲ設ケ又ハ改廢スルコト

四　公會堂、公園、水族館、動物園、植物園、鑛泉浴場、共同宿泊所、消毒所、産婆、胞衣及産穢物燒却場、幼兒哺育場、商品陳列所、勸業館、農業倉庫、殺蛹乾燥場、種畜、牛馬種付所、獒獸解剖場、獸醫、上屋、荷揚場、貯木場、土砂採取場、石材採取場、農具ノ管理及使用竝ニ使用料ニ關スル條例ヲ設ケ又ハ改廢スルコト

五　手數料、加入金、延滯金及積立金穀等ニ關スル條例ヲ設ケ又ハ改廢スルコト

六　府縣費ノ全部ノ分賦ヲ受クル市ニ於テ特別税特別地税又ハ大正十五年勅令第三百三十九號第十七條第一項ニ揭グル種類ト同種類ノ特別税ノ賦課ニ關スル條例ヲ設ケ又ハ改正スルコト但シ特別税特別地税ニ付テハ大正十五年勅令第百四十三號ニ依リ府縣知事ニ於テ許可スル課税ノ限度ヲ超ユルモノ及新ニ漁業ニ對シ特別税ヲ賦課シ又ハ其ノ賦課率若ハ賦課方法ヲ變更スルモノニ付テハ此ノ限ニ在ラズ

七　特別税戸數割ヲ新設シ又ハ變更スルコト及之ニ關スル條例ヲ設ケ又ハ改正スルコト

八　使用料、特別税又ハ委員ニ關スル條例ヲ廢止スルコト

九　三年度ヲ超エザル繼續費ヲ定メ又ハ其ノ年期內ニ於テ之ヲ變更スルコト

十　繼續費ヲ減額スルコト

十一　市町村債ノ借入額ヲ減少シ又ハ利息ノ定率ヲ低減スルコト

十二　市町村債ノ借入先ヲ變更シ又ハ債劵發行ノ方法ニ依ル市町村債ヲ其ノ他ノ方法ニ依ル市町村債ニ變更スルコト

十三　市町村債ノ償還年限ヲ短縮シ又ハ其ノ償還年限ヲ延長セズシテ低利借替ヲ爲シ若ハ繰上償還ヲ爲スコト但シ外資ニ依リタル市町村債ノ借替又ハ外資ヲ以テスル借替ニ付テハ此ノ限ニ在ラズ

十四　市町村債ノ償還年限ヲ延長セズシテ不均等償還ヲ元利均等償還ニ變更シ又ハ年度內ノ償還期若ハ償還期數ヲ變更スルコト

十五　市町村債ニ關スル條例ヲ設ケ又ハ改廢スルコト

◎北海道一級町村制（昭和二年八月二十七日勅令第二百六十九號）改正（昭和三年十一月勅令第二百六十二號、四年六月十九日同第百九十號）

第一條　町村制及市制町村制施行令ハ北海道一級町村ニ之ヲ準用ス但シ本令ニ別段ノ規定アル場合ハ此ノ限ニアラズ

◎北海道二級町村制（昭和二年八月二十七日勅令第二百七十號）改正（昭和三年十一月勅令第二百六十三號、四年六月十九日同第百九十一號）

第六條　町村內ニ住所ヲ有スル者ハ其ノ町村住民トス

2町村住民ハ本令ニ從ヒ町村ノ財產及營造物ヲ共用スル權利ヲ有シ町村ノ負擔ヲ分任スル義務ヲ負フ

第四十八條 町村會ノ議決スベキ事件左ノ如シ

一 町村條例及町村規則ヲ設ケ又ハ改廢スルコト

二 町村費ヲ以テ支辨スベキ事業ニ關スルコト但シ第八十一條ノ事務及法律勅令ニ規定アルモノハ此ノ限ニ在ラズ

三 歲入出豫算ヲ定ムルコト

四 決算報告ヲ認定スルコト

五 法令ニ定ムルモノヲ除クノ外使用料、手數料、町村稅又ハ夫役現品ノ賦課徵收ニ關スルコト

六 不動產ノ管理、處分及取得ニ關スルコト

七 基本財產及積立金穀等ノ設置、管理及處分ニ關スルコト

八 歲入出豫算ヲ以テ定ムルモノヲ除クノ外新ニ義務ノ負擔ヲ爲シ及權利ノ拋棄ヲ爲スコト

九 財產及營造物ノ管理方法ヲ定ムルコト但シ法律勅令ニ規定アルモノハ此ノ限ニ在ラ

ズ

十　町村吏員ノ身元保證ニ關スルコト

十一　町村ニ係ル訴願、訴訟及和解ニ關スルコト

十二　其ノ他法令ニ依リ町村會ノ權限ニ屬スル事件

第七十六條　町村長ハ町村ヲ統轄シ町村ヲ代表ス

2　町村長ノ擔任スル事務ノ概目左ノ如シ

一　町村會ノ議決ヲ經ベキ事件ニ付其ノ議案ヲ發シ及其ノ議決ヲ執行スルコト

二　財産及營造物ヲ管理スルコト但シ特ニ之ガ管理者ヲ置キタルトキハ其ノ事務ヲ監督スルコト

三　收入支出ヲ命令シ及會計ヲ監督スルコト

四　證書及公文書類ヲ保管スルコト

五　法令又ハ町村會ノ議決ニ依リ使用料、手數料、町村稅又ハ夫役現品ヲ賦課徵收スルコト

六　其ノ他法令ニ依リ町村長ノ職權ニ屬スル事項

第九十六條　町村ハ其ノ必要ナル費用及從來法令ニ依リ又ハ將來法律勅令ニ依リ町村ノ負擔ニ屬スル費用ヲ支辨スル義務ヲ負フ

2町村ハ其ノ財産ヨリ生ズル收入、使用料、手數料、過料、過怠金其ノ他法令ニ依リ町村ニ屬スル收入ヲ以テ前項ノ支出ニ充テ仍不足アルトキハ町村税及夫役現品ヲ賦課徴收スルコトヲ得

第九十七條 町村税トシテ賦課スルコトヲ得ベキモノ左ノ如シ

一 直接國税及北海道地方税ノ附加税

二 特別税

2直接國税又ハ北海道地方税ノ附加税ハ均一ノ税率ヲ以テ之ヲ徴收スベシ但シ第百五十條ノ規定ニ依リ許可ヲ受ケタル場合ハ此ノ限ニ在ラズ

3國税ノ附加税タル北海道地方税ニ對シテハ附加税ヲ賦課スルコトヲ得ズ

4特別税ハ別ニ税目ヲ起シテ課税スルノ必要アルトキ賦課徴收スルモノトス

第九十八條 三月以上町村内ニ滯在スル者ハ其ノ滯在ノ初ニ遡リ町村税ヲ納ムル義務ヲ負フ

第九十九條 町村内ニ住所ヲ有セズ又ハ三月以上滯在スルコトナシト雖モ町村内ニ於テ土地家屋物件ヲ所有シ使用シ若ハ占有シ、町村内ニ營業所ヲ設ケテ營業ヲ爲シ又ハ町村内ニ於テ特定ノ行爲ヲ爲ス者ハ其ノ土地家屋物件營業若ハ其ノ收入ニ對シ又ハ其ノ行爲ニ對

シテ賦課スル町村税ヲ納ムル義務ヲ負フ

第九十九條ノ二　合併後存續スル法人又ハ合併ニ因リ設立シタル法人ハ合併ニ因リ消滅シタル法人ニ對シ其ノ合併前ノ事實ニ付賦課セラルベキ町村税ヲ納ムル義務ヲ負フ

2 相續人又ハ相續財團ハ被相續人ニ對シ其ノ相續開始前ノ事實ニ付賦課セラルベキ町村税ヲ納ムル義務ヲ負フ但シ戸主ノ死亡以外ノ原因ニ依リ家督相續ノ開始アリタルトキハ被相續人モ亦之ヲ納ムル義務ヲ負フ

3 國籍喪失ニ因ル相續人又ハ限定承認ヲ爲シタル相續人ハ相續ニ因リテ得タル財産ヲ限度トシテ前項ノ義務ヲ負フ

第百八條　町村税ノ賦課ニ關シ必要アル場合ニ於テハ當該吏員ハ日出ヨリ日沒迄ノ間營業者ニ關シテハ仍其ノ營業時間内家宅若ハ營業所ニ臨檢シ又ハ帳簿物件ノ檢査ヲ爲スコトヲ得

2 前項ノ場合ニ於テハ當該吏員ハ其ノ身分ヲ證明スベキ證票ヲ携帶スベシ

第百十二條　町村税、使用料、手數料、過料、過怠金其ノ他ノ町村ノ收入ヲ定期内ニ納メザル者アルトキハ町村長ハ期限ヲ指定シテ之ヲ督促スベシ

2 夫役現品ノ賦課ヲ受ケタル者定期内ニ其ノ履行ヲ爲サズ又ハ夫役現品ニ代フル金錢ヲ納

メザルトキハ町村長ハ期限ヲ指定シテ之ヲ督促スベシ急迫ノ場合ニ賦課シタル夫役ニ付テハ更ニ之ヲ金額ニ算出シ期限ヲ指定シテ其ノ納付ヲ命ズベシ

3 前二項ノ場合ニ於テハ町村條例ノ定ムル所ニ依リ手數料ヲ徵收スルコトヲ得

4 滯納者第一項又ハ第二項ノ督促又ハ命令ヲ受ケ其ノ指定ノ期限內ニ之ヲ完納セザルトキハ國稅滯納處分ノ例ニ依リ之ヲ處分スベシ

5 第一項乃至第三項ノ徵收金ハ北海道地方費ノ徵收金ニ次デ先取特權ヲ有シ其ノ追徵還付及時效ニ付テハ國稅ノ例ニ依ル

6 前三項ノ處分ニ不服アル者ハ北海道參事會ニ訴願シ其ノ裁決ニ不服アルトキハ行政裁判所ニ出訴スルコトヲ得

7 前項ノ裁決ニ付テハ北海道廳長官又ハ町村長ヨリモ訴訟ヲ提起スルコトヲ得

8 第四項ノ處分中差押物件ノ公賣ハ處分ノ確定ニ至ル迄執行ヲ停止ス

第百四十二條 異議ノ申立又ハ訴願ノ提起ハ處分、決定又ハ裁決アリタル日ヨリ二十一日以內ニ之ヲ爲スベシ但シ本令中別ニ期間ヲ定メタルモノハ此ノ限ニ在ラズ

2 行政訴訟ノ提起ハ處分、決定、裁定又ハ裁決アリタル日ヨリ三十日以內ニ之ヲ爲スベシ

3 決定書又ハ裁決書ノ交付ヲ受ケザル者ニ關シテハ前二項ノ期間ハ告示ノ日ヨリ之ヲ起算

ス

4 異議ノ申立ニ關スル期間ノ計算ニ付テハ訴願法ノ規定ニ依ル

5 異議ノ申立ハ期限經過後ニ於テモ宥恕スベキ事由アリト認ムルトキハ仍之ヲ受理スルコトヲ得

6 異議ノ決定ハ文書ヲ以テ之ヲ爲シ其ノ理由ヲ附シ之ヲ申立人ニ交付スベシ

7 異議ノ申立アルモ處分ノ執行ハ之ヲ停止セズ但シ行政廳ハ其ノ職權ニ依リ又ハ關係者ノ請求ニ依リ必要ト認ムルトキハ之ヲ停止スルコトヲ得

第百四十三條 北海道參事會訴願ヲ受理シタルトキハ其ノ日ヨリ三月以內ニ之ヲ裁決スベシ

第百四十四條 監督官廳ハ町村ノ監督上必要アル場合ニ於テハ事務ノ報告ヲ爲サシメ、書類帳簿ヲ徵シ及實地ニ就キ事務ヲ視察シ又ハ出納ヲ檢閱スルコトヲ得

2 監督官廳ハ町村ノ監督上必要ナル命令ヲ發シ又ハ處分ヲ爲スコトヲ得

3 上級監督官廳ハ下級監督官廳ノ町村ノ監督ニ關シテ爲シタル命令又ハ處分ヲ停止シ又ハ取消スコトヲ得

第百四十八條ノ二 左ニ揭グル事件ハ內務大臣及大藏大臣ノ許可ヲ受クベシ但シ第三號及

第四號ニ揭グル事件ニシテ傳染病豫防費又ハ急施ヲ要スル災害復舊工事費ニ充ツル爲借入ルル町村債、北海道地方費ノ基金又ハ教育資金ヨリ借入ルル町村債及町村ニ轉貸ノ爲主務大臣ノ許可ヲ得テ借入レタル北海道地方費債ノ收入金ヨリ借入ルル町村債ニ付テハ此ノ限ニ在ラズ

一 水道、電氣、瓦斯、鐵道、軌道及自動車ノ使用料ニ關スルコト

二 特別稅段別割ヲ除クノ外特別稅ヲ新設シ又ハ變更スルコト

三 小學校舍ノ建築、增築、改築其ノ他小學校設備ノ費用ニ充ツル爲借入ルル町村債ニシテ据置期間ヲ通ジ償還期限十年度ヲ超ユルモノニ關スルコト

四 前號ニ揭グル費用ニ充ツル爲借入ルル町村債ヲ除クノ外据置期間ヲ通ジ償還期限二年度ヲ超ユル町村債及借入ノ翌年度ニ於テ借入金ヲ以テ償還スル町村債ニ關スルコト

第百四十九條 前二條ニ規定スルモノヲ除クノ外左ニ揭グル事件ハ北海道廳長官ノ許可ヲ受クベシ

一 町村條例ヲ設ケ又ハ改正スルコト

二 使用料ヲ新設シ又ハ變更スルコト

三 特別稅ヲ新設シ又ハ變更スルコト

四　町村債ヲ起シ並ニ起債ノ方法、利息ノ定率及償還ノ方法ヲ定メ又ハ之ヲ變更スルコト
但シ第百十三條第三項ノ借入金ハ此ノ限ニ在ラズ

◉島嶼町村制（明治四十年三月十六日勅令第四十六號）改正（大正九年勅令第百九十三號十五年六月同第二百十七號）

第五條　町村内ニ住所ヲ有スル者ハ其ノ町村住民トス
2　町村住民ハ本令ニ從ヒ財産及營造物ヲ共用スル權利ヲ有シ町村ノ負擔ヲ分任スル義務ヲ負フ

第十條　町村長ハ町村ヲ統轄シ町村ヲ代表シ其ノ行政事務ヲ擔任ス
2　町村長ノ擔任スル事務ノ概目左ノ如シ
一　町村會ノ議決ヲ經ヘキ事件ニ付其ノ議案ヲ發シ及其ノ議決ヲ執行スル事
二　財産及營造物ヲ管理スル事但シ特ニ之カ管理者アルトキハ其ノ事務ヲ監督スル事
三　收入支出ヲ命令シ及會計ヲ監督スル事
四　證書及公文書類ヲ保管スル事
五　法令又ハ町村會ノ議決ニ依リ使用料手數料加入金町村税及夫役現品ヲ賦課徴收スル事

六　其ノ他法令ニ依リ町村長ノ職權ニ屬スル事項

第三十九條　町村會ノ議決スヘキ事件ノ概目左ノ如シ

一　町村規則ヲ設ケ及改廢スル事

二　町村費ヲ以テ支辨スヘキ事業但シ第十五條ノ事務其ノ他法令中別段ノ規定アルモノハ此ノ限ニ在ラス

三　歲入出豫算ヲ定ムル事

四　決算報告ヲ認定スル事

五　法令ニ定ムルモノヲ除クノ外使用料手數料加入金町村稅及夫役現品ノ賦課徵收ニ關スル事

六　不動產ノ管理處分及取得ニ關スル事

七　基本財產及積立金穀等ノ設置管理及處分ニ關スル事

八　歲入出豫算ヲ以テ定ムルモノヲ除クノ外新ニ義務ノ負擔ヲ爲シ及權利ノ拋棄ヲ爲ス事

九　財產及營造物ノ管理方法ヲ定ムル事但シ法令中ニ規定アルモノハ此ノ限ニ在ラス

十　町村ニ係ル訴願訴訟及和解ニ關スル事

第六十一條　町村稅トシテ賦課スルコトヲ得ヘキ稅目及稅率ハ內務大臣及大藏大臣ノ許可ヲ得テ府縣知事之ヲ定ム

第六十二條　三箇月以上町村內ニ滯在スル者ハ其ノ滯在ノ初ニ遡リ町村稅ヲ納ムル義務ヲ負フ

第六十三條　町村內ニ住所ヲ有セス又ハ三箇月以上滯在スルコトナシト雖町村內ニ於テ土地家屋物件ヲ所有シ使用シ若ハ占有シ又ハ營業所ヲ定メテ營業ヲ爲シ又ハ町村內ニ於テ特定ノ行爲ヲ爲ス者ハ其ノ土地家屋物件營業若ハ其ノ收入ニ對シ又ハ行爲ニ對シテ賦課スル町村稅ヲ納ムル義務ヲ負フ其ノ法人タルトキ亦同シ但シ國ノ事業又ハ行爲ニ對シテハ此ノ限ニ在ラス

第六十八條　本令ニ定ムルモノヲ除クノ外町村稅及夫役現品竝其ノ賦課徵收ニ關シ必要ナル事項ハ內務大臣ノ許可ヲ得テ府縣知事之ヲ定ム

2町村稅ノ賦課徵收ニ關スル規程ニハ二圓以下ノ過料ヲ科スル規定ヲ設クルコトヲ得

第六十九條　町村長ハ納稅者中特別ノ事情アル者ニ對シ會計年度內ニ限リ納稅延期ヲ許スコトヲ得其ノ年度ヲ超ユル場合ハ町村會ノ議決ヲ經ヘシ

2町村長ハ特別ノ事情アル者ニ限リ町村會ノ議決ヲ經テ町村稅ヲ減免スルコトヲ得

第七十二條 町村稅ノ賦課ヲ受ケタル者其ノ賦課ニ付違法又ハ錯誤アリト認ムルトキハ徵稅令書ノ交付後三箇月以內ニ町村長ニ異議ノ申立ヲ爲スコトヲ得
2 財產又ハ營造物ヲ使用スル權利ニ關シ異議アル者ハ之ヲ町村長ニ申立ツルコトヲ得
3 本條ノ異議ハ町村長之ヲ決定ス其ノ決定ニ不服アル者ハ支廳長ニ訴願シ其ノ裁決ニ不服アル者ハ府縣知事ニ訴願シ其ノ裁決ニ不服アル者ハ行政裁判所ニ出訴スルコトヲ得
4 使用料手數料加入金ノ徵收及夫役現品ノ賦課ニ關シテモ亦前數項ノ例ニ依ル
第七十三條 町村稅使用料手數料加入金夫役現品ニ代フル金錢過料過怠金其ノ他町村ノ收入ヲ定期內ニ納メサル者アルトキハ町村長ハ期限ヲ指定シテ之ヲ督促スヘシ此ノ場合ニ於テハ府縣知事ノ定ムル所ニ依リ手數料ヲ徵收スルコトヲ得
2 滯納者前項ノ督促ヲ受ケ其ノ指定ノ期限內ニ仍之ヲ完納セサルトキハ國稅滯納處分ノ例ニ依リ之ヲ處分スヘシ
3 本條ニ記載スル徵收金ハ府縣ノ徵收金ニ次テ先取特權ヲ有シ其ノ追徵還付及時效ニ付テハ國稅ノ例ニ依ル
4 本條町村長ノ處分ニ不服アル者ハ支廳長ニ訴願シ其ノ裁決ニ不服アル者ハ府縣知事ニ訴願シ其ノ裁決ニ不服アル者ハ行政裁判所ニ出訴スルコトヲ得

5 第二項ノ處分中差押物件ノ公賣ハ處分ノ確定ニ至ル迄執行ヲ停止ス

第九十條　町村行政ハ第一次ニ於テ支廳長之ヲ監督シ第二次ニ於テ府縣知事之ヲ監督シ第三次ニ於テ内務大臣之ヲ監督ス

2 監督官廳ハ町村行政ノ監督上必要ナル命令ヲ發シ處分ヲ爲スコトヲ得

3 上級監督官廳ハ下級監督官廳ノ町村行政ニ關シテ爲シタル命令又ハ處分ヲ停止シ又ハ之ヲ取消スコトヲ得

第九十一條　本令ニ規定スル異議ノ決定ハ文書ヲ以テ之ヲ爲シ其ノ理由ヲ付シ之ヲ申立人ニ交付スヘシ

2 異議又ハ訴願ハ處分ヲ爲シ又ハ決定書若ハ裁決書ノ交付ヲ受ケタル日ヨリ其ノ交付ヲ受ケサル者ハ告示ノ日ヨリ二十一日以内ニ之ヲ提起スヘシ但シ本令中別ニ期間ヲ定メタルモノハ此ノ限ニアラス

3 行政訴訟ハ裁決書ノ交付ヲ受ケタル日ヨリ二十一日以内ニ之ヲ提起スヘシ

4 異議ニ關スル期間ノ計算ニ付テハ訴願法ノ規定ニ依ル

5 異議ノ申立アルモ處分ノ執行ハ之ヲ停止セス但シ行政廳ハ其ノ職權ニ依リ又ハ關係者ノ請求ニ依リ必要ト認ムルトキハ之ヲ停止スルコトヲ得

戸數割に關する通牒

◎地方税ニ關スル法律命令ノ施行ニ關スル件依命通牒

（昭和二年三月三十一日發地第三號　地方、主税兩局長）

地方税ニ關スル法律命令ノ施行ニ關シテハ特ニ別記ノ廉々御留意ノ上御措置相成度又同一課税目的ヲ有スル市町村特別税ニ付テモ別記ニ依リ取扱方夫々市町村ニ對シ御示達相成度

追而左記通牒ハ昭和二年度ヨリ廢止セラルヽ義ニ有之尙府縣税戸數割ニ關スル通牒及大正十三年三月三十一日發地第二一號信託ニ依ル不動產所有權ノ取得ニ對スル課税ノ件依命通牒ハ昭和二年度ヨリ自然消滅ト相成ベキ義ニ付爲念

左記

明治三十六年三月地甲第一二號依命通牒
明治四十一年九月十二日往第一〇九八一號市町村歩一税ノ標準改正ニ關スル件通牒
大正七年十月十一日發地第一七〇號傭人税設定ニ關スル件通牒
同八年七月七日藏地第八號私立學校ノ建物ニ關スル課税免除ノ件依命通牒
同九年四月十三日發地第八〇號建物建築税ノ件依命通牒

同十一年三月三十一日發地第一三八號遊興税ノ義ニ付依命通牒
同年七月十三日發地第六三號電柱税ニ關スル件依命通牒
同年九月二十九日京地第一九一號電柱税ニ關スル件依命通牒
同十三年九月九日發地第六號遊興税ノ件ニ付依命通牒

別記

家屋税ニ關スル事項

一　家屋税ノ配當標準タル宅地地價トハ土地臺帳面ニ於テ宅地タルモノヽ地價ノ義ナルコト

二　家屋税ノ配當標準タル戸數トハ現住戸數（構戸者ノ數）ノ義ニシテ戸數ニ含ムコトトセル法人ノ本店及支店トハ商法ノ規定ニ基キ登記ヲ爲シタル本店及支店ノ義ナルコト

三　戸數割ヲ賦課シ難キ市町村ハ戸數割ヲ賦課シ難キ事情アルコトニ關シ内務大臣及大藏大臣ノ承認ヲ受クルヲ要ス若シ其ノ承認ヲ受ケタル後戸數割ヲ賦課スルコトト爲サントスルトキハ別ニ手續ヲ要セザルモ更ニ又戸數割ヲ賦課シ難キ事情アルモノトシテ家屋税附加税ニ付特別ノ取扱ヲ受ケントスルトキハ新ニ内務大臣及大藏大臣ノ承認ヲ受クルヲ要スルコト

四　家屋稅ノ賦課ヲ不適當トスル家屋ノ範圍ハ施行規則第一條ノ規定ニ依リ各府縣ニ於テ適宜之ヲ定メ然ルベキモ農業倉庫業法ニ依リ經營スル農業倉庫（賃借ニ係ル建物ヲ除ク）及大正八年法律第三十八號（私立學校用地免租ニ關スル件）第一條第一號及第二號ニ揭グルモノノ用ニ供スル建物（賃借ニ係ル建物ヲ除ク）ニ對シテハ家屋稅ヲ賦課セザルコト
追テ地方稅ヲ免除スベキ私立學校ノ建物ハ法律第三十八號ニ依ル免租地ノ區域ニ在ルモノニ付テハ賃借ニ係ル建物ヲ除キ共ノ全部、有租地ノ區域ニ在ルモノニ付テモ亦同樣ノ趣旨ニ依リ同法第二條ノ範圍ニ於テ取計フコト

五　市町村ニ對スル家屋稅ノ配當手續ハ賦課規則中ニ之ヲ規定シ一定ノ期日ニ配當ヲ行フコト

六　施行勅令第八條及第九條ノ規定ニ依ル許可稟請ニ際シテハ當該年度ノ歲出入豫算及別紙第一號樣式ニ依ル調書ヲ添附スルコト

營業稅ニ關スル事項

一　營業收益稅法第八條ノ規定ニ依リ營業收益稅ヲ免除セラレタル重要物產ノ製造業者ニ對シテハ營業稅ヲ賦課セザルコト

二　營業稅ノ課稅標準ニ付テハ地方ノ實情ニ應ジ施行規則第二條ノ課稅標準中適當ナルモノヲ選擇シテ內務大臣及大藏大臣ノ許可ヲ受クルコトヲ得ルモ營業稅ノ配賦課稅ハ然ルベカラザルコト

雜種税ニ關スル事項

第一　電柱税ニ關スル事項

一　電柱税ハ年額左ノ制限以内タルベキコト

(イ)　木柱本柱　一本ニ付金七十錢

(ロ)　同　支柱　一本ニ付木柱本柱ノ制限額ノ半額

(ハ)　鐵　柱　一本ニ付木柱本柱ノ制限額ノ一倍半

(ニ)　鐵　塔　一基ニ付木柱本柱ノ制限額ノ三倍

特別ノ事情アルトキハ内務大臣及大藏大臣ノ承認ヲ受ケ鐵塔ニ對シ前記制限ヲ超過シテ賦課シ得ルコト但シ現ニ兩大臣ノ許可ヲ受ケ前記制限ヲ超過シテ賦課セルモノハ其ノ許可年限間更ニ承認ヲ受クルヲ要セザルコト

二　市町村ニ於ケル電柱税附加税又ハ特別税電柱税ハ年額左ノ制限以内タルベキコト

(イ)　市　木柱本柱　一本ニ付金三圓ニ相當スル額

(ロ)　町村　同　一本ニ付金一圓五十錢ニ相當スル額

(ハ)　木柱支柱、鐵柱及鐵塔ニ對スル課税ノ制限ニ付テハ前項道府縣ノ電柱税ノ制限ヲ準用スルコト

特別ノ事情アルトキハ電柱税附加税ニ付テハ道廳長官、府縣知事ノ承認(雜種税附

加税ノ不均一賦課ニ該當スル場合ニハ其ノ許可）ヲ受ケ又特別税ニ付テハ内務大臣及大藏大臣ノ許可ヲ受ケ鐵塔ニ對シ前記制限ヲ超過シテ賦課シ得ルコト但シ現ニ兩大臣ノ許可ヲ受ケ前記制限ヲ超過シテ賦課セルモノハ其ノ許可年限間更ニ許可ヲ受クルヲ要セザルコト

三　既ニ許可ヲ受ケテ賦課セル電柱税又ハ電柱税附加税ニシテ前二項ノ制限ヲ超過セルモノハ機會ヲ見計ヒ相當低減スベキコト

四　木柱控柱ノ類ニ對シテハ課税セザルコト

五　鐵筋「コンクリート」ノ電柱ニ對シテハ其ノ形狀ニ應ジ鐵柱又ハ鐵塔ニ準ジテ課税シ得ルコト

六　府縣費ノ全部ノ分賦ヲ受ケタル市ニ於テハ前記府縣ト市トノ電柱税制限額ヲ合算シタルモノニ相當スル額迄賦課シ得ルコト

七　賦課期日ノ直前一ケ年分ノ事業年度ノ利益配當年六分未滿ナルトキハ課税セザルコト

八　道府縣ガ電柱税ヲ賦課スル場合ニ於テハ市町村ハ特別税電柱税條例ノ施行ヲ停止シ其ノ許可ヲ受ケタルト同額迄附加税トシテ賦課スベキコト

第二　狩獵税ニ關スル事項

狩獵税ハ左ノ制限以内タルベキコト

一　狩獵法第八條ニ規定スル一等及二等ニ該當スルモノ　國税一圓ニ付金十三錢

二　同三等ニ該當スルモノ　國税一圓ニ付金十錢

第三　不動産取得税ニ關スル事項

一　不動産取得税ノ課率ハ不動産價格千分ノ七以内タルベキコト
特別ノ事情アルトキハ内務大臣及大藏大臣ノ承認ヲ受ケ不動産價格千分ノ十二迄賦課シ得ルコト但シ現ニ兩大臣ノ許可ヲ受ケ賦課セルモノハ其ノ許可年限間更ニ承認ヲ受クルヲ要セザルコト

二　市町村ニ於ケル不動産取得税附加税又ハ特別税不動産取得税ハ不動産價格千分ノ十ニ相當スル課率以下タルベキコト
特別ノ事情アルトキハ不動産取得税附加税ニ付テハ道廳長官、府縣知事ノ承認（雜種税ノ不均一賦課ニ該當スル場合ニハ其ノ許可）ヲ受ケ又特別税ニ付テハ内務大臣及大藏大臣ノ許可ヲ受ケ不動産價格千分ノ二十ニ相當スル課率迄賦課シ得ルコト但シ現ニ兩大臣ノ許可ヲ受ケ賦課セルモノハ其ノ許可年限間更ニ許可ヲ受クルヲ要セザルコト

三　電柱税ニ關スル事項（六）及（八）ハ不動産取得税及特別税不動産取得税ニ之ヲ準用スルコト

四　住宅ノ改良又ハ其ノ供給緩和ノ目的ヲ以テ小住宅ヲ建築スル場合ニハ課税セザルコト

第四　遊興税ニ關スル事項

一　遊興税ノ課税標準ハ之ヲ消費金額ノ全部ト爲スカ又ハ其ノ一部（花代ノ類）ト爲スカハ任意ナルモ同一團體ノ課税標準トシテハ其ノ一ニ依ルベキコト

二　遊興税ハ左ノ制限以内タルベキコト

（甲）消費金額ノ全部ヲ課税標準ト爲ス場合

道府縣　消費金額百分ノ五

市町村

（イ）道府縣ニ於テ遊興税ヲ賦課セザルトキ　消費金額百分ノ十

（ロ）市町村ガ北海道地方税又ハ府縣税ノ附加税トシテ賦課スルトキ

北海道地方税又ハ府縣税ノ課率ト通算シ消費金額百分ノ十

（乙）消費金額ノ一部（花代ノ類）ヲ課税標準ト爲ス場合

道府縣　消費金額百分ノ七

市町村

（イ）道府縣ニ於テ遊興税ヲ賦課セザルトキ　消費金額百分ノ十四

（ロ）市町村ガ北海道地方税又ハ府縣税ノ附加税トシテ賦課スルトキ

北海道地方税又ハ府縣税ノ課率ト通算シ消費金額百分ノ十四

（丙）道府縣ガ消費金額ノ全部ヲ課税標準ト爲ス場合ニ於テ市町村ガ消費金額ノ一部ヲ課税標準ト爲シ又ハ道府縣ガ消費金額ノ一部ヲ課税標準ト爲ス場合ニ於テ市町村ガ消費金額ノ全部ヲ課税標準ト爲ストキハ市町村ノ遊興税ハ道府縣ノ

遊興税ノ課率ト通算シ消費金額ノ全部又ハ一部ノ百分ノ十二以内タルベキコト

三　消費金額ノ一部(花代ノ類)ヲ課税標準トシテ課税スル場合ニ於テハ免税點ヲ設ケザルモ差支ナキコト

四　道府縣ガ遊興税ヲ賦課スル場合ニ於テハ市町村ハ特別税遊興税條例ノ施行ヲ停止シ附加税トシテ賦課スベキコト但シ市町村ノ遊興税ガ道府縣ノ遊興税ト課税標準ヲ異ニスル場合ニ於テハ此ノ限ニ在ラザルコト

五　道府縣ノ遊興税ト市町村ノ遊興税ト免税點ヲ異ニスル場合ニ於テハ市町村ハ道府縣ノ遊興税ノ免税點以下ノ部分ニ付テノミ特別税遊興税ヲ賦課シ得ルコト

六　北海道地方税又ハ府縣税ノ徴收義務者ヲ定メタル場合ニ於テハ市町村長ヲシテ徴收金ノ拂込ヲ受ケシメ之ヲ取纏メテ北海道地方費又ハ府縣ノ金庫ニ拂込マシムルガ如キ規定ヲ設ケ得ザルコト

七　徴收義務者ヲ定メタルトキハ遊興税ノ拂込ハ證紙ヲ以テスルコトト爲スヲ得ザルコト

第五　前掲以外ノ雜種税ニ關スル事項

一　施行勅令第十七條第三項ノ規定ニ依リ設定シタル雜種税ニ付課税標準ヲ變更スルコトナク單ニ其ノ課率ノ低減ヲ爲ス場合ニ於テハ内務大臣及大藏大臣ノ許可ヲ受クルヲ要セザルコト

二　觀覽税ハ入場料一人一回金拾五錢以上ノモノニ限リ賦課シ得ベク其ノ課率ノ

制限ニ關シテハ遊興税ノ制限(甲)ヲ準用スルコト

三 傭人税ノ課税標準タルベキモノハ家事用ノ僕婢ニ限リ從業者又ハ作男ノ如キ專ラ營業若ハ職業ニ從事スル者竝家事ト營業若ハ職業トニ兼ネ從事スル者ハ課税標準ト爲スベカラザルコト

戸數割及戸數割ヲ賦課セザル市町村ノ家屋税附加税ニ關スル事項

一 施行勅令第二十三條第二項ノ適用ニ關シ必要アルニ依リ府縣ハ毎年二月末日迄ニ翌年度ニ於テ戸數割ヲ賦課セザル市町村名ヲ取調ベ内務大臣ニ報告スルコト

二 資産ノ狀況ニ依ル資力ノ算定ニ付テハ之ガ利用ヲ誤リテ負擔ノ不均衡ヲ惹起スコトナキ樣嚴密ニ監督スルコト

三 資力算定ノ標準タル所得額ノ計算上職工其ノ他勞役者ノ賃銀等ハ其ノ者ガ獨立ノ企業者ニ非ズシテ專ラ雇傭關係ニ依リ收得スルモノナルニ於テハ假令日給ノモノト雖モ其ノ名稱ノ如何ヲ問ハズ所謂勤勞所得トシテ取扱フベキコト

四 施行勅令第二十六條ノ規定ニ依リ市町村長ニ於テ通報義務ヲ有スル所得ノ範圍ハ其ノ市町村住民ニ非ザル者ガ當該市町村ニ於テ土地家屋物件ヲ所有シ使用シ若ハ占有シ又ハ營業所ヲ定メテ營業ヲ爲シ依テ生ズル所得ニシテ此ノ通報ノ遲速ハ他市町村ノ戸數割ノ賦課ニ至大ノ關係ヲ有スルヲ以テ通報期限ヲ嚴守ス

ル樣充分ニ監督スルコト
尚所得ノ基本タル事實ヲモ併セテ通報セシムルハ之ヲ受ケタル市町村ニ於テ資力算定ノ標準タル資産狀況ヲ測定スル場合ノ參考ニ資スルガ爲(例ヘバ田畑山林ノ所得、家屋又ハ營業ノ所得等其ノ所得ノ基本タル事實ヲ知ルヲ得シムル趣旨)ナルニ付特ニ注意セシムルコト

五　戸數割ノ制限外課税ヲ爲サントスル場合及戸數割ヲ賦課セザル市町村ニ於テ家屋税附加税ノ制限外課税ヲ爲サントスル場合ニ於テハ各國税附加税及特別地税附加税ハ所定ノ制限率迄之ヲ賦課シタルコトヲ要スルコト

六　戸數割ノ制限外課税ヲ爲サントスル場合及戸數割ヲ賦課セザル市町村ニ於テ家屋税附加税ノ制限外課税ヲ爲サントスル場合ニ於テハ基本財産(特別基本財産ヲモ含ム)ノ蓄積又ハ積戻ハ其ノ財源ヲ指定寄附又ハ財産ヨリ生ズル收入ニ求ムルモノヲ除クノ外之ヲ停止シ負擔輕減ノ資ニ充ツルコト但シ追加賦課ノ爲ノ制限外課税ヲ爲サントスル場合ニ於テ從前議決ニ基キ既ニ蓄積ヲ施行シタルモノハ此ノ限ニ在ラザルコト

七　戸數割ノ制限外課税ノ許可稟請及戸數割ヲ賦課セザル市町村ニ於ケル家屋税附加税ノ制限外課税ノ許可稟請ニ付テハ昭和二年三月三十一日内務大藏省訓令第三三四號訓令市町村其ノ他公共團體ニ於ケル課税等ニ關スル議決ノ許可稟請ニ添附スベキ書類調製樣式ノ件ニ準ジ調製シタル書類及別紙第二號樣式ニ依ル調書

ヲ添附スルコト

八　前項制限外課税ノ許可稟請ニ際シテハ左記ノ廉ニ付特ニ注意スルコト

（イ）歳入一覧表及歳出一覧表ハ訓令所定ノ通調製シ不備ナキヲ期スルコト

（ロ）歳入ニ公債ヲ計上シタル場合ニ於テハ其ノ起債許可ノ稟請ト同時ニ提出セシムルコト若シ委任許可債ナルトキハ許否ノ見込ヲ稟請書ニ附記スルコト

（ハ）歳出ニ國ノ事業ニ對スル寄附金ヲ計上シタル場合ニ於テ内務省ニ内申ヲ要スルモノナルトキハ其ノ内申書ヲ同時ニ提出スルコト

（ニ）歳出中相當多額ノ寄附金又ハ補助金ノ計上アル場合ニ於テハ其ノ内容及必要ナル事由ヲ稟請書ニ附記スルコト

（ホ）基本財産蓄積費ヲ豫算ニ計上シタル場合ニ於テハ蓄積ノ財源ヲ稟請書ニ明記スルコト仍ホ從前議決ニ基キ既ニ執行濟ノモノナルトキハ其ノ旨ヲ附記スルコト

（ヘ）戸數割ノ制限外課税ノ許可及戸數割ヲ賦課セザル市町村ニ於ケル家屋税附加税ノ制限外課税ノ許可ハ賦課スベキ豫算ノ總額ヲ許可スルモノナルヲ以テ假令課率ヲ增加セズ自然增收ノ爲メ豫算ノ追加又ハ更正ヲ爲ス場合ニ於テモ苟モ當初許可ヲ受ケタル賦課スベキ豫算總額ヲ超ユル場合ハ更ニ許可ヲ要スルコト但シ他ノ市町村税ニ於テ追加ヲ爲シ戸數割及家屋税附加税ノ額ガ法定ノ制限割合ヲ超過セザルトキハ此ノ限ニ在ラザルコト

九　施行規則第二十八條ノ規定ニ依リ戸數割ノ制限外課稅ノ許可ヲ爲シタルトキハ別紙第三號樣式ニ依ル報告書ヲ内務大臣ニ提出スルコト

第一號樣式

家屋稅參考表

種目	本年度		前年度	
府縣稅豫算總額	円	厘	円	厘
家屋稅額				
府縣稅總額ニ對スル家屋稅ノ百分比				
地租附加稅課率　宅地				
地租附加稅課率　其ノ他				
特別地稅課率				
營業收益稅附加稅課率				

所得稅附加稅課率				

（備考）

一、當初課稅ノ稟請ヲ爲サントスルトキハ前年度欄ニハ當初豫算（同時議決ノ追加豫算ヲ合算ス）ニ依リ記入スルコト但シ昭和二年度ニ限リ家屋稅額ニ付テハ戸數割稅額（家屋稅ヲ賦課シタルモノアルトキハ之ヲ合算シタル額）營業收益稅附加稅課率ニ付テハ營業稅附加稅課率ヲ記載スルコト

一、同一年度內ニ於テ數度許可稟請ヲ爲サントスルトキハ二回目以後ニ於テハ稟請當時ノ現在ニ依リ相當欄ニ記入シ前年度欄ノ記載ハ之ヲ要セザルコト

一、府縣費ノ全部ノ分賦ヲ受ケタル市ニ於ケル家屋稅ニ付テハ本樣式ニ準ジ調書ヲ作製スルコト

第二號樣式

戸數割制限外課稅參考表

種目	本年度	前年度
市町村稅豫算總額	円	円

戸數割税額				
市町村税豫算總額ニ對スル戸數割税額ノ百分比				
制限額（税總額ノ百分ノ三十七又ハ六十）				
戸數割納税義務者一人當				
地租附加税課率　宅地				
地租附加税課率　其ノ他				
特別地税附加税課率				
營業收益税附加税課率				
「所得税附加税課率」				

（備考）

一、當初課税ノ稟請ヲ爲サントスルトキハ前年度欄ニハ追加ヲ合算シタル豫算ニ依リ記入スルコト但シ昭和二年度ニ限リ營業收益税附加税課率ニ付テハ營業

税附加税課率ヲ記載スルコト

一、同一年度内ニ於テ數度許可稟請ヲ爲サントスルトキハ二回目以後ニ於テハ稟請當時ノ現在ニ依リ相當欄ニ記入シ前年度欄ノ記載ヲ要セザルコト

一、戸數割ヲ賦課セザル市町村ニ於ケル家屋税附加税ノ制限外課税ニ付テハ本樣式ニ準ジ調書ヲ作製スルコト但シ納税義務者一人當ハ之ヲ記載スルコトヲ要セズ

第三號樣式

戸數割制限外課税許可報告 昭和何年度 自何月 至何月 何道府縣

税目	市町村税豫算總額	戸數割税額	戸數割制限外課税額	制限外課税額ノ費途			
				土木費	教育費	衞生費	何々
戸數割	円	円	円				円
計							

許可件數　何件

許可團體數　何市(町村)

(備考)
一、本件報告ハ一年度分ヲ二期ニ分チ四月ヨリ九月迄ノ分ヲ十月末日迄ニ、十月ヨリ三月迄ノ分ヲ四月末日迄ニ報告スルコト
二、市ノ分ト町村ノ分トハ各別表ニ之ヲ調製スルコト
三、「許可團體數」後半期分ニ在リテハ前半期ニ於テ許可シタル團體ト重複スルモノアルトキハ其ノ數ヲ附記スルコト

◎戸數割ノ制限外課税ヲ爲ス場合基本財産ノ蓄積又ハ積戻ノ停止ニ關シ通牒(昭和二年五月十日千地第三一號)

市町村ニ於テ戸數割ノ制限外課税ヲ爲ス場合ハ地方税ニ關スル法律命令ノ施行ニ關スル通牒(戸數割附加税ニ關スル事項中第六項)ニ依リ基本財産(特別基本財産ヲ含ム)ノ蓄積又ハ積戻ハ其ノ財源ヲ指定寄附又ハ財産ヨリ生ズル收入ニ求ムルモノヲ除クノ外之ヲ停止シ負擔輕減ノ資ニ充ツベキモノナルモ右ハ府縣知事許可範圍ノ制限外課税ノ場合ニ於テハ仍從前ノ通取扱可然

戸數割に關する行政實例

◎所得額ノ計算ハ所得稅法ト大體ニ於テ同一ナルモ勤勞所得ニ係ル控除額ノ相違及所得稅法以外ノ所得ヲ加ヘアル等ニ依リ必スシモ國ノ決定額ト一致セス假ニ所得稅ノ調查材料ト全然同一ノモノヲ用ヒタル場合ニ於テ其ノ決定ノ結果同一額ヲ得サルモ止ムヲ得サルモノトス

◎所得ノ調查ニ關シ賦課規則等ヲ以テ調查機關ヲ設クルハ不可然

◎資力算定ノ標準タル所得ヲ申告セシムルト否トハ府縣ノ任意ナルモ申告セシムルヲ便宜ト存ス

◎所得ノ調查ハ市町村長ニ於テ爲スモ之カ決定ハ賦課ノ細目ニ係ル事項ト認メラルルニ付自然市町村會ノ議決ニ依ル義ト存ス

◎戸數割規則第四條ニ所謂直接國稅及直接府縣稅ハ住民カ其ノ市町村外ニ於テ賦課ヲ受ケタルモノヲモ包含スルモノトス

◎戸數割規則第十一條第一項但書中「他ノ府縣ノ賦課セサル部分ニ付テノミ賦課ス」トアル

ハ同條第三項但書ノ場合ノミヲ想定シタル義ナリ

◎非住民カ賦課ヲ受ケタル鑛業税税額ハ主タル營業所所在地市町村ニ於テ通報スル樣致シタシ

◎戸數割規則ハ必スシモ府縣制第百九條ヲ適用セサル可ラスト謂フニ非ラサルモ同條ノ規定ヲ適用スル方便宜ト認ム又戸數割規則第十三條ノ通報額ニ付テハ取捨增減ヲ爲スコトヲ得ス

◎戸數割規則第十三條ニ依リ通報スヘキ所得ハ施行細則第三條ニ依リ算出シタル所得額トス但シ同條第一項第一號及第六號ノ場合ハ損失額ヲモ通報スルヲ要スルモノトス

◎戸數割附加税制限外課税稟請書ニ添附スル歳入一覽表ニ豫算決議濟ノ旨ヲ記載スルニ於テハ別ニ制限外課税ノ決議書謄本添附ヲ要セス

◎戸數割規則第十四條第一項第一號中府縣税豫算總額ニハ都市計畫特別税ヲモ包含スルモノトス

◎地方税制限ニ關スル法律第五條ノ適用ヲ受クル場合及特別税ヲ新設スル場合ニ於テモ府縣税戸數割規則第十四條第一項第一號ノ制限ニ達スルコトヲ要件トセス

◎戸數割規則第三條但書ニ依ル資産ノ狀況ヲ斟酌スルニ當リ一部特定ノ納税義務者ニ對シテノミ之ヲ施スモ差支ナキモノトス

◎規則第四條中ノ住民ハ市制第八條町村制第六條ノ住民ト同一義ニシテ同時ニ二ケ市町村以上ノ住民トナルヲ得スト解スヘキナリ

◎神社佛閣ハ市町村住民ニ非ラサルヲ以テ戸數割ノ配當上何等關係ナキモノトス

◎一定ノ税額ヲ負擔スルモノハ夫レニ應シタル資力ヲ有スルモノト見テ税額ヲ配當標準トスルニ付府縣税ノ如ク各府縣其ノ税率ノ異ナルモノアルモ差支ナキモノトス

◎北海道ニ於ケル直接國税及地方税モ規則第四條ノ配當標準中ニ加算スヘキモノトス

◎戸數割ハ其資力ノ略相等シキモノヲ合併シ從前ノ如ク等級ヲ設クルコトハ不可然

◎府縣制第百六條該當者中雜種税納付者殊ニ演劇興行税居畜税臨時市場税納付者ノ如キハ其ノ行爲ヲ終ルト共ニ更ニ他地方ニ去ルモノ多キヲ以テ規則第十三條通知ノ時機ニ於テ其ノ住所ヲ知ルヲ得サルモノアリ之等ハ假令其ノ者ノ住所地ニ納税額ニ關シ何等ノ通報ヲ發セサルモ其ノ市町村住民ニ非ラサルコト勿論ナルヲ以テ行爲地市町村ニ對スル規則第四條ノ配當標準中ヨリ控除シ然ルヘキモノトス

◎土地家屋物件等ヲ所有スルモ其ノ管理ヲ親戚等ニ一任シ他地方ニ居住スルモノニシテ其ノ住所不詳ナル爲規則第十三條ノ通知ヲ爲スヲ得サルモノ又ハ海外出稼者ノ納税額ハ其ノ所在地市町村ニ對スル第四條ノ配當標準中ヨリ控除シ然ルヘキモノトス

◎新ニ納税義務ノ生シタル者ノ賦課額ヲ規則第十一條第二項ニ依リ他ノ納税者ノ賦課額ニ比準シテ町村長限リ定ムルコトハ不可然必ス市町村會ノ議決ニ依リ之ヲ定ムルヲ要スルモノトス

◎規則第十三條ノ其ノ年度分所得トハ施行細則ノ規定ニ依リ計算シタル其ノ年ノ戸數割賦課標準トナスヘキ所得ヲ指スモノトス

◎所得計算ノ結果所得皆無トナル者又ハ法定控除ヲ行ヒタル爲尙不足額ヲ生スル者ニ對シテハ所得ニ依ル資力ナキ者トシテ取扱フヘキモノトス

◎町村制第七條ノ獨立ノ生計ヲ營ム者ニ關シテハ獨立ノ生計ヲ營ムニ足ル資産ヲ有スル者ナル以上反證ナキ限之ヲ獨立ノ生計者ト認ムヘキ例ナルモ戶數割規則第一條第二項ノ獨立ノ生計者ハ之ト同視スル事ナク卽他人ノ家ヲ間借シ又ハ下宿スル者ニ限リ之ヲ適用シ一戶ヲ構フル戶主ト同居スル家族カ資産ヲ有スルコトアルモ之ヲ以テ直ニ獨立ノ生計ヲ維持スルモノト推定シテ戶數割ヲ課スルコトナク其ノ者ノ所得ハ戶數割規則第六條ヲ適用シテ構戶者ノ所得ト看做スヲ以テ戶數割課稅ノ本旨ニ副フモノトス

◎現實ニ收入ヲ得サルモ自己所有ノ住宅ニ居住スル者及日常必需品タル燃料蔬菜肥料（主トシテ秣草ノ類）等ヲ自給スル者ト否ラサル者トノ間ニハ資産ニ著シキ差等アリ擔稅能力ニ多大ノ軒輊アリト雖資力算定ノ標準タル所得ヲ査定スルニ方リ其ノ賃貸價格若ハ收入豫算年額ヲ算定シテ之ヲ所得額ニ加算スルハ不可然自己所有ノ住宅ニ居住スル者ニ對シテハ所謂資産ノ狀況ヲ斟酌シテ資力ヲ算定スヘク又燃料蔬菜及肥料等ヲ全ク自家用ニ供スルモノナルニ於テハ之亦資産ノ狀況ヲ斟酌シテ資力ヲ算定スルヲ妥當トス

◎北海道ニ於ケル所得モ資力算定標準タル所得ニ算入スヘキモノトス

◎戶數割ヲ一先市町村ニ配當スルハ課稅技術上ノ便宜ニ出テタルモノニシテ之カ配當ニ際シ各市町村間ニ均衡ヲ得シムルニハ其ノ市町村住民ノ總資力ニ應シテ之ヲ爲スヲ適當トスヘキヲ以テ規則第四條ハ右ノ趣旨ニ依リ市町村住民ノ資力ノ表現ト認メラルヘ

キ國府縣税額ヲ標準トナシタルモノニシテ其ノ之ヲ標準トナスニ於テハ最近ノ實績タル前々年度ニ於ケル市町村住民ノ賦課ヲ受ケタル額ニ依ルノ外ナク其ノ結果前々年度ニ於ケル住民ト戸數割賦課ノ年度ニ於ケル納税義務者トハ必スシモ一致セサルト共ニ數府縣ニ於テ戸數割ヲ賦課スル場合ニハ一市町村ノ配當標準ニ加算セラルヽ納税額大ニシテ而カモ本人ニ對スル賦課ハ其ノ市町村内ノミノ所得ヲ資力ノ標準トセサルヘカラサル場合アリ此ノ如キ時ハ事實其ノ市町村内ノ所得ハ甚タ僅小ニシテ賦課ハ小額ニ止マリ幾分斟酌増課ノ途アルモ結局配當ヲ受ケタル本人以外ノ町村民カ多少ノ負擔タ爲サヽルヘカラサルコトアルヘシト雖之レ止ムヲ得サルナリ然レトモ其ノ事實著シキトキハ規則第四條第二項ノ規定ニ依リ特別ノ配當標準ヲ設ケテ之カ救濟ヲ計ルヲ一方法トス

◎十月一日ヲ以テ某村ヲ廢シテ某市ニ編入スル場合某村ニ配當シタル戸數割ノ内十月一日ヲ以テ賦課スヘキ後半期分ハ規則第四條第三項ニ依リ縣ノ缺損トナサスシテ此ノ場合ニハ一且某市配當額ハ之ヲ取消シ施行細則第二條第二項後段ノ規定ニ依リ某市ノ配當標準ヲ定メ郡負擔ニ屬スル金額ヲ除キタル額ヲ某市ヘノ配當額ニ合セタル額タケヲ賦課シ得ルモノトス

◎戸數割賦課後一納税義務者ヨリ異議申立アリテ其ノ者ノ賦課ヲ取消シタル場合ハ其ノ取消サレタル賦課額ハ缺損ト認メ他ノ一般納税義務者ニ對スル賦課額ハ適法ナルモノトシテ處理シ然ルヘシ

◎府縣稅戶數割規則第四條第三項配當額ハ配當後標準ニ異動ヲ生スルモ之ヲ更正セストハ配當後國府縣稅額及納稅義務者ノ數ニ異動ヲ生シタルトキハ勿論錯誤アリタル場合ニモ之ヲ更正セサルノ趣旨ナリ

◎規則第十三條ノ通報ハ國府縣稅ヲ賦課シタル當時ニ於ケル其ノ者ノ住所地ニ爲スヘキモノナルヲ以テ豫メ調査スルニ於テハ住所ノ判明セサルモノノ如キハ極メテ尠カルヘク自己ノ市町村ニ住所ヲ有セサル者ノ通報ヲ受ケタル場合ハ其ノ者ノ住所ヲ知リ得ルニ於テハ住所地ニ轉送スルカ或ハ通報ヲ發シタル市町村長ニ返戾スル等適當ニ處理スヘク萬一全ク住所不明ノ場合ハ何等通報セサルモ亦止ムヲ得サルモノトス

◎資產ノ狀況ヲ斟酌シ資力ヲ算定シ賦課スルニハ其ノ算定スヘキ基本タル資產アルコトヲ要件トナサス資產ノ有無ニ拘ラス生活ノ狀況等ヲモ斟酌スヘキモノトス

◎市町村會カ資產狀況ノ斟酌ヲ爲ス場合ニ在リテモ一定ノ基礎アル事實ニ基クヲ要スルハ勿論ノ義ニシテ尙此ノ場合資力算定上適當ナリトセラルル者ノミ斟酌ニ依リ課セラルル結果或ハ各納稅義務者タルコトアルヘク或ハ其ノ中ノ若干人タルコトアルヘシ

◎資產ノ狀況斟酌ニ依ル賦課ニ付府縣制第百九條ニ依ル委任ノ範圍內ニ於テハ市町村ヲシテ定メシメシメ可然

◎町村會カ縣會ノ委任ニ依リ戸數割ノ賦課ノ細則ヲ議決スルニ方リ賦課期日現在ニ於ケル納税義務者ヲ脱漏議決シタル場合ニアリテモ其ノ脱漏サレタルコトニ因リ其ノ納税義務ハ免除セラレタルモノナリト謂フヲ得ス苟モ一戸ヲ構ヘ又ハ獨立ノ生計ヲ營ミ且縣税賦課規則ニ依リ戸數割ヲ賦課セサルモノニ該當セサル以上ハ課税年度ノ經過後ト雖モ依然トシテ其ノ納税義務者タルコトヲ失ハス故ニ後日如斯者ヲ發見シタル場合ニハ其ノ者ニ對シ遡及シテ戸數割ヲ賦課徴收シ得ルモノトス

◎其ノ町村内ニ於テ縣税戸數割附加税納付ノ義務ヲ有スル以上偶々賦課漏レノ爲メ納税セサルコトアルモ右ハ賦課スヘキモノニシテ町村制第七條第一項第四號ニ所謂町村税ヲ納付スル者ニ該當スルモノトス

◎縣税賦課規則第七條ニ脱税者ヲ發見シタルトキハ其ノ脱税額ヲ一時ニ追徴ストノ規定ハ戸數割ノ賦課漏トナリタル者ニ對シテモ適用アルモノトス

◎縣税戸數割賦課細目ニ關スル村會ノ議決ヲ不適當ナリトシテ取消ヲ爲シタル郡長ノ處分ハ違法ナリトス

◎村會ノ爲シタル戸數割議決ノ内容ニ違法アル場合ハ府縣制第百九條第二項ニ所謂不適當ナル議決トシテ府縣參事會ノ議決ニ付スヘキモノニシテ郡長ニ於テ町村制第七十四條第三項ニ依リ處分スヘキモノニアラス

◎縣税戸數割ノ賦課ヲ不當ナリトシ爲サレタル訴願ニ對スル縣參事會ノ決定ニ不服アリトセハ府縣制第百十五條第三項ニ依リ行政裁判所ニ出訴シ得ヘシト雖モ之ヲ内務大臣

ニ訴願シ得ヘキモノニアラス

◎地方ニ於ケル區裁判所出張所（登記所）等ニ勤務セル所員ニシテ宿直ヲ兼ネ該出張所內ニ居住スル者ニ對スル府縣稅戶數割ノ賦課ニ關シテハ各具體的事實ノ認定如何ニヨルヘキモノナルモ一時的ニアラスシテ該所員カ獨立ノ住居ヲ占メ若ハ獨立シテ住居ヲ占メサルモ自ラ炊爨ヲ爲スカ如キ場合ハ概ネ戶ヲ構フル者ト認メ又他ヨリ食事一切ノ供給ヲ受クルカ如キ場合ハ獨立シテ生計ヲ營ム者ト認ムヘク而シテ納稅義務者一人ナルトキハ其ノ義務者カ自己ノ日常起臥、飲食、炊爨等私事ニ關シテ使用スル建物ノ坪數ハ總テ同人ノ資力算定ノ具タル住家坪數ニ算入スヘク若シ二人以上ニテ同時ニ同一建物ヲ使用スルカ如キ場合ハ右同樣私事ニ使用スル建物ノ坪數ノミニ付キ府縣稅戶數割規則第八條ヲ適用シ坪數ノ計算ヲ爲スヘキ義トス

◎從來私法人建物稅カ個人ノ戶數割ニ相當スルモノナリト雖モ將來戶數割ニ相當スル特別稅トシテ設定スルハ不可然義トス

◎本訴願ノ要旨ハ北海道地方稅戶數割ノ賦課ヲ違法ナリトシテ嚢ニ北海道廳長官ニ之カ異議ノ申立ヲ爲シタルニ北海道參事會ニ於テ該賦課ヲ正當ナリト決定セルヲ以テ之カ救濟ヲ求ムト云フニ在ルモ右ハ北海道地方費法第二條及府縣制第百十五條第三項ノ規定ニ依リ行政裁判所ニ出訴スヘキモノニシテ訴願ヲ提起スヘキモノニ非ス

◎戶數割ノ賦課ニ於テ所得額ヨリ控除スヘカリシ公課ヲ控除セスシテ資力ヲ算定シ而シテ資產狀況斟酌ニ方リ該公課ニ相當スル額ヲ減額スルカ如キハ不可然

◎健康保險ノ被保險者ノ負擔スル保險料ハ健康保險法第七十二條ノ規定ニ依リ公法上ノ義務トシテ當然支出スベキモノナルヲ以テ該保險料ハ戸數割ノ課稅標準中ヨリ之ヲ控除スルヲ適當ト認メラルルモ關係法規ヲ改正セザル限リ現在ニ於テハ之ヲ控除スベキ規定ナキヲ以テ事實已ムヲ得ザルモノトス

◎縣稅戸數割賦課資力ノ調査ニ付府縣稅戸數割規則施行細則第三條第一項第三號及第六號ノ如ク收入豫算年額ヲ以テ定ムル所得ノ計算時ハ賦課額議決當時ノ事態ニ依リ推算スヘキモノト存ス

◎縣稅戸數割賦課資力ノ調査ニ付府縣稅戸數割施行細則第三條第一項第三號及第六號ノ如ク收入豫算年額ヲ定ムル所得計算ノ時期ニ關シテハ別段ノ規定ナキモ右ハ賦課期日ノ現況ニ依リ計算スベキモノニ非ズシテ賦課額議決當時ニ於テ觀察計算シ得ル所得ノ狀況ニ依リ計算スベキモノトス

◎戸數割條例ヲ以テ納稅義務者ノ資力算定ノ方法ニ關シ具體的詳細ニ規定セルニ於テハ戸數割ノ隨時賦課ノ必要アル場合市町村長限リ納稅義務者ノ賦課額ヲ定メ差支ナキモ然ラサル場合ハ從前通市町村會ノ議決ニ依リ定ムヘキモノトス

◎年稅ニシテ二期ニ徴收スベキ市町村特別稅戸數割ヲ賦課スルニ當リ其ノ前期ニハ年額ノ切半額ヲ賦課徴收シ後納稅者他ノ市町村ニ轉出シタル場合後期分ニ對シテハ未ダ令書ヲ發セザルモ後期分ヲ賦課徴收シ得ル義ニ有之

◎一回議決ニ依ル年稅ニシテ二期ニ徴收スル特別稅戸數割ノ前期徴稅令書ニ年額ノ折半

額ヲ記載シ納税義務者ニ交付後、後期徴税令書發布前ノ他ノ市町村ニ轉住シタル場合ハ該徴税令書ニ「賦課年額何程ノ内前記徴收額何程後期徴收額何程」ト記載シタル場合ト否トヲ問ハス右ハ大正十五年勅令第三百三十九號第二十五條第二項ニ所謂賦課後ト解スヘキモノトス

◎解散法人ヨリ分配ヲ受クル殘餘財産ハ之ヲ個人ノ受クル利益配當ノ所得トシテ戸數割賦課ノ標準ニ算入スベキモノナリヤ否ニ付テハ右ハ利益配當ニ非ズ即チ營利ノ事業ニ屬セザル一時ノ所得ト解セラルルガ故ニ之ヲ賦課ノ標準ニ算入スルハ適當ナラズ

◎戸數割納税義務者ノ資力算定ニ錯誤アリシヲ後年度ニ至リテ發見シタル場合其ノ者ニ限リ資力算定ノ標準ヲ更正シ資力ニ適應スル税金ヲ徴收シ得ルヤ否ヤニ付テハ縣税戸數割ハ之ヲ市町村ニ配當シ配當ヲ受ケタル市町村ニ於テ其ノ配當額ヲ標準トシテ各納税者ノ賦課額ヲ定ムルモノニ付偶々或ル納税者ノ資力算定ノ標準ヲ更正シ資力ニ應スル税金ヲ徴收スルカ如キハ配當課税タル本質ニ鑑ミ適當ナラサルニ付各納税者全般ニ亙リ賦課額ヲ更正シ既納ノ税金ニ對シ夫々追徴還付ヲ爲スコトヲ要ス

◎町村特別税戸數割納税義務者ノ資力算定標準ニ錯誤アリタルヲ年度經過後之ヲ發見シタル場合ニ於テハ其賦課ニ關シ異議申立ナカリシ場合ト雖町村長ニ於テ錯誤ニ依ル納税義務者ノ賦課額ヲ資力ニ相應スル賦課額ニ更正議決ヲ經追徴還付スベキモノトス
前項ニ依リ賦課額ヲ更正スルトキハ他ノ各納税義務者ノ年税賦課額ニ影響ヲ及ボスヲ以テ右ノ場合ハ納税義務者全部ニ付賦課額ヲ更正シ夫々追徴還付ヲ爲スベキモノトス

戸數割ニ關スル行政裁判例

◎府縣制第百十五條第一項第三項ノ法律上救濟ヲ受ケ得ル範圍（大正一二、五、三〇判決）
府縣制第百十五條第一項第三項ニ依リ府縣稅ノ賦課ニ付違法又ハ錯誤アリトシテ法律上ノ救濟ヲ受ケ得ル範圍ハ自己ニ賦課セラレタル部分ニ限定セラルルモノナリ從テ同條ニ依リ他人ニ對スル府縣稅賦課處分ノ取消ヲ求ムル訴ハ不適法トシテ却下スヘキモノトス

◎行政訴訟ヲ許サザル事項（大正一二、六、一一判決）
村會カ府縣制第百九條第一項ニ基キ爲シタル縣稅戸數割ノ賦課額議決ニ對シ法律勅令中異議ノ中立及行政訴訟ヲ許シタル規定ナシ

◎村會議決ノ更正又ハ取消ヲ許サザル場合（大正一二、七、二一判決）
大正十年勅令第四百二十二號府縣稅戸數割ノ賦課ニ對シテハ他人ニ對スル戸數割ノ賦課ノ基本タル所得額住家坪數、資産ノ狀況ニ依ル斟酌額ニ錯誤アルトキハ更正ヲ求ムルコトヲ得
然レトモ戸數割賦課ニ關スル村會ノ議決ノ更正又ハ取消、他人ニ對スル賦課更正又ハ取消ヲ求ムルヲ得ス

◎戸數割納税義務者ノ資産狀況ノ算定方法(大正一二、七、二四判決)
府縣税戸數割ノ賦課ニ付キ納税義務者ノ資産ニ非サル資産ニ依リ納税義務者ノ資産ノ狀況ヲ斟酌スヘカラサルモノトス
府縣税戸數割ノ賦課ニ付キ資産ノ狀況ヲ斟酌スルニ方リ土地家屋ノ如キ公簿上其ノ所有ヲ證明シ得ヘキ資産ニ付テハ反對ノ事實ヲ認定スルニ足ル立證ナキ限リ名義上ノ所有者ヲ以テ實質上ノ所有者ト認メサルヘカラス

◎違法議決ニ依ル賦課ノ取消(大正一二、一〇、三〇判決)
急施ヲ要スル場合ニアラサル村會ノ開會竝ニ其ノ議決ハ其ノ招集及ヒ會議事件告知ノ日ト開會ノ日トノ間ニハ三日ノ期間ヲ存スルコトヲ要ス
右期間ヲ存セスシテ開會シタル村會ノ議決ニヨル縣税戸數割ノ賦課ハ取消スヘキモノトス

◎戸數割ト附加税トノ關係(大正一二、一〇、三〇判決)
縣税戸數割ノ賦課カ違法ナリトシテ取消サレタルトキハ之ヲ基本トセル村税戸數割附加税ノ賦課モ亦取消サルヘキモノトス

◎所得額ニ依ル資力ノ算定方法(大正一二、一二、二五判決)
大正十年勅令第四百二十二號府縣税戸數割規則ニ於ケル所得額ニ依ル資力ノ算定ニ付テハ所得額ニ比例スルノ法意ナリト解スルヲ相當トス

◎寄留變更ノ屆出ト住所ノ移轉、課税標準ノ算定方法(大正一三、五、一二判決)

寄留變更ノ屆出ノミニ因リテ住所ノ移轉アリタルモノト爲スコトヲ得ス
府縣稅戶數割規則第七條第一項及第二項ノ規定ニ依レハ一府縣ニ於テ戶數割ヲ納ムル義務アルモ其ノ府縣內ニ住所ナキ者ニ付テハ其ノ府縣以外ノ地ニ於ケル所得ヲ其ノ資力算定ノ標準中ニ加算スルコトヲ得サルモノトス

◎所謂納稅義務者ト生計ヲ共ニスル者ノ意義（大正一三、五、二六判決）

本訴ハ納稅義務者ノ三男ニシテ分家シ相當ノ所得ヲ有シテ他地方ニ遊學シ居ル者ヲ府縣稅戶數割規則第六條ノ適用上納稅義務者ト生計ヲ共ニスル者ニ非スト認定シタル事件ナリ

◎過重配當ニ依ル縣稅戶數割ノ配當額ニ基ク戶數割ノ賦課（大正一三、七、八及同七、一八判決）

備考（戶數割規則改正前ノ判決）

錯誤ニ因リ縣稅戶數割ノ配當額ヲ過重ニ配當セラレタル町村ニ於テ其ノ配當額ヲ基礎トシテ賦課シタル戶數割ハ其ノ賦課額ニ錯誤アリ違法ナリトス

◎資產狀況ノ算定方法（大正一三、七、二八及同一二、二六判決）

府縣稅戶數割規則第三條ニ所謂「資產ノ狀況ヲ斟酌シテ之ヲ算定スルコトヲ得」ハ各納稅義務者ノ資力算定標準ノ一トシテ資產ノ狀況ヲモ採用スルコトヲ得ルノ趣旨ニシテ之ヲ採用シタル場合ニ於テハ當該町村ノ戶數割總額ノ十分ノ四以內ニ於ケル一定ノ金額ハ各納稅義務者ノ資產ノ狀況ヲ標準トシテ各自ニ之ヲ配當スルコトヲ要スルモノト解スルヲ相當トス而シテ右ノ趣旨ト異ナル方法ニ依リ爲シタル配當ハ違法ニシテ反證ナ

キ限ハ資産ノ狀況ニ相應セサルモノト認ムヘク戸數割ノ賦課ハ取消ヲ免レサルモノトス

◎違法議決ニ依ル賦課ノ取消（大正一三、七、二八判決）

町村制第四十七條第三項ノ規定ハ急施ヲ要スル場合ヲ除クノ外町村會ノ招集及會議事件ノ告知ノ日ト開會ノ日トノ中間ニ少クトモ三日ヲ存スルコトヲ要スルノ趣旨ナリト解スヘキモノニシテ此ノ規定ニ違反シテ開會シタル町村會ニ於ケル府縣稅戸數割賦課額ノ議決及該議決ニ基キタル同戸數割ノ賦課ハ違法ナリ

◎所得額ノ範圍（大正一三、一〇、一四判決）

營業名義人ハ單ニ名義ヲ貸與シタルニ止リ名義ヲ借リタル者カ事實營業ヲ爲シ其ノ營業ヨリ生スル所得ハ總テ同人ニ歸屬スル以上ハ假令營業ニ關スル諸稅カ營業名義人ニ賦課セラレタリトスルモ該業ヨリ生スル所得ヲ名義ヲ借リテ營業ヲ爲ス者ニ對スル府縣稅戸數割賦課ノ標準ニ算入スルモ違法ナリト爲スヲ得ス府縣稅戸數割賦課ニ關シ營業所得カ事實何人ニ歸屬スルヤヲ調査スルハ違法ナリト云フヲ得ス

◎徵收ノ便宜上各自ノ議決賦課額ヨリ減額シタル賦課ノ效力（大正一三、一二、二六判決）

村會ニ於テ縣稅戸數割賦課額ヲ議決シタル後村長ニ於テ單ニ徵收ノ便宜上各自ニ對スル賦課額中奇數ノモノヨリ各一錢ヲ減シテ之ヲ偶數ニ修正賦課シタル場合ト雖村會ノ決議額以上ニ賦課ヲ受ケサル者ハ之ニ因リ法律上ノ救濟ヲ受クヘキ不利益ヲ蒙リタル

モノニ非ス從テ其ノ者ニ對スル賦課ハ取消スヘキ限ニ在ラス

◎異議申立期間（大正一四、一二、二九判決）

府縣稅ノ賦課ニ關スル異議申立書ノ府縣知事ニ到著シタル時期カ法定ノ期間經過後ナル以上町長ニ提出シタル時期ノ如何ニ拘ラス該異議申立ハ法定ノ期間ヲ經過シタル不適法ノモノトス

◎具體的標準ト見立割（大正一四、三、五判決）

縣稅戶數割ノ賦課ニ關シ納稅義務者ノ資產狀況ノ斟酌トシテ一定ノ具體的標準ニ依ルノ外右等具體的標準ニ依リ計算スルコト能ハサル資產ニ關シ見立割ヲ爲スコトヲ得ル趣旨ノ規定ニ基キテ見立割ヲ爲スニ當リテハ納稅義務者一般ニ付其ノ狀況ヲ考量シテ各納稅義務者ニ對シ之ニ由ル負擔ノ有無及金額ヲ決定スヘキモノトス

◎納稅義務者タルヘキモノノ範圍（大正一四、四、一六判決）

府縣稅戶數割ハ府縣制第百六條ニ所謂土地家屋物件營業若ハ其ノ收入ニ對シ又ハ行爲ニ對シテ賦課スルモノニ非ス

府縣稅戶數割ハ府縣內ニ住所ヲ有スルカ若ハ三箇月以上滯在スル者ニ對スル外之ニ賦課スルコトヲ得サルモノトス

◎納稅義務者タルヘキモノノ範圍（大正一四、四、二四判決）

町村內ニ住所ヲ有セス又ハ三月以上滯在ノ事實ナキ者ニ對シテハ其ノ町村ハ府縣稅戶數割附加稅ヲ賦課スルヲ得ス

◎戸數割ニ對スル資力算定ニ關スル訴（大正一四、五、二五判決）
府縣稅戸數割規則施行細則第三條第一項第六號ハ收入豫算年額ニ依ルヘキヲ規定シタルモノニシテ計算方法ニ付テハ何等特定スルモノニアラス

◎所得額ノ調査方法（大正一四、六、一六判決）
戸數割賦課ノ基準タル所得額ハ單ニ課稅ノ標準トシテ算出シタルニ止マリ村民ノ實際生活費ト一致スヘキモノニ非サルヲ以テ村ノ戸數割賦課ノ標準タル全所得額ヲ人口ニ平均シ其ノ一人當リノ額カ生活費トシテ寡少ナリトスルモ此ノ一事ヲ以テ直ニ所得額ノ調査ニ錯誤アリト云フヲ得ス

◎資產狀況ノ算定方法（大正一四、六、一八判決）
府縣稅戸數割ノ賦課ニ付各納稅義務者ノ資產狀況ニ付具體的調査ヲ爲サス單ニ達觀的ニ資產ノ多寡ヲ定メタルノミナラス資產アル者ノ中ニ就テモ資產ノ狀況ニ依ル賦課額ヲ配當セル者ト然ラサル者トノ別ヲ設ケ以テ戸數割配當額ヲ定ムルカ如キハ結局資力ニ對應スル賦課ト云フヲ得サルカ故ニ違法ナリ

◎違法賦課ノ戸數割ト其ノ追徵分トノ關係（大正一四、六、一八判決）
後期分縣稅戸數割ノ賦課カ資力算定ニ付違法アルモノナルトキハ茨城縣々稅賦課徵收規則第十九條第一項但書ニ依リ該賦課ノ時ニ算定シタル資力ニ依リ賦課セラレタル同稅追徵分ノ賦課モ亦違法ナリ

◎府稅戸數割賦課ノ取消及更正ノ方法（大正一四、六、三〇判決）

納稅義務者ニ對シ府縣稅ヲ賦課シタル場合ニ於テ其ノ承諾及上級官廳ノ允許ヲ得ルニ非サレハ一旦爲シタル賦課ヲ取消スコトヲ得サルカ如キ法規上ノ制限アルコトナシ
納稅義務者ノ資産總額ヲ更正シタル結果戶數割ノ賦課額ヲ更正スルニ當リテハ大阪府郡部府稅賦課規則第二十一條所定ノ町會ノ議決並郡長ノ認可ヲ要スルモノニ非ス

◎「資産ノ狀況」ノ意義及算定方法（大正一四、七、九判決）

府縣稅戶數割規則第三條ニ所謂資産ノ狀況トハ生活狀況ノ義ニ解スヘキモノニ非ス
府縣稅戶數割ノ各納稅義務者ニ對スル資産狀況ニ依ル斟酌額ハ各納稅義務者ノ負擔總額ノ十分ノ四以內ナラサルヘカラサルモノニ非ス
府縣稅戶數割ノ賦課ヲ爲スニ當リ各納稅義務者ノ資産狀況ニ付具體的調査ヲ爲サス單ニ其ノ生活狀況ヲ達觀シ之ニ依リテ資産アル者ノ中ニ於テモ資産狀況ヲ斟酌シテ課スヘキ額ヲ賦課スル者ト賦課セサル者トノ別ヲ設ケ以テ戶數割ノ賦課額ヲ定ムルハ府縣稅戶數割規則第二條ノ規定ニ適合セル賦課ト云フヲ得サルカ故ニ違法ナリ

◎資産狀況ノ算定方法（大正一四、九、一〇判決）

府縣稅戶數割規則第三條ニ所謂「資産ノ狀況ヲ斟酌シテ之ヲ算定スルコトヲ得」ハ各納稅義務者ノ資力算定標準ノ一トシテ資産ノ狀況ヲ採用スルコトヲ得ルノ趣旨ニシテ之ヲ採用シタル場合ニ於テハ當該町村ノ戶數割總額ノ十分ノ四以內ニ於ケル一定額ハ各納稅義務者ノ資産ノ狀況ヲ標準トシテ各自ニ之ヲ配當スルヲ要スルモノニシテ資産ノ狀況良好ナル一部ノ納稅義務者ニ對シテノミ之ヲ配當スルコトヲ許スノ趣旨ニ非ス

◎資産狀況ノ算定方法（大正一五、一、二三判決）
單ニ資産ノ形態ヲ變スルニ過キサル山林伐採ノ所得ニ因ル一時的ノ納税額ヲ標準トシテ府縣税戶數割規則第三條ノ資産狀況掛酌ニ因ル賦課額ヲ定ムルハ資産狀況ニ對スル賦課ト認ムルコトヲ得ス

◎行政訴訟ヲ提起シ得ル時期（大正一五、二、一八判決）
縣税戶數割ノ賦課額決定スルモ未タ徵税傳令書ノ交付ヲ受ケサルモノニ付テハ行政訴訟ヲ提起スルコトヲ得ス

◎訴訟ノ相手方（大正一五、五、六判決）
村長ノ爲シタル村税ノ賦課ヲ不當トシテ提起シタル訴願ニ付縣參事會ノ爲シタル裁決及該賦課處分ノ取消ヲ求ムル行政訴訟ニ於テ賦課處分ヲ爲シタル村長ヲ被告ト爲スモ違法ニ非ス
備考（本件ハ被告ノ妨訴抗辯相立タストスル中間判決）

◎資産狀況ノ算定方法（大正一五、五、一三判決）
府縣税戶數割規則第三條但書ニ所謂「資産ノ狀況ヲ掛酌シテ之ヲ算定スルコトヲ得」トハ各納税義務者ノ資力算定標準ノ一トシテ資産ノ狀況ヲモ採用スルコトヲ得ルノ趣旨ニシテ之ヲ採用シタル場合ニ於テハ當該町村ノ戶數割總額ノ法定割合以內ニ於ケル一定金額ハ各納税義務者ノ資産ノ狀況ヲ標準トシテ各自ニ之ヲ配當スルコトヲ要スルモノト解スヘキモノトス

◎資産狀況ノ算定方法（大正一五、五、一五判決）

府縣稅戶數割規則第三條ニ所謂「資產ノ狀況ヲ斟酌シテ之ヲ算定スルコトヲ得」トハ各納稅義務者ノ資力算定標準ノ一トシテ資產ノ狀況ヲ採用スルコトヲ得ルノ趣旨ニシテ之ヲ採用シタル場合ニ於テハ當該町村ノ戶數割總額ノ十分ノ四以內ニ於ケル一定額ハ各納稅義務者ノ資產ノ狀況ヲ標準トシテ各自ニ之ヲ配當スルコトヲ要スルモノニシテ資產ノ良好ナル一部ノ納稅義務者ニ對シテノミ之ヲ配當スルコトヲ許スノ趣旨ニ非ス

◎課稅標準ノ算定方法(大正一五、五、三一判決)

府縣稅戶數割賦課ノ標準タル田畑所得ニ付テハ前三年間ハ小作田ナリシモ當該年度ニ於テ小作田ニ非サル場合ハ前三年間ノ小作田ノ所得ヲ以テ當該年度ニ於テ小作田ニ非サルモノノ所得ヲ豫算スヘカラサルモノトス

府縣稅戶數割賦課ノ標準タル土地ノ所得ニ付テハ公簿面ノ地目ト事實上ノ地目ト異ル場合ニハ事實上ノ地目ニ依リ其ノ所得額ヲ算定スヘキモノトス

府縣稅戶數割賦課ニ關スル村會議決ノ當時計算セラレサリシ所得ト雖モ當時計算スヘカリシモノナル以上行政訴訟ニ於テ之ヲ所得ニ加算シテ賦課ノ標準ト爲シ賦課額ヲ算定スルモ賦課ノ總額ヲ原告ノ不利益ニ變更スルコトヲ得サルニ止リ違法ニ非ス

銀行預金ハ名義人ノ預金ニ非スシテ他ノ者ノ預金ナリト認ムヘキ確證ナキ限リ之ヲ名義人ノ預金ト認ムヘキモノトス

府縣稅戶數割ノ納稅義務者ト生計ヲ共ニスル同居者ニ非サル者ノ所得ハ之ヲ納稅義務者ノ所得ニ加算シテ府縣稅戶數割ノ賦課ノ標準ト爲スヲ得ス

府縣税戸數割ノ納税義務者ト生計ヲ共ニスル同居者ノ所得ハ之ヲ納税義務者ノ所得ニ加算シテ府縣税戸數割ノ賦課ノ標準ト爲スヘキモノトス

府縣税戸數割ノ賦課ニ付納税義務者ト生計ヲ共ニスル同居者ニ非サル者ノ資産ハ之ヲ納税義務者ノ資産ニ加算シテ納税義務者ノ資産ノ狀況ヲ斟酌スヘカラサルモノトス

府縣税戸數割ノ賦課ニ付納税義務者ト生計ヲ共ニスル同居者ノ資産ハ之ヲ納税義務者ノ資産ニ加算シテ納税義務者ノ資産ノ狀況ヲ斟酌スヘキモノトス

◎戸數割ノ納税義務者及課税標準ノ算定標準タルヘキモノノ範圍（大正一五、六、一五判決）

戸トハ世帶ノ義ニシテ世帶トハ住所又ハ之ニ準スヘキ住居所ニ限ラス家事經濟ノ全部又ハ一部ヲ營ム場所ヲ云フモノトス

府縣税戸數割ハ構戸又ハ獨立生計ノ事實ト住所若ハ三ケ月以上滯在ノ事實トカ同一市町村内ニ併存スル場合ニ限リ之ヲ賦課シ得ルモノトス

府縣税戸數割規則第七條第四項ハ一市町村ニ於テノミ戸數割ヲ賦課スヘキ場合ニハ其ノ適用ナシ

府縣税戸數割納税義務者ノ住所地町長カ同義務者ノ同税ヲ納ムル市町村以外ノ市町村ニ於ケル所得ヲ同税賦課ノ標準タル所得ニ加算シテ之カ賦課ヲ爲スハ正當ナリ

府縣税戸數割納税義務者ノ住所地町長カ同義務者ノ同税ヲ納ムル市町村以外ノ市町村ニ於ケル資産ノ狀況ヲモ斟酌シテ同税ノ賦課ヲ爲スモ違法ニ非ス

◎戸數割ト附加税トノ關係（大正一五、七、一判決）

村稅戶別割ノ賦課額算出ノ基礎ト爲リタル縣稅戶數割ノ賦課カ違法ニシテ行政裁判所ノ判決ニ依リ取消サレタル以上ハ該村稅戶別割ノ賦課亦違法ニシテ取消ヲ免レス

◎期間經過後ノ訴訟（大正一五、一〇、二判決）

法定ノ出訴期間ヲ經過シタル訴訟ハ之ヲ却下スヘキモノトス

◎期間經過後ノ異議申立（大正一五、一〇、九判決）

縣稅ノ賦課ヲ受ケタル者カ法定ノ期間內ニ異議申立書ヲ町役場ニ提出シタルモ其ノ縣廳ニ到達シタル時日カ法定ノ期間經過後ナルトキハ縣參事會ニ於テ之ヲ却下スルモ不當ニ非ス

◎學區ヨリノ訴訟提起（大正一五、一〇、九判決）

法律勅令中村稅ノ賦課ニ關シ當該村ノ學區ヨリ行政訴訟ヲ提起スルコトヲ許シタル規定ナシ

法律ニ學區ヲ代表スル者ハ當該學區ノ管理者ナリ

法律勅令ニ出訴ヲ許シタル規定ナキ事項ニ關スル行政訴訟ハ之ヲ却下スヘキモノトス

法律上原告ヲ代表スルノ資格ナキ者ヨリ提起シタル行政訴訟ハ之ヲ却下スヘキモノトス

◎右ト同シ判決同日今一件アリタリ

◎違法議決ニ依ル戶數割ノ賦課（大正一五、一〇、一二判決）

大正十五年法律第七十五號町村制中改正法律ニ係ル改正以前ノ町村制第四十七條第三

項ノ規定ハ町村會ノ招集告知ノ日ト開會ノ日トヲ除キ其ノ間ニ少クトモ全三日ノ期間ヲ存スルコトヲ要スルノ趣旨ナリ

前項ノ期間ヲ存セサル町村會ハ其ノ成立不適法ニシテ從テ其ノ議決モ亦不適法ナリ

前項ノ町村會ノ不適法ナル議決ニ基キタル縣税ノ賦課ハ不適法ナリ

◎訴訟ヲ提起シ得ル範圍（大正一五、一〇、二六判決）

縣税戸數割納税義務者ノ資力算定ニ關スル村會ノ議決及他人ニ對スル賦課ノ取消並他人ニ對スル賦課ヲ求ムル行政訴訟ハ之ヲ許シタル法令ノ規定ナキニ依リ行政裁判法第二十七條第一項ニ依リ却下スヘキモノトス

戸數割ノ納税義務者中獨立ニ其ノ賦課ヲ受ケサル者アリシヲ違法ナリトスルモ之カ爲原告ノ賦課額カ過重トナラサリシ以上原告ニ對スル賦課額ヲ取消スヘキモノニ非ス

◎戸數割納税義務者ノ範圍及異議申立ノ方法（大正一五、一一、二六判決）

住所ナク三ケ月以上ノ滯在ナキ者ニ對シ三川町長カ縣税戸數割ヲ賦課シタルハ違法ナリ

町税ノ賦課ニ關シ知事ニ異議ヲ申立ツルハ適法ノ手續ニ違反ス

◎資産狀況ノ算定方法（大正一五、一二、七判決）

府縣税戸數割規則第三條ニ所謂「資産ノ狀況ヲ斟酌シテ之ヲ算定スルコトヲ得」ハ各納税義務者ノ資力算定標準ノ一トシテ資産ノ狀況ヲモ採用スルコトヲ得ルノ趣旨ニシテ之ヲ採用シタル場合ニ於テハ當該町村ノ戸數割總額ノ十分ノ四以内ニ於ケル一定ノ金額

ハ各納税義務者ノ資産ノ狀況ヲ標準トシテ各自ニ之ヲ配當スルコトヲ要スルモノト解スルヲ相當トス而シテ右ノ趣旨ト異ナル方法ニ依リ爲シタル配當ハ違法ニシテ反證ナキ限リハ資産ノ狀況ニ相應セサルモノト認ムヘク戸數割ノ賦課ハ取消ヲ免レサルモノトス

◎縣稅賦課規則違反ノ村會議決ニ依ル賦課（大正一五、一二、七判決）

大正十一年五月浦本村會ノ議決シタル戸數割賦課細目附則ノ「本細目ハ連年襲用スルモノトス」ノ規定ハ新潟縣々稅賦課規則第二十九條ノ「市町村會ハ戸數割賦課ニ關シ每年度開始前ニ左ノ事項ヲ議決スヘシ云々」ノ規定ニ反シ違法ニシテ當該年度開始前ニ村會ノ議決ヲ爲サス村長カ右附則ノ規定ニ依リ該細目ニ基キテ爲シタル大正十四年度縣稅戸數割ノ賦課ハ違法ナリ

◎異議申立ノ相續及資産狀況ノ算定方法（大正一五、一二、一八判決）

縣稅戸數割ノ賦課ニ付被相續人ノ爲シタル異議ノ申立ハ其ノ死後家督相續人ニ於テ之ヲ承繼シ遂行スルコトヲ得ルモノトス

府縣稅戸數割規則第三條ニ所謂「資産ノ狀況ヲ斟酌シテ之ヲ算定スルコトヲ得」トハ各納稅義務者ノ資力算定標準ノ一トシテ資産ノ狀況ヲ採用スルコトヲ得ルノ趣旨ニシテ之ヲ採用シタル場合ニ於テハ當該町村ノ戸數割總額ノ十分ノ四以內ニ於ケル一定額ハ各納稅義務者ノ資産ノ狀況ヲ標準トシテ各自ニ之ヲ配當スルコトヲ要スルモノトス

◎資産狀況ノ算定方法（昭和二、一、八判決）

府縣税戸數割規則第三條但書ニ所謂「資産ノ狀況ヲ斟酌シテ之ヲ算定スルコトヲ得」トハ各納税義務者ノ資力算定標準ノ一トシテ資産ノ狀況ヲモ採用スルコトヲ得ルノ趣旨ニシテ之ヲ採用シタル場合ニ於テハ當該町村ノ戸數割總額ノ十分ノ四以内ニ於ケル一定金額ハ各納税義務者ノ資産ノ狀況ヲ標準トシテ各自ニ之ヲ配當スルコトヲ要スルモノト解スヘキモノトス

◎納税義務者及課税標準タルヘキモノノ範圍（昭和二、一、二〇判決）

官廳舍内ノ一部ニ居住シ妻子ト共ニ起臥炊爨ヲ爲ストキハ其ノ居住カ主トシテ宿直事務擔任ノ爲ナル場合ト雖モ府縣税戸數割規則第一條第一項ニ規定スル一戸ヲ構フルモノニ該當ス

前項官廳舍内ニ於テ妻子ト共ニ日常生活ヲ營ムニ使用スル部分ハ同規則第三條ニ所謂「住家」トシテ其ノ坪數ハ之ヲ戸數割賦課ニ付資力算定ノ標準ト爲スヘキモノトス

◎行政訴訟ヲ許サザル事項（昭和二、一、二九判決）

法律勅令中縣税戸數割ニ關スル村會ノ議決ノ取消ヲ求ムル爲メ行政訴訟ヲ提起スルコトヲ許シタル規定ナシ

◎課税標準タルヘキモノノ範圍（昭和二、三、一判決）

官廳内ニ於テ日常生活ヲ營ムニ使用スル部分ハ其ノ居住カ公務タル宿直事務執行ノ爲ナル場合ト雖モ府縣税戸數割規則第三條ニ所謂「住家」トシテ坪數ハ之ヲ戸數割賦課ニ付資力算定ノ標準ト爲スヘキモノトス

◎資産狀況ノ算定方法（昭和二、三、一五判決）

縣稅戶數割賦課ニ付納稅義務者ノ資力算定標準ノ一トシテ資産ノ狀況ヲモ採用シタル場合ニ於テハ法定ノ範圍內ニ於ケル一定ノ金額ハ各納稅義務者ノ資産ノ狀況ヲ標準トシテ各自ニ之ヲ配當スルコトヲ要ス資産ノ狀況ニ依ル配當額カ資産ノ狀況ニ相應セサルモノハ違法ナリ

◎課稅標準タルヘキモノノ範圍（昭和二、三、一五判決）

隱居相續ニ因ル財産移轉ニ付第三者ニ對抗スル爲必要ナル法定ノ手續ヲ爲サス依然被相續人ニ於テ該財産ヲ管理シ自己ノ名義ヲ以テ租稅公課ヲ負擔セルノ事實アリ而モ該財産ヲ自己ノ財産トシテ管理收益スルモノナリトノ主張ニ對シ何等反對ノ立證ヲ爲ササル者ニ對シ縣稅戶數割賦課ノ標準タル資力ニ右財産及之ヨリ生スル所得ヲ算入シタルハ不當ニ非ス

◎資産狀況ノ算定方法（昭和二、三、一七判決）

府縣稅戶數割規則第三條但書ノ規定ハ各納稅義務者ノ資産狀況ノ斟酌ヲ以テ其ノ資力算定ノ標準ノ一ト爲スコトヲ得ルノ趣旨ニシテ此ノ標準ヲ採用シタル場合ニ於テハ當該町村ニ配當セラレタル戶數割總額ノ十分ノ四以內ニ於ケル一定額ハ各納稅義務者ノ資産狀況ヲ斟酌シテ各自ニ之ヲ配當スヘキモノトス

◎戶數割賦課ノ時期（昭和二、五、五判決）

戶數割賦課ノ要件存スル處ノ町村ハ各別ニ戶數割ヲ賦課シ得ルモノトス

◎資産状況ノ算定方法（昭和二、五、一〇判決）

府縣税戸數割規則第三條ニ所謂「資産ノ狀況ヲ斟酌シテ之ヲ算定スルコトヲ得」トハ各納税義務者ノ資力算定標準ノ一トシテ資産ノ狀況ヲ採用スルコトヲ得ルノ趣旨ニシテ之ヲ採用シタル場合ニ於テハ當該市町村ノ戸數割總額ノ十分ノ四以内ニ於ケル一定額ハ各納税義務者ノ資産ノ狀況ヲ標準トシテ各自ニ之ヲ配當スルコトヲ要スルモノニシテ資産良好ナル一部ノ納税義務者ニ對シテノミ之ヲ配當スルコトヲ許ス趣旨ニ非ス

◎課税標準タルヘキモノノ範圍（昭和二、五、一四判決）

裁判所書記カ裁判所出張所廳舎内ノ一部ニ於テ妻子ト共ニ炊爨シ居住スルトキハ該事實ハ府縣税戸數割規則第一條第一項ニ所謂一戸ヲ構フルモノニ該當シ其ノ使用部分ハ同規則第三條ニ所謂住家ニシテ其ノ坪數ハ之ヲ戸數割賦課ニ付資力算定ノ標準ト爲スヘキモノトス

◎資産狀況ノ算定方法（昭和二、五、一九判決）

府縣税戸數割第三條ニ所謂「資産ノ狀況ヲ斟酌シテ之ヲ算定スルコトヲ得」トハ各納税義務者ノ資力算定標準ノ一トシテ資産ノ狀況ヲ採用スルコトヲ得ルノ趣旨ニシテ之ヲ採用シタル場合ニ於テハ當該町村ノ戸數割總額ノ十分ノ四以内ニ於ケル一定額ハ各納税義務者ノ資産ノ狀況ヲ標準トシテ各自ニ之ヲ配當スルコトヲ要スルモノニシテ納税義務者ノ一部ニ對シテノミ之ヲ配當スルコトヲ許スノ趣旨ニ非ス

◎資産狀況算定方法、戸數割ト附加税トノ關係（昭和二、六、二一判決）

府縣稅戶數割規則第三條ニ所謂「資產ノ狀況ヲ斟酌シテ之ヲ算定スルコトヲ得」トハ各納稅義務者ノ資力算定標準ノ一トシテ資產ノ狀況ヲモ採用スルコトヲ得ルノ趣旨ニシテ之ヲ採用シタル場合ニ於テ當該市町村ノ戶數割總額ノ十分ノ四以內ニ於ケル一定額ハ各納稅義務者ノ資產ノ狀況ヲ標準トシ各自ニ之ヲ配當スルコトヲ要ス縣稅戶數割ノ賦課カ違法ナル場合ニ於テハ該賦課額ヲ基礎トシテ算定セラレタル市稅戶數割附加稅ノ賦課モ亦違法ナリ

◎資產狀況ノ算定方法（昭和二、七、一九判決）

縣稅戶數割賦課ニ付納稅義務者ノ資力算定標準ノ一トシテ採用シタル資產ノ狀況ニ依ル配當額カ資產ノ狀況ニ相應セサルモノハ違法ナリ

◎納稅義務者ノ範圍（昭和二、七、二一判決）

住所ナク又ハ三ケ月以上滯在ノ事實ナキ以上假令構戶ノ事實アルモ其ノ町村ニ於テハ之ニ對シテ戶數割ヲ賦課スルコトヲ得サルモノトス

◎戶數割ト附加稅トノ關係（昭和二、七、二一判決）

縣稅戶數割附加ノ町稅額ハ本稅ノ其ノ年度ニ一定ノ稅率ヲ乘シテ之ヲ定ムヘキモノニシテ本稅タル戶數割ノ賦課カ有效ニ存在スル以上戶數割稅額ニ關スル不服ノ理由ヲ以テ其ノ附加稅額ニ對スル不服ノ理由ト爲スコトヲ得サルモノトス

◎所得額ノ算定方法（昭和二、九、六判決）

府縣稅戶數割規則施行細則第三條乃至第五條ニ依リ算定シタル所得額カ金八百圓ヲ超

エ金千五百圓以下ナルトキハ同第六條ニ依リ其ノ所得中俸給給料歳費年金恩給退隱料賞與及此等ノ性質ヲ有スル給與ニ付テハ其ノ十分ノ四ニ相當スル金額ヲ控除スヘキモノトス

◎行政訴訟ヲ許ササル事項（昭和二、一〇、四判決）

縣參事會ノ爲シタル縣税戸數割賦課金額ノ議決ニ對シテハ明治二十三年法律第百六號ニ依リ出訴シ得ルモノニ非ス其ノ他法律勅令中斯ル議決ニ對シ行政訴訟ノ提起ヲ許シタル規定ナシ

◎資産狀況ノ算定方法（昭和二、一〇、二二判決）

縣税戸數割規則第三條但書ハ納税義務者ノ資力算定標準ノ一トシテ資産ノ狀況ヲモ採用シタル場合ニ於テハ各納税義務者ノ資産ノ狀況ヲ標準トシテ之ニ相應スル配當ヲ各自ニ爲スコトヲ要スル法意ナリ

◎戸數割ト附加税トノ關係（昭和二、一〇、二九判決）

縣税戸數割ノ賦課ニ對シ異議又ハ行政訴訟ヲ提起セスシテ其ノ賦課額カ確定シタルトキハ該賦課額ノ不當ヲ理由トシテ其ノ附加税タル村税ノ賦課額ヲ不當ナリト爲スヲ得ス

◎資産狀況ノ算定方法（昭和二、一一、一判決）

縣税戸數割賦課ニ付納税義務者ノ資力算定標準ノ一トシテ採用シタル資産ノ狀況ニ依ル配當額カ資産ノ狀況ニ相應セサルモノハ違法ナリ

◎課税標準ノ算定方法（昭和二、一一、一〇判決）

村會ニ於テ納税者ノ資力ヲ所得額及住家坪數ノミニ依リ算定スルヲ適當ナラスト認メタル以上納税者ノ資産狀況ヲモ斟酌シテ之ヲ算定スヘキモノナルコトハ府縣税戸數割規則第三條ニ依リ明ナリトス

◎資産狀況ノ算定方法（昭和二、一二、一五判決）

府縣税戸數割規則第三條ニ所謂「資産ノ狀況ヲ斟酌シテ之ヲ算定スルコトヲ得」トハ各納税義務者ノ資力算定標準ノ一トシテ資産ノ狀況ヲ採用スルコトヲ得ルノ趣旨ニシテ之ヲ採用シタル場合ニ於テハ當該市町村ノ戸數割總額ノ十分ノ四以内ニ於ケル一定額ハ各納税義務者ノ資産ノ狀況ヲ標準トシテ各自ニ之ヲ配當スルコトヲ要シ資産ノ狀況良好ナル一部納税義務者ニ對シテノミ之ヲ配當スルコトヲ許ス趣旨ニ非ス

◎資産狀況ノ算定方法及戸數割ト附加税トノ關係（昭和二、一二、二四判決）

府縣税戸數割規則第三條ニ所謂「資産ノ狀況ヲ斟酌シテ之ヲ算定スルコトヲ得」トハ各納税義務者ノ資力算定標準ノ一トシテ資産ノ狀況ヲモ採用スルコトヲ得ルノ趣旨ニシテ之ヲ採用シタル場合ニ於テハ當該市町村ノ戸數割總額ノ十分ノ四以内ニ於ケル一定額ハ各納税義務者ノ資産ノ狀況ヲ標準トシテ各自ニ之ヲ配當スルコトヲ要スルモノト解スヘキモノトス

縣税戸數割ノ賦課違法ニシテ取消サルヘキモノナル以上右賦課ヲ基礎トシテ算定セラレタル村税戸數割附加税ノ賦課モ亦違法ナリトス

◎資産狀況ノ算定方法（昭和三、一、二六判決）
府縣稅戶數割規則第三條ニ所謂「資産ノ狀況ヲ斟酌シテ之ヲ算定スルコトヲ得」トハ各納稅義務者ノ資力算定標準ノ一トシテ資産ノ狀況ヲ採用スルコトヲ得ルノ趣旨ニシテ之ヲ採用シタル場合ニ於テハ當該町村ノ戶數割總額ノ十分ノ四以内ニ於ケル一定額ハ各納稅義務者ノ資産ノ狀況ヲ標準トシテ各自ニ之ヲ配當スルコトヲ要スルモノニシテ納稅義務者ノ一部ニ對シテノミ之ヲ配當スルコトヲ許スノ趣旨ニ非ス

◎訴訟費用ノ爲ノ一部賦課（昭和三、二、二判決）
係爭事件ニ付其ノ訴訟前執達吏ニ支拂ヒタル旅費カ訴訟費用ノ性質ヲ有セストノ理由ヲ以テシテハ該費用支辨ノ爲村會ノ議決ニ基キテ爲シタル町村ノ一部ノ戶數割附加稅ノ賦課ヲ違法ナリト謂フヲ得ス
大字有財産ニ關シ特ニ要スル費用ハ町村制第百二十四條第二項ニ依ル其ノ財産ノ屬スル大字ノ負擔タルヘキモノナルニ依リ該費用ノ賦課ハ町村制中町村ノ一部ヲ利スル町村有財産ニ關スル第百二條及町村ノ事件ニシテ町村ノ一部ニ對シ特ニ利益アルモノニ關スル第百四條ニ依ルヘキモノニ非ス從テ同法第四十七條第七號及第八號ニ該當セス
前項ノ費用ヲ其ノ大字内ニ於ケル縣稅戶數割納稅義務者ニ附加シテ一定ノ稅率ヲ以テ賦課スルハ町村制第百十四條第六號ニ該當セス
大字有ノ財産管理ニ要スル費用ヲ該財産ニ付使用權ヲ有セサルモ其ノ大字内ニ於テ村稅戶數割附加稅ヲ納ムル義務アル者ニ對シテ賦課シタルハ違法ニ非ス

◎戸數割納税義務者タルヘキモノノ範圍（昭和三、二、七判決）

從來ノ住所ヲ妻ト共ニ出發シ自己ハ大連市ニ渡航シ妻ハ他村ニ滯在シ其ノ他ノ家族及使用人ニハ一定金額ヲ支給シテ從來ノ住家ニ居住セシメ自己及妻カ尙舊住家ヲ住所又ハ居所トシテ外部ニ對シテ表示シ舊住家ト他地トノ間ヲ往來シタルカ如キ場合ニ於テハ反證ナキ限リ戸數割及其ノ附加税ヲ賦課シ得ルモノトス

◎資産狀況ノ算定方法及不當ナル隨時賦課（昭和三、二、二三判決）

町村ニ於テ縣税戸數割總額ヲ縣税賦課規則ノ規定ニ反シテ納税義務者中ノ一部ニ對シテノミ之ヲ賦課シ他ノ一部ニ對シ之ヲ賦課セサルコトハ違法ナルノミナラス反證ナキ限リ賦課ヲ受ケタル者ノ賦課額ヲ過重ナラシムルモノト認ムヘク府縣制第百十五條ニ所謂賦課ニ付錯誤アル場合ニ該當スルモノトス

定期ニ戸數割賦課ヲ受ケサル者ニ對シ後日隨時ノ賦課ヲ受ケタル者ノ過重ナル賦課額ヲ更正セサル以上該過重ナル賦課ハ違法ナリ

◎「附加税」ノ文字ヲ脱漏シタル賦課及戸數割ト附加税トノ關係（昭和三、二、二三判決）

現行法令上村税ニ戸數割ナク縣税戸數割附加税アリ且從來其ノ賦課ヲ認メ居ル村ニ於ケル村税ノ徴税令書ニ「戸數割」ト記載セルモノハ戸數割ノ下「附加税」ナル文字ヲ遺脱シタルモノト認ムルヲ相當トスヘク該遺脱ヲ以テ村税ノ賦課ヲ違法ナリト云フ事ヲ得ス

縣税戸數割ノ賦課ニ錯誤アリ取消サレタル以上其ノ附加税タル村税モ亦取消ヲ免レサルモノトス

◎戸數割ト附加稅トノ關係（昭和三、二、二三判決）

本稅タル縣稅戸數割ノ賦課カ違法ニシテ取消サレタル以上其ノ附加稅タル村稅ハ違法ニシテ取消ヲ免レサルモノトス

◎戸數割納稅義務者タルヘキモノノ範圍（昭和三、三、二九判決）

戸主ハ修學ノ爲母ト共ニ他ニ轉居シ從來ノ住所タル住宅ニハ從來多年同棲セル母ノ内縁ノ夫カ自己ノ母ト共ニ居住シ多年戸主ノ家ニ雇使セル僕婢ヲ使役シテ戸主ノ家事ヲ管理セル場合ニ於テ該戸主ノ住所及構戸ハ依然從來ノ住所ニ在ルモノトス

◎資産狀況ノ算定方法（昭和三、四、二八判決）

大正十五年法律第二十四號地方稅ニ關スル法律第二十五條ニ所謂「資産ノ狀況ニ依リ之ヲ算定ス」トハ資産ノ狀況ヲ標準トシテ各納稅義務者ノ資力ヲ算定シ其ノ資力ニ相應スル賦課額ヲ配當スルコトヲ要スル趣旨ト解スルヲ相當トス從テ資産ヲ有スル納稅義務者ノ一部ニ對シ資産ニ依ル賦課額ヲ配當セサル村會ノ議決ハ違法ナリ

◎資産狀況ノ算定方法（昭和三、五、一判決）

縣稅戸數割賦課ニ付納稅義務者ノ資力算定標準ノ一トシテ採用シタル資産ノ狀況ニ依ル配當額カ資産ノ狀況ニ相應セサルモノハ違法ナリ

◎資産狀況ノ算定方法（昭和三、五、二二判決）

府縣稅戸數割規則第三條ニ所謂「資産ノ狀況ヲ斟酌シテ之ヲ算定スルコトヲ得」トハ戸數割納稅義務者ノ資力算定標準ノ一トシテ資産ノ狀況ヲモ採用スルコトヲ得ルノ趣旨ニ

シテ之ヲ採用シタル場合ニ於テハ當該市町村ノ戸數割總額ノ十分ノ四以内ニ於ケル一定ノ金額ヲ各納税義務者ノ資産ノ狀況ヲ標準トシテ各自ニ之ヲ配當スルコトヲ要スルモノト解スヘク納税義務者中資産ノ狀況良好ナル一部ノ者ニ對シテノミ之ヲ配當スルコトハ右規則ニ違背スルモノトス

◎異議申立ヲ許サヽル事項（昭和三、六、九判決）

縣參事會カ縣税戸數割賦課ニ付村會ノ爲シタル議決ノ取消ヲ要求スル異議申立ヲ不適法トシテ却下シタルハ正當ナリ

◎資産狀況ノ算定方法及戸數割ト附加税トノ關係（昭和三、六、三〇判決）

縣税戸數割總額中資産ノ狀況ニ依リ賦課スヘキ一定ノ金額ヲ一定ノ標準ニ基カス日村ノ五大字ニ平等ニ分配シテ定メタル各納税義務者ノ資産ノ狀況ニ依ル賦課額ハ反證ナキ限リ資産ノ狀況ニ相應セサルモノニシテ府縣税戸數割規則第三條但書ノ規定ニ反シ違法ナリ

違法ナル縣税戸數割賦課額ヲ標準トシタル同縣税ノ附加税タル村税ノ賦課ハ違法ナリ

◎資産狀況ノ算定方法（昭和三、六、三〇判決）

納税義務者ノ資産ノ狀況ニ依ル賦課額ヲ配當スルニ當リ各自ノ地租、營業税及所得税中ヨリ勤勞所得ニ依ル税額ヲ控除シタル金額竝總所得金額中ヨリ勤勞所得ヲ控除シタル殘額百圓以上ノモノノミヲ標準トシテハ納税義務者全部ニ對シ資産ノ狀況ニ應スル賦課額ヲ公平ニ配當スルコト能ハス斯ル標準ニ依ル縣税戸數割ノ賦課ハ府縣税戸數割規

則第三條但書ニ違反スルモノトス

◎課稅標準ノ算定方法（昭和三、七、一九判決）

大正十五年法律第二十四號地方稅ニ關スル件第二十五條ニ戶數割ノ課稅標準タル資力ハ納稅義務者ノ所得額及資產ノ狀況ニ依リ之ヲ算定ストアルハ市町村稅タル戶數割ノ賦課標準タル資力ハ納稅義務者ノ所得額及資產ノ狀況ニ依リ之ヲ算定シ其ノ算定シタル所得額及資產ノ狀況カ各其ノ實際ニ適合スルヲ要スルノ法意ナリト解スルヲ相當トス

◎課稅標準ノ算定方法（昭和三、七、一九判決）

村稅戶數割ノ資產ノ狀況ニ依ル配當額ノ算定ニ付其ノ額ト所得額ニ依ル配當額トノ合算金額カ村會ノ見ル所ニ依リ各納稅義務者ノ負擔力ニ應スルカ如ク配當シタルハ大正十五年法律第二十四號地方稅ニ關スル件第二十五條竝同年勅令第三百三十九號同法施行ニ關スル件第二十一條及同附則第六項ニ違反スルモノトス

◎資產狀況ノ算定方法（昭和三、一二、二〇判決）

大正十五年法律第二十四號地方稅ニ關スル法律第二十五條ニ所謂「資產ノ狀況ニ依リ之ヲ算定ス」トハ戶數割總額ノ內資產ノ狀況ニ依リ賦課スヘキ金額ヲ各納稅義務者ノ資產ノ狀況ニ相應シテ各自ニ之ヲ配當賦課スルコトヲ要スル趣旨ニシテ資產ノ狀況比較的良好ナラサル者ニ對シ其ノ狀況比較的良好ナル者ヨリモ多額ノ配當ヲ爲スコトヲ許スモノニ非ス

◎戸數割納税義務者タルヘキモノノ範圍（昭和三、七、一九判決）

町村内ニ住所ヲ有セス且三箇月以上滯在ノ事實ナキ者ニ對シテハ縣税戸數割ヲ賦課スルヲ得ス

◎戸數割ト附加税トノ關係（昭和三、七、一九判決）

縣税戸數割ヲ賦課スヘカラサル者ニ對シテハ同附加税モ亦之ヲ賦課スルヲ得ス

◎資産狀況ノ算定方法（昭和三、七、五判決）

戸數割ノ資力算定標準ノ一タル所得ニ對スル賦課額カ村會議決ノ定率ニ依リ算定セラレタリト認メ難キモノナルトキハ之ヲ基礎トシテ算定セラレタル戸數割賦課額ハ不當ナルモノニシテ之ニ依ル戸數割ノ賦課ハ取消ヲ免レサルモノトス

◎課税標準ノ算定方法（昭和三、七、一九判決）

生計ヲ共ニスル同居人ニ非サル者ノ資力ヲ納税義務者ノ資力ニ合算シタルモノヲ標準トシテ戸數割ヲ賦課シタルハ不當ナリ

◎資産狀況ノ算定方法（昭和三、七、一九判決）

縣税戸數割賦課ノ標準タル所得額他ノ者ニ比シ少額ナルニ資産ノ狀況ニ依ル賦課額ハ同額又ハ却テ多額ナルノ事實及資産ノ狀況ニ依ル賦課額ヲ納税義務者ノ一部ニ配當シタルノ事實アルトキハ反證ナキ限リ資産ノ狀況ニ依ル賦課額ノ配當納税義務者ノ資力ニ相應セサルモノト認ムヘク其ノ賦課ハ違法ナリ

◎戸數割ト附加税トノ關係（昭和三、七、一九判決）

縣稅戶數割ノ賦課カ其ノ賦課額カ違法ニシテ取消サレタル以上之ニ附加シテ爲シタル村稅戶別割ノ賦課亦違法ニシテ取消ヲ免レサルモノトス

◎資産狀況ノ算定方法（昭和三、七、一九判決）
大正十五年法律第二十四號地方稅ニ關スル法律第二十五條ニ所謂資産ノ狀況ニ依リ之ヲ算定ストハ戶數割總額ノ內資産ノ狀況ニ依リ賦課スヘキ金額ヲ各納稅義務者ノ資産ノ狀況ニ相應シテ各自ニ之ヲ配當賦課スルコトヲ要スル趣旨ニシテ資産ノ狀況比較的良好ナラサル者ニ對シ其ノ狀況比較的良好ナル者ヨリモ多額ノ配當ヲ爲スコトヲ許スモノニ非ス

◎行政訴訟ヲ許ササル事項（昭和三、一二、二七判決）
他人ニ對スル町稅特別稅戶數割賦課ニ付行政訴訟ヲ提起スルコトヲ得ス

◎期間經過後ノ宥恕スヘキ異議申立（昭和四、三、三〇判決）
府縣制第百十五條第一項ノ期間經過後ニ爲シタル府縣稅賦課ニ對スル異議申立ヲ府縣制第百二十八條第五項ニ依リ宥恕ノ意味ニテ受理ヲ決定シタルハ違法ナリト云フヲ得ス

昭和四年七月十三日印刷
昭和四年七月十八日發行
昭和四年八月一日再版發行

市町村税戸數割正義奥附

定價金貳圓六拾錢
送料別受

著作者　田中廣太郎
東京市小石川區水道町四七

發行者　河中俊四郎
東京市牛込區市谷加賀町一ノ一二

印刷者　鷲見九市
東京市牛込區市谷加賀町一ノ一二

印刷所　株式會社秀英舍

轉載を禁ず

發行所
東京市小石川區水道町四十七番地
良書普及會
電話小石川（一〇三五番・六四三四番）
振替口座東京六四四九番

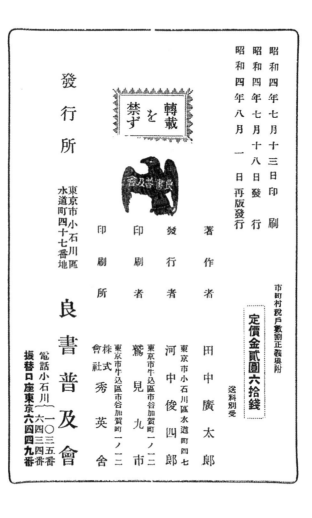

地方自治法研究復刊大系〔第257巻〕

市町村税戸数割正義〔昭和4年 再版〕

日本立法資料全集 別巻 1067

2018(平成30)年10月25日　復刻版第1刷発行　7667-1:012-010-005

著　者　田　中　廣　太　郎
発行者　今　井　　貴
　　　　稲　葉　文　子
発行所　株式会社信山社

〒113-0033 東京都文京区本郷6-2-9-102東大正門前
Ⓣ03(3818)1019　Ⓕ03(3818)0344
来栖支店〒309-1625 茨城県笠間市来栖2345-1
Ⓣ0296-71-0215　Ⓕ0296-72-5410
笠間才木支店〒309-1611 笠間市笠間515-3
Ⓣ0296-71-9081　Ⓕ0296-71-9082

印刷所　ワ イ ズ 書 籍
製本所　カナメブックス
用　紙　七 洋 紙 業

printed in Japan　分類 323.934 g 1067

ISBN978-4-7972-7667-1 C3332 ¥38000E

JCOPY <(社)出版者著作権管理機構 委託出版物>

本書の無断複写は著作権法上での例外を除き禁じられています。複写される場合は,そのつど事前に,(社)出版者著作権管理機構(電話03-3513-6969,FAX03-3513-6979,e-mail:info@jcopy.or.jp)の承諾を得てください。

日本立法資料全集 別巻

地方自治法研究復刊大系

仏蘭西邑法 和蘭邑法 皇国郡区町村編制法 合巻〔明治11年8月発行〕／箕作麟祥 閲 大井憲太郎 譯／神田孝平 譯
郡区町村編制法 府県会規則 地方税規則 三法綱論〔明治11年9月発行〕／小笠原美治 編輯
郡吏議員必携三新法便覧〔明治12年2月発行〕／太田啓太郎 編輯
郡区町村編制 府県会規則 地方税規則 新法例纂〔明治12年3月発行〕／柳澤武運三 編輯
全国郡区役所位置 郡政必携 全〔明治12年9月発行〕／木村陸一郎 編輯
府県会規則大全 附 裁定録〔明治16年6月発行〕／朝倉達三 閲 若林友之 編輯
区町村会議要覧 全〔明治20年4月発行〕／阪田辨之助 編纂
英国地方制度 及 税法〔明治20年7月発行〕／良保両氏 合著 水野遵 翻訳
鼇頭傍訓 市制町村制註釈 及 理由書〔明治21年1月発行〕／山内正利 註釈
英国地方政治論〔明治21年2月発行〕／久米金彌 翻譯
市制町村制 附 理由書〔明治21年4月発行〕／博聞本社 編
傍訓 市町村制及説明〔明治21年5月発行〕／高木周次 編纂
鼇頭註釈 市町村制俗解 附 理由書 第2版〔明治21年5月発行〕／清水亮三 註解
市制町村制註釈 完 附 市制町村制理由 明治21年初版〔明治21年5月発行〕／山田正賢 著述
市町村制詳解 全 附 市町村制理由〔明治21年5月発行〕／日鼻豊作 著
市制町村制釈義〔明治21年5月発行〕／壁谷可六 上野太一郎 合著
市制町村制詳解 全 附 理由書〔明治21年5月発行〕／杉谷庸 訓點
町村制詳解 附 市制及町村制理由〔明治21年5月発行〕／磯部四郎 校閲 相澤富蔵 編述
傍訓 市制町村制 附 理由〔明治21年5月発行〕／鶴聲社 編
市制町村制 並 理由書〔明治21年7月発行〕／萬字堂 編
市制町村制正解 附 理由〔明治21年6月発行〕／芳川顕正 序文 片貝正晉 註解
市制町村制釈義 附 理由書〔明治21年6月発行〕／清岡公張 題字 樋山廣業 著述
市制町村制釈義 附 理由 第5版〔明治21年6月発行〕／建野郷三 題字 櫻井一久 著
市町村制註解 完〔明治21年6月発行〕／若林市太郎 編輯
市町村制釈義 全 附 市町村制理由〔明治21年7月発行〕／水越成章 著述
市制町村制義解 附 理由〔明治21年7月発行〕／三谷軌秀 馬袋鶴之助 著
傍訓 市制町村制註解 附 理由書〔明治21年8月発行〕／鯰江貞雄 註解
市制町村制註釈 附 市制町村制理由 3版増訂〔明治21年8月発行〕／坪谷善四郎 著
傍訓 市制町村制 附 理由書〔明治21年8月発行〕／同盟館 編
市町村制正解 明治21年第3版〔明治21年8月発行〕／片貝正晉 註釈
市制町村制註釈 完 附 市制町村制理由 第2版〔明治21年9月発行〕／山田正賢 著述
傍訓註釈 日本市制町村制 及 理由書 第4版〔明治21年9月発行〕／柳澤武運三 註解
鼇頭参照 市町村制註解 完 附 理由書及参考諸令〔明治21年9月発行〕／別所富貴 著述
市町村制問答詳解 附 理由書〔明治21年 9 月発行〕／福井淳 著
市制町村制註釈 附 市制町村制理由 4版増訂〔明治21年9月発行〕／坪谷善四郎 著
市制町村制 並 理由書 附 直接間接税類別 及 実施手続〔明治21年10月発行〕／高崎修助 著述
市町村制釈義 附 理由書 訂正再版〔明治21年10月発行〕／松木堅葉 訂正 福井淳 釈義
増訂 市制町村制註解 全 附 市制町村制理由挿入 第3版〔明治21年10月発行〕／吉井太 註解
鼇頭註釈 市町村制俗解 附 理由書 増補第5版〔明治21年10月発行〕／清水亮三 註解
市町村制施行取扱心得 上巻・下巻 合冊〔明治21年10月・22年2月発行〕／市岡正一 編纂
市制町村制傍訓 完 附 市制町村制理由 第4版〔明治21年10月発行〕／内山正如 著
鼇頭対照 市町村制解釈 附理由書及参考諸布達〔明治21年10月発行〕／伊藤寿 註釈
市制町村制俗解 明治21年第3版〔明治21年10月発行〕／春陽堂 編
市町村制正解 明治21年第4版〔明治21年10月発行〕／片貝正晉 註釈
市制町村制詳解 附 理由 第3版〔明治21年11月発行〕／今村長善 著
町村制実用 完〔明治21年11月発行〕／新田貞橘 鶴田嘉内 合著
町村制精解 完 附 理由書 及 問答録〔明治21年11月発行〕／中目孝太郎 磯谷群爾 註釈
市町村制問答詳解 附 理由 全〔明治22年1月発行〕／福井淳 著述
訂正増補 市町村制問答詳解 附 理由 及 追輯〔明治22年1月発行〕／福井淳 著
市町村制質問録〔明治22年1月発行〕／片貝正晉 編述
傍訓 市町村制 及 説明 第7版〔明治21年11月発行〕／高木周次 編纂
町村制要覧 全〔明治22年1月発行〕／浅井元 校閲 古谷省三郎 編纂
鼇頭 市制町村制 附 理由書〔明治22年1月発行〕／生稲道蔵 略解
鼇頭註釈 町村制 附 理由 全〔明治22年2月発行〕／八乙女盛次 校閲 片野続 編釈
市町村制実解〔明治22年2月発行〕／山田顕義 題字 石黒磐 著
町村制実用 全〔明治22年3月発行〕／小島鋼次郎 岸野武司 河毛三郎 合述
実用詳解 町村制 全〔明治22年3月発行〕／夏目洗蔵 編集
理由挿入 市町村制俗解 第3版増補訂正〔明治22年4月発行〕／上村秀昇 著
町村制市制全書 完〔明治22年4月発行〕／中嶋廣蔵 著
英国市制実見録 全〔明治22年5月発行〕／高橋達 著
実地応用 町村制質疑録〔明治22年5月発行〕／野田籐吉郎 校閲 國吉拓郎 著
実用 町村制市制事務提要〔明治22年5月発行〕／島村文耕 輯解
市町村条例指鍼 完〔明治22年5月発行〕／坪谷善四郎 著
参照比較 市町村制註釈 完 附 問答理由〔明治22年6月発行〕／山中兵吉 著述
市町村議員必携〔明治22年6月発行〕／川瀬周次 田中迪三 合著

信山社